本书受到国家自然科学基金青年项目：资源稀缺对放纵消费的影响研
条件和应对策略（71902002）、教育部人文社会科学研究青年基金项目：
择的折中效应影响的研究：内在机制、边界条件和应对策略（19YJC630210）、中国传媒大学
新入职教师科研项目（CUC210C007）的资助。

决策中断对消费者选择的折中效应影响的研究

张成虎◎著

RESEARCH ON THE INFLUENCE OF DECISION INTERRUPTION ON
COMPROMISE EFFECT IN CONSUMER CHOICE-MAKING

经济管理出版社
ECONOMY & MANAGEMENT PUBLISHING HOUSE

图书在版编目（CIP）数据

决策中断对消费者选择的折中效应影响的研究／张
成虎著. -- 北京：经济管理出版社，2024. -- ISBN
978-7-5243-0074-8

Ⅰ. F713.55

中国国家版本馆CIP数据核字第2024EX2859号

组稿编辑：丁慧敏
责任编辑：张莉琼
助理编辑：李浩宇
责任印制：许　艳

出版发行：经济管理出版社
　　　　　（北京市海淀区北蜂窝 8 号中雅大厦 A 座 11 层　　100038）
网　　　址：www.E-mp.com.cn
电　　　话：(010) 51915602
印　　　刷：唐山玺诚印务有限公司
经　　　销：新华书店
开　　　本：720mm×1000mm/16
印　　　张：18.25
字　　　数：289 千字
版　　　次：2024 年 11 月第 1 版　2024 年 11 月第 1 次印刷
书　　　号：ISBN 978-7-5243-0074-8
定　　　价：98.00 元

·版权所有　翻印必究·

凡购本社图书，如有印装错误，由本社发行部负责调换。
联系地址：北京市海淀区北蜂窝 8 号中雅大厦 11 层
电话：(010) 68022974　　邮编：100038

前　言

中断已经成为人们日常生活的组成部分。人们一天的工作安排会多次被"意料之外"的任务所中断。例如，消费者在犹豫是否应该购买眼下这件商品时，一则来自亲友的电话或者微信消息可能会中断了他的决策。伴随着中断的频发，人们相比以往能够更多地体验多重任务处理。根据自己的直觉，人们习惯上总认为中断是不好的，因为其存在大量的负面效应。为了应对中断引发的破坏性结果，研究者们也在思考"如何尽可能地缩短不必要的中断过程，并促使人们更快地回到主任务当中"，即避开不必要的干扰，保持对主任务的关注。

消费者行为领域的中断研究目前刚刚起步，决策过程中的中断现象究竟会对决策行为本身或者消费者信息加工产生何种影响仍缺乏深入探讨。本书以行为决策中常见的折中效应为突破口，试图构建较为完整的决策中断对消费者选择的折中效应影响模型，探究如何利用中断来影响消费者决策。本书围绕如下三个问题展开：决策中断如何影响最终的折中效应、该影响的内在机制如何、有哪些因素调节了上述内在影响。本书通过七个实验对上述问题进行了一一论证。

实验一探讨了决策中断如何影响最终的折中效应。实证结果表明，中断发生时间会对折中效应产生差异化的效果。当中断发生在阅读选项信息前时（vs. 无中断），决策中断将强化折中效应，促使消费者更多地选择中间选项；当中断发生在决策之前时（vs. 无中断），决策中断将削弱折中效应，促使消费者更多地选择极端选项。

实验二探讨了决策中断对折中效应的影响内在机制。研究发现，当中断发生在阅读选项信息前时，决策中断（呈现与否）对折中效应的强化作用受到好奇的中介影响，即决策中断引发了消费者的好奇心，在好奇的驱动下，更多的认知资源和注意力将被调用，决策的精细化程度会提高，最终增加折中产品的选择份额。当中断发生在最终决策前（阅读选项信息后），决策中断（呈现与否）对折中效应的削弱作用受到熟悉度的中介作用，因为当消费者执行完中断任务回到原决策任务时，中断前对于全部决策信息的了解将引发他们的熟悉感，提升他们承担决策风险的能力，最终增加极端产品的选择份额。

实验三、实验四探讨了好奇在决策中断和折中效应关系中的中介效应受到哪些因素的调节。研究实验三、实验四的结果表明：①认知需求在决策中断对折中效应影响中的调节作用被好奇所中介；好奇是被调节的中介变量。具体而言，当消费者的认知需求水平较低时，好奇的中介效应发挥作用；当消费者的认知需求水平较高时，好奇的中介效应不发挥作用。②好奇在决策中断对折中效应影响中的中介作用受到信息呈现方式的调节。当选择集中的产品信息以数字形式呈现时，好奇中介了决策中断对折中效应的影响；当选择集中的产品信息以图形形式呈现时，好奇在决策中断对折中效应影响中的中介效应不显著。

实验五、实验六、实验七探讨了熟悉度在决策中断和折中效应关系中的中介效应受到哪些因素的调节。实验五、实验六、实验七的结果表明：①熟悉度在决策中断对折中效应影响中的中介作用受到决策环境变化的调节。当决策环境不发生变化时，熟悉度中介了决策中断对折中效应的影响；当决策环境发生变化时，熟悉度在决策中断对折中效应影响中的中介效应不显著。②熟悉度在决策中断对折中效应影响的中介作用被自我建构调节。对于依存型自我建构者，熟悉度中介了决策中断对折中效应的影响；对于独立型自我建构者而言，熟悉度的中介效应不成立。③自我建构调节了熟悉度在决策中断和折中效应关系中的中介效应，且该调节效应受到决策对象的再次调节。当消费者为自己做决策时，熟悉度在决策中断对折中效应负面影响的中介作用被自我建构调节；当消费者为他人做决策时，自我建构对熟悉度的中介作用的调节效果不显著。

目　录

第一章 引言

本章分为三节：第一节介绍研究的现实背景、理论背景，并提出了本书的研究问题；第二节陈述了本书的创新点和研究意义，第三节概括了本书的研究方法、研究路线和整体研究框架。

第一节 研究背景和问题提出

一、研究的现实背景

（一）中断现象普遍存在

中断是我们现实生活的重要组成元素。早在 2003 年，一份关于欧洲人生活和工作环境的调查结果显示，28% 的受访者一天的工作安排会多次被 "意料之外" 的任务中断（Baethge and Rigotti, 2013）。不可否认，中断已经成为我们生活的一部分，且中断的出现 "形态各异"（Niculescu, Payne and Luna-Nevarez, 2014）。例如，大学生在使用电脑时，就会被一些即时通信、电子邮件，或者其他形式的信息所打扰（Benbunan-Fich and Truman, 2009）；观察研究指出，学生们手头的学习任务平均每 6 分钟就要被社交媒体的信息打断一次（Rosen, Carrier and Cheever, 2013）。同样，工作环境中的中断更加频发，且形式更加多样。有研究表明，对于工作流（workflow）的中断已经成为影响办公绩效的最大负面因素（Haynes，2008），例如，领导会向下属临时性地派发紧急任务（Tolli，2009）。从定量的视角来看，平时的中断频率大约维持在每小时 4 次，折算成花费用时，每小时中断的时间为 10 分钟左右，员工们每天应对中断任务的时间占据了日常工作时间的 43%。类似的研究也发现，办公室工作人员通常每天花费在处理中断任务上的时间为 2.1 小时（Spira，2005），每隔 5 分钟就要处理一封电子邮件（Jackson，Dawson and Wilson，2001），每小时平均被中断 4~6 次（Czerwinski，Horvitz and Wilhite，2004；Nelson，2013）。一份调查了德国 20000 名公司雇员的报告指出，相比 20 年前，人们在工作中被中断的次数翻了一番，中断已经成为职场人士的主要"压力源"（Baethge，Rigotti and Roe，2015）。同样地，对于公司经理而言，各类中断任务的出现，使得他们集中精力做某一项工作的时间可能只有 3 分钟。然而，随着传统的信息传输媒介被电子邮件、手机、手持设备、即时通讯工具所取代，这一时间被缩短至 2 分钟（Levy，Rafaeli and Ariel，2016）。除了工作场所，高危环境中关于中断现象的研究尤为普遍，如医疗卫生领域（Flynn，Barker，Gibson，et al.，1999）、航空领域（Latorella，1998）和核能发电厂（Bainbridge，1984）。

消费者行为领域的决策中断现象同样司空见惯。例如，一位消费者正在商场购物，就在他犹豫是否应该购买眼下这件商品时，一个来自亲友的电话或者微信消息就可能中断了他的决策。又如，一个公司职员打算用吃午饭的间隙去附近的购物中心逛逛，但是因为要按时回去开始下午的工作，他将不得不中断眼下的购买行为（决策），只能在下班之后重新回到这里继续购买。再如，面对重大节日购物网站上的折扣促销，作为网购达人的你此刻正在各大购物网站上"血拼"，就在你考虑是否应该即刻下单时，一则弹出的视频广告或者一封新邮件提醒都可能中断你的购买决策。

（二）技术的革新使得中断现象更加凸显

随着科技的发展，互联网为消费者提供了一个信息搜索和决策交互的环境。和传统的购物环境相比，网购中断将进一步凸显，原因在以下两点：

①在线环境充斥渗透着更多的信息（Bakos，1997），消费者面临着更多的产品选择，并从这些在线的选项中获得更多的信息。更为重要的是，因为所有的营销刺激都集中在屏幕上，中断的出现将吸引人们更多的注意力，并对消费者信息加工和决策过程产生更大的影响（Xia and Sudharshan，2002）。②互动性（interactivity）是在线环境下的固有属性（Steuer，1992），他们经常使用旗帜广告、弹出式窗口以及给消费者带来购买建议的智能代理等方式来吸引消费者的注意力，进而促进销售。诚然，这种交互功能确实增加了营销者和消费者之间的交流，方便商家向消费者推送一些超出他们搜索范围的信息，但是这些互动的功能可能会中断消费者"自然的"认知过程，并影响决策的结果和满意度（Xia and Sudharshan，2002）。

技术的不断革新也在持续地强化着工作环境下中断的负面效应，为工作效率的提升带来了挑战（Karr-Wisniewski and Lu，2010），信息过载（information overload）、技术压力（technology stress）等概念也不断地出现在当下的各种研究中（Ragu-Nathan，Tarafdar，Ragu-Nathan，et al.，2008）。办公环境的开放性将不可避免地提升中断的发生率，即便是面对面的传统型中断，也随着开放性的提高而得到学者们越来越多的关注（Dabbish，Mark and González，2011；Evans and Johnson，2000）。另外，手机等移动通信技术的发展也为中断管理带来了新的问题、提出了新的挑战（Yun，Kettinger and Lee，2012）。例如，Leiva、Böhmer、Gehring 等（2012）的研究发现，相比其他形式的中断，由手机等电话引发的中断在主任务恢复上要花费 4 倍的用时。

另外，技术的发展也可能强化我们的自我放纵（self-indulgence）意识。Nieson（2010）的研究发现，现代信息系统的设计可能导致我们执行任务时更加分心，并在遭遇中断之后很难回到被中断的主任务。因为这些设计注重对使用者注意力的捕捉，"纵容"他们继续浏览无关的信息。信息技术会更加频繁地推送通知、快捷方式、能够促使你经常访问的各种链接，或者延长在该信息服务上的时间。

（三）人们对中断影响的过度负面估计

随着中断的频发，人们相比以往能够更多地体验到多重任务处理（multitasking）（Carrier，Cheever，Rosen，et al.，2009）。根据自己的直觉，人们习惯上认为中断是不好的，并存在大量的负面效应。这是因为消费者更多地依靠语义的直觉（semantic intuition）来判断中断的体验是不好的、负面的，即在决策时，他们遵循这样一个简单的规则：停止积极的体验就是不好的（Nelson and Meyvis，2008）。例如，中断通过转移目标任务上的注意力来降低人们对该任务的处理效率。此外，如果信息决策者的注意力被转移，那么他后续在某个时间点继续处理该任务的注意力就会下降。为了最大化信息的说服效果，营销实践者希望在信息传递过程中，尽可能让消费者保持"专注"，以增强信息接收者的态度和行为意图（Kupor and Tormala，2015）。例如，公司的销售主管经常告诫一线销售人员，在产品推销过程中要避免中断和最小化外界的打扰；很多营销教科书也都明确指出，在传递促销信息时，不能让顾客分心（Belch and Belch，2011）。同样地，人们喜欢看电视，但是不喜欢看电视广告，观众普遍希望能够在节目中消除"中断"。有的消费者甚至还愿意为此支付额外的费用，花钱购买完整观看的权限（如视频网站VIP会员，可跳过广告直接播放），以获得更好的体验。但是，删除广告决定的做出需要消费者准确预测这一决策的积极效果（Nelson，Meyvis and Galak，2009）。

在很多研究中，对于中断管理（interruption management）内涵的界定更多地涉及"如何尽可能地缩短不必要中断的过程，并促使人们更快地回到主任务当中"。这些行为的目的都是让操作者达到"留在主任务"（stay on primary tasks，SPT），即避开不必要的干扰，保持对主任务的关注（Liu，2015）。显然，上述中断管理是针对中断所产生的负面效应的应对之举。

（四）折中效应在日常决策中被广泛使用

在现实生活中，普通消费者并非专家，很多时候无法对产品做出准确且客观的评价，因此，他们的决策通常会涉及两种类型的不确定：对当前行动可能导致的将来结果的不确定和对未来结果偏好的不确定（March，1978；Savage，1954）。而在购买情境下，消费者无法确定不同属性描述下产品的真实价值；另外，他们对于产品属性的权重和不同属性值组合的偏好也无法确定（Simonson，1989）。在面对上述不确定性情境时，消费者会产生选择困难，此时他们更可能寻求一种方法来化解选择矛盾（丁瑛、徐菁和张影，2012），而折中选项被认为是一种比较保险的解决方案，不至于让他们犯下严重的决策错误。下面的例子体现了消费者决策过程中表现出的"中庸之道"（郑毓煌和苏丹，2013）。假设你家附近的超市有三种橙汁可供选择：A.大湖牌橙汁，600 毫升，12 元；B.都乐牌橙汁，600 毫升，25 元；C.佛罗里达阳光牌有机橙汁，600 毫升，58 元。结果，70%的受访者选择了 B，都乐牌橙汁。

人们每天都会面临诸多取舍，折中选项的出现则为消费者提供了选择便利。有时候，这种"中庸之道"也被商家选择，并加以利用。例如，在餐馆的菜单上，开始几页的菜价往往比较吓人，如大几百元甚至上千元（例如，888 元的龙虾、788 元的鲍鱼）；拿着菜单继续往下翻，菜价才些许能够接受（例如，98 元的手抓羊扒）；翻到最后几页，可能一些"18 元醋熘土豆丝"等便宜的家常菜才映入眼帘。如果你请朋友吃饭，太便宜的菜品可能让你感觉太寒碜，而类似"98 元的手抓羊扒"既不太贵又挺有面子（郑毓煌和苏丹，2013）。甚至有时候，商家给出的高档菜肴可能只是一个"幌子"，属于一种虚位选项（phantom alternative），即"看上去真实，但实际却不可得"（Farquhar and Pratkanis，1993）。此时，虚位选项的设置只是为了影响你的决策偏好，提高其目标选项被选择的可能性（李东进、张成虎和李研，2015）。在前面提及的例子中，当你想要点那些高档菜时，服务员可能告诉你"这个菜没货了"（郑毓煌和苏丹，2013）。

二、研究的理论背景

（一）现有对于中断影响的探讨：消极效应多于积极效应

中断任务的出现，使得人们需要花费时间和精力去应付这个"计划外"的任务（特别是当这个任务不可避免时），推迟原任务目标的实现，启用

"前瞻记忆"，这就会迫使人们感知到更大的脑力需求（mental demand）和时间压力（time stress）（Baethge and Rigotti, 2013），并引发抑郁情绪和抱怨行为（Grebner, Semmer, Lo Faso, et al., 2003；Rout, Cooper and Rout, 1996），最终影响任务完成的质量、降低任务完成的满意度（Baethge and Rigotti, 2013；Kirkcaldy and Martin, 2000）。在中断的情境下，人们往往希望尽快结束中断以重新回到原先的任务；如果中断任务本身比较复杂，或者中断的频次比较高，被中断者更有可能忘记自己需要继续原来任务（Baethge and Rigotti, 2013；Einstein, McDaniel, Williford, et al., 2003）。据统计，工作环境中的中断造成美国一年5880亿美元的经济损失（Basex, 2006）；此外，一些高风险工作环境下出现的中断甚至导致人员受伤或死亡，例如空中交通管制保障飞行安全、医院的护理人员为患者配药给药（Balas, Scott and Rogers, 2004；Ho, Nikolic, Waters, et al., 2004）。相关研究表明，多达46%的用药错误始于"中断"（Santell, 2005），并且中断已经成为航空事故和核事故发生的"元凶"之一（Latorella, 1998；Bainbridge, 1984）。同样，日常生活的中断也会给我们制造一些小麻烦：当你和同事交谈时，突然有电话打了进来，你告诉同事稍等一下，一会儿接完电话再去找他；当你结束通话后，你可能忘记去找他，或者当你去找他时已经记不起刚才谈论的话题。这些状况的出现都会让你感到尴尬（Trafton, Altmann, Brock, et al., 2003），而应对这种负面效应最直接的办法就是避免中断的发生：Hudson、Christensen、Kellogg等（2002）在对研究机构管理者的调查中发现，人们有时为了避免工作中的中断而选择远离电脑甚至办公室。

当然，中断也存在其积极效应：无论在人与人之间，还是在人机交互过程中，适当的中断也是高效沟通的重要保障（Altmann and Trafton, 2004）；此外，中断可以促使人们加快完成单调的任务，这是因为中断的出现提高了任务完成的复杂性和人们对任务的注意力，即中断的发生降低了任务操作者的无聊感和目标唤起水平（Speier, Valacich and Vessey, 1999；Zijlstra, Roe, Leonora, et al., 1999）。

中断能够为消费者带来积极或者消极的效应，但总体而言，现有研究较多关注中断所带来的负面影响（Baethge，Rigotti and Roe，2015），即如何规避中断引发的不良后果。后续的研究应该挖掘中断的积极效应，利用甚至创造必要的中断为任务的处理服务。

（二）现有研究对营销领域中的中断现象缺乏关注

虽然中断被认为是消费者决策模型重要的构成部分（Bettman，1979），但是它却没有得到广泛的研究，原因可能是消费者面对中断时的反应不容易被测量。在互联网决策环境下，信息处理中的中断作用进一步凸显（Xia and Sudharshan，2002）。

最近，人们开始探讨中断对消费者行为的影响，但是数量略显不足。例如，Liu（2008）指出，中断增加了人们选择期望选项，但不是可行选项。Xia 和 Sudharshan（2002）认为，中断可以影响消费者的情感体验，例如，在网上购物时，经常性的中断会降低他们的满意度；Nelson 和 Meyvis（2008）发现，因中断而产生的情感结果取决于中断任务的效价；特别是，Nelson、Meyvis 和 Galak（2009）指出，中断既可以促进积极体验，也可以强化负面体验。中断以及中断的时机对后续决策会产生影响，例如，在电影、视频高潮时期发生了中断，将带来强烈的心理闭合需要，促进观看者在无关任务中快速决策，并降低产品搜索（Kupor，Reich and Shiv，2015）。Kupor 和 Tormala（2015）发现，短暂性中断可以提升信息的说服效果。

（三）折中效应的研究依然局限于传统机制下的探讨

从 1989 年 Simonson 最早提出折中效应至今，在过去 30 多年的研究中，绝大多数关于折中效应的研究还局限于对传统中介机制的验证，并在此基础上探讨一些调节因素对上述认知过程的影响。具体而言，学者们认为选择折中选项满足了他们最小化后悔和决策风险的需要、厌恶极端选项的需要、最小化预期损失的需要、决策理由合理化的需要等（详见本书第四章关于折中效应的文献回顾）。但是，归根结底，对于折中效应机制的探讨并未突破 Simonson（1989）提出的"在偏好不确定的情境下，人们更倾向于选择拥有最合适'理由'支持的选项；如果人们在主观上想要向他人证明自身选择的合理性，那么折中效应的作用则更加明显"这一核心观点。相比之下，后悔、决策风险、极端厌恶、预期损失等只是体现了个体在"合理决策"视角上的差异。在上述中介机制研究的基础上，学者们从消费者个体特性、选项因素和情境因素等维度提出了诸多调节变量，探索了上述机制可能的影响因素（存在的强化或者削弱作用）。概括来说，现有的关于折中效应的研究更多的是从"验证折中效应在不同情境下的稳健性"的视角进行展开的。

三、研究问题的提出

消费者的决策具有很强的情境性，他们通常在决策之前或者面对产品信息之时并未形成明确的偏好。消费者决策是一个信息处理的过程（Bettman，1979；Howard and Sheth，1969），而决策过程中的偏好是基于建构的，而不是简单的记忆提取（Bettman，Luce and Payne，1998）。折中效应就是在这样的背景下产生的。日常生活中，真正专家化的消费者毕竟是极少的，折中效应则体现了消费者在自己不确定偏好下的一个审慎、合理的决定。相比其他情境效应，它往往更加常见，也更容易受到消费者的青睐。另外，随着技术革新和互联网技术的发展，消费决策中的中断变得不可避免，但是中断究竟会如何影响消费者决策缺乏深入探讨。因此，本书以消费决策中最为常见的情境效应（折中效应）为突破口，探讨在决策被中断的情境下，最终消费者的偏好选择（变化）、内在机制和相关边界条件。

具体来说，基于研究的现实背景和理论背景，本书旨在从任务中断的角度来探究影响折中效应的机制和方法。本书主要探讨以下四个问题：①决策中断是否会影响折中效应？②该影响在何种情境下表现为促进折中效应，在何种情境下表现为抑制折中效应？③这两种差异化的影响，其内在机制是否一致？是否存在明确的中介变量？④有哪些变量会对上述可能的中介机制产生调节作用？

第二节　研究创新点及研究意义

一、研究创新点

本书的创新点主要体现在以下三个方面：

（1）国外关于消费者行为领域的中断研究目前刚刚起步。决策过程中的中断现象，究竟会对决策行为本身或者消费者信息加工带来何种影响仍缺乏深入探讨。本书首次将决策中断和折中效应这两个看似不太相关的概念建立联系，并提出了不同的决策中断时机会对消费者选择的折中效应产生强化或者削弱的影响。研究结果对于对现有的决策中断和折中效应的研究是一个适当的补充，为今后深入挖掘两者之间的关系（其他的解释机制和调节因素）提供了理论基础和借鉴。

（2）相比现有成果，本书从决策者心理的视角揭示了决策中断对信息加工影响更为深层的驱动机制。诚然，Liu（2008）的研究发现了决策中断在某种情况下会改变人们的认知加工方式，但是他并没有明确指出影响信息加工方式转变的背后因素是什么。本书通过探讨情境效应中的决策中断问题，提出了"一正一负"两种作用路径（好奇驱动的正向路径，以及熟悉度驱动的负向路径），通过挖掘深层次的心理机制，探讨了可能的调节变量，从根本上回答了为什么影响、如何影响的问题。

（3）当前对于中断的研究片面地聚焦于其可能发生的负面影响：人们根据直觉，习惯上认为中断是不好的，并存在大量的负面效用；中断的发生会迫使人们将注意力从目标任务中转移出来，最终影响目标任务的完成绩效等。因此，不论是现有的理论研究，还是营销实践者的"经验之谈"（让消费者保持专注），抑或消费者的个人选择（购买视频网站 VIP），都是尽可能去规避或者减少中断的发生。本书则"反其道而行之"，探索中断对消费者决策过程和心理的积极影响，尝试思考主动、有效地利用决策中断这一现象引导消费者的行为决策。在研究思路上真正由"片面抵制"变为"主动迎合"。

二、研究意义

从理论层面看，本书具有以下意义：

首先，本书以行为决策中常见的折中效应为突破口，将其与认知心理学中关于"决策中断"的相关理论相连接，尝试构建较为完整的决策中断对消费者选择的折中效应的影响模型，模型既包含了对影响效应内在机制的探讨，也包含了对该机制所涉及的调节因素的验证。可以预期，最终的研究框架和实证结果能够较为全面地展现中断对消费者选择的折中效应的影响。

其次，本书有助于进一步完善现有折中效应的研究成果。如前所述，在过去30多年，对于折中效应的研究聚焦于不同情境下折中效应结果的稳定性验证、探讨消费者个人因素或者选项因素对于折中效应的单向影响。本书跳出当前文献对于折中效应研究的既有框架，从（折中选择）决策过程中的一个常见现象（中断）入手，拟从决策者的视角深入探讨决策中断对折中效应差异性影响背后的全新心理机制，并从人格特质、选择集内选项特征、情境因素等维度提出了上述中介机制的调节作用，构建了较为完整的有调节的中介模型。

最后，本书有助于进一步完善决策中断的相关研究成果。以往关于决策中断的研究片面聚焦于它所带来的负面效用：为了应对这种潜在的消极后果，研究者们更多关注如何避免中断，使人们的注意力集中于主任务之上；或者关注如何快速回到主任务，尽可能地减少中断任务对于主任务的消极影响。学者们重视对中断情境下主任务完成绩效的考量，因此恢复延迟用时、正确率等成为重要的衡量指标。本书试图揭示不同情境下的决策中断对折中效应的差异化影响（强化或者削弱），进一步说明其实"中断"也是可以被引导和利用的（改变折中效应的结果）。另外，折中效应属于一种典型的情境效应，本书的结论可以为后续探讨中断与其他情境效应之间的影响提供支持。

从实践层面看，本书具有以下意义：

首先，改变商家对于营销活动中"中断"事件的排斥态度，正视中断可能带来的积极效果。如前所述，为了最大化信息的说服效果，营销人员希望在信息传递时，尽可能让消费者保持专注。在介绍产品的过程中或者在消费者最后考虑是否付款进行购买时，消费者突如其来的无关电话（信息）可能会让营销人员感到懊恼和失望，因为在他们看来，消费者接完电话（信息）之后再次购买的可能性会降低。他们直观地认为信息说服过程或者决策过程被打断了，最终的效果一定会更差。然而，这种"直觉上"的负面效果也是存在边界条件的。本书则试图展示在不同决策中断情境下消费者选择的差异化结果。

其次，有利于更准确地强化折中效应对消费者选择的影响效果。在研究的现实背景中，我们已经提及，对于偏好不确定的商品，消费者习惯采取"中庸之道"；作为商家，也"非常习惯"引入"极端选项"来有意识地将"主推产品"制造成"折中选项"。然而，过去对于折中效应前置影响的探讨大多游离在决策过程之外（消费者特性、产品特性等），本书从决策过程本身的改变（发生中断、不同的中断情境），探讨折中效应发生的变化，其研究结果的实践意义不言而喻。鉴于中断的多发性和普遍性，一方面，利用本书的研究结果，营销人员可以有效地制造中断以达到影响消费者选择的目的；另一方面，消费者无意识、不可控的中断的发生也为最终的选择带来更多不可控的因素，深入揭示其中潜在的影响机制，将有利于更有针对性地开展目标产品的营销。

第三节　研究方法、研究路线及整体研究框架

一、研究方法

本书采用定性分析和定量分析相结合的方法展开研究。在研究的初始阶

段，本书对已有文献进行了分析整理、归纳总结、提出研究问题、明确相关概念、形成假设和模型。在数据收集阶段，本书通过实验法对研究假设和模型进行了检验。相比于其他研究方法来说，实验法的最大优势在于能够通过对自变量的操纵和对干扰变量的控制得出变量间的因果关系。此外，借鉴国外关于中断研究的实验设计，本书采用相关心理学软件设计实验情境并收集相关数据。

二、研究路线

本书的研究路线如图 1-1 所示。

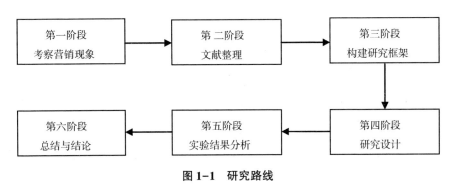

图 1-1　研究路线

资料来源：本书整理。

第一阶段，考察营销现象。本书从生活中各类与中断相关的营销现象入手，收集整理中断引发的各类消极和积极的现象，提出想要探讨的研究问题和研究范畴。

第二阶段，文献整理。通过收集以往任务中断、折中效应的相关研究，厘清以往中断研究的脉络，找出存在的不足，提出研究问题，为论证任务中断如何强化或者削弱折中效应的影响提供理论依据，并试图查找可能影响任务中断与折中效应关系的中介变量和调节变量的相关文献。

第三阶段，构建研究框架。在文献研究的基础上，从理论角度探索任务中断与折中效应的因果关系，根据对结果变量折中效应的强化和弱化两种不同的作用机制构建两个研究框架：一是关于任务中断强化折中效应的促进框架；二是关于任务中断削弱折中效应的预防框架。

第四阶段，研究设计。本书采用多种折中效应决策情境，结合差异化的中断任务，依托大量的样本数据和不同的变量操纵方式，借助相关心理学软件并根据研究假设设计和实施实验。

第五阶段，实验结果分析。根据实验结果的文本和数据，本书通过方差分析、回归分析、bootstrapping分析等方法检验并修正研究提出的一系列假设。

第六阶段，总结与结论。根据实验研究的结果，本书得出研究结论并讨论研究结果，分析研究的理论贡献和实践启示，并指出研究尚存在的不足和未来研究方向。

三、整体研究框架

本书在回顾任务中断和折中效应相关文献的基础上，采用实验法探讨了任务中断对折中效应的正面和负面的影响关系，其中，好奇和熟悉度分别为正、负影响的中介变量；另外，还验证了认知需求、信息呈现形式、决策环境改变、自我建构和决策对象的调节作用。本书整体研究框架如图1-2所示。

本书的第一部分是第一章。该部分基于现实背景和理论背景，揭示本书的研究背景、具体的研究问题、研究创新点与研究意义，以及本书的具体研究方法、研究路线与本书的研究框架。

本书的第二部分是相关研究基础，包括第二章、第三章和第四章。第二章整理归纳了任务中断的相关文献，中断的概念、分类，以及中断分别对主任务、对消费者认知和情感、对后续无关消费决策的影响。第三章回顾了中断研究的理论基础，具体包括目标记忆理论、长时工作记忆理论、线程认知理论、转换加工理论和前瞻记忆理论。第四章整理归纳了折中效应的相关文献，具体包括折中效应的形成和界定、折中效应的内在机制、折中效应的影响因素。

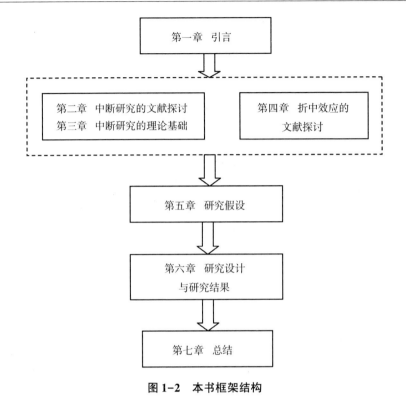

图 1-2　本书框架结构

资料来源：本书整理。

　　本书的第三部分是第五章。该部分首先探讨了中断时间在中断对折中效应影响中的作用，提出了假设 1：中断发生时间会使折中效应产生差异化的效果。当中断发生在阅读选项信息前时（vs. 无中断），决策中断将强化折中效应，促使消费者更多地选择中间选项；当中断发生在决策之前时（vs. 无中断），决策中断将削弱折中效应，促使消费者更多地选择极端选项。接着，该部分分别针对两条差异化影响路径，形成两个研究框架：强化框架和削弱框架。在强化框架中，人们的好奇在其中起到了中介作用（假设 2）；另外，还探讨了认知需求、信息呈现方式的调节作用，提出了假设 4、假设 5、假设 6、假设 7。在削弱框架下，将人们对决策的熟悉度作为中介变量（假设 3）；另外，还考察了决策环境变化、自我建构和决策对象的调节作用，提出了假设 8、假设 9、假设 10。

　　本书的第四部分是第六章。该部分通过七个实验检验研究假设是否成立，及变量间的影响效应是否存在。

　　本书的第五部分是第七章。该部分对七个研究的研究结果进行总结和分析，阐述了研究的理论意义和实践意义，以及研究不足和未来研究方向。

第二章　中断研究的文献探讨

第一节　中断的概念与特征

一、中断的概念

2012 年最新的《美国传统字典》（第 15 版）［American Heritage Dictionary，(Fifth Edition)］对中断（interruption）做了如下定义：①对连续性和一致性的打破（to break the continuity or uniformity of），例如，一场雨中断了我们的棒球比赛；②通过说或做一些事情来停止某人从事一项活动（to stop someone engaged in an activity by saying or doing something），例如，婴儿在我打电话时打断了我。另外，还有两则计算机研究领域对中断的定义：①促使电脑停止当前运行的程序，转而执行另外一个操作的信号命令（a signal to a computer that stops the execution of a running program so that another action can be performed.）；②传递停止当前运行程序信号的回路（a circuit that conveys a signal stopping the execution of a running program.）。

Corragio（1990）将中断定义为：外生随机事件对人们聚焦于主任务注意力的干扰，破坏了原有任务的完整性和人们认知过程的连续性。该定义强调了中断的外部性和随机性，不受某一被中断个体的控制，特别是中断发生的时间具有一定的不可预测性。相对于主任务而言，在很多研究中，中断本身被作为一种次要任务，但中断的出现也使人们不得不对其予以足够的关注；有时为了重新回到主任务，他们必须将该次要任务完成，可以将中断理解为目标活动的机械故障（例如，录音机的故障会阻止人们收听完整的磁带内容）（Worchel and Arnold，1974；Xia and Sudharshan，2002）。

McFarlane（2002）给出的定义对"中断"进行了更为全面的审视，他认为，"中断是对一个过程或者人类活动的改变和干扰"。类似地，工作分工则可以被认为是对连续工作状态的破坏和中断（Mark，Gudith and Klocke，2008）。

Jett和George（2003）将中断看作一个事故或者事件，它阻碍或者延迟了组织成员在工作任务上的进展。Speier、Valacich和Vessey（1999）认为，中断是由内部或者外部产生的、发生的时间具有一定的随机性，属于打破认知连续性的一种离散型事件。中断的出现通常需要人们及时地关注和行动，通常发生的时机也在任务执行者的控制范围之外（Speier，Valacich and Vessey，1999）。而中断任务的"直接需求"就是让执行者停止和推迟正在进行的活动，将注意力转向中断任务（Zijlstra，Roe，Leonora，et al.，1999）。

Brixey、Robinson、Johnson等（2007）认为，中断是人们目标导向行为的一种临时性中断。它被看作任务转换的一个过程，在将来的某一个时间点，人们还意图重新回到原任务（Altmann and Trafton，2004）。因此，被中断的任务不是被终止，而是延期了（Baethge，Rigotti and Roe，2015）。一旦被中断任务重新启动，人们的心理资源（mental resources）还将被激活（Altmann and Trafton，2004；Zeigarnik，1927）。在这方面，被动的中断和主动的中断（voluntary break）存在差异，后者在任务中止后，心理资源也将被"释放"（Jett and George，2003）。本书关注的中断现象均属于前者。

因此，中断可以看作由于外界事物所引发的任务转换过程。而消费决策中断正是消费者在一次独立完整的消费过程中，由于外界事物引发消费者的任务转换过程。因为被打断的人需要面对多个任务，中断被认为是一种多重任务处理（multitasking）（Salvucci and Taatgen，2011）。需要注意的是，我们提及的多任务处理通常局限在"并发式多任务处理"（concurrent multitasking），即同时执行两个及以上的任务，这要求人们在两个及以上的任务之间快速切换。并行多任务处理包括：边开车边接打电话或者开车时发送文本信息（Katidioti，Borst，Vugt，et al.，2016）。Salvucci 和 Taatgen（2011）指出，"顺序式多任务处理"强调的是任务完成的次序性，它在时间上跨度更大：例如，在写论文时，被告知要出席一个会议或者回复一封电子邮件；在使用电脑观看电影过程中，被要求去检查一下电烤箱中的食物。本书中的中断任务和主任务的关系设置属于后者，即顺序式多任务处理。

二、中断单元的构成

一个完整的任务中断单元应该依次包含如下几部分：主任务（primary task）、中断延迟（interruption lag）、中断任务（interruption task）/次要任务（secondary task）和恢复延迟（resumption lag）。

主任务是指，操作者当下（或者在中断"警报"发出时）正在执行中的任务；中断延迟是指"在中断任务开始之前的一个短暂的过渡时间段，在这段时间内，操作者知道即将发生的中断任务但是还没有执行这项任务"，即从收到中断任务的"警报"到正式开始实施中断任务之间的时间；恢复延迟是指，"从人们完成（暂停）中断任务到他们恢复主任务操作所采取的第一个后续行为之间的时间间隔"，即离开中断任务至恢复主任务的时间（Altmann and Trafton，2004；Trafton，Altmann，Brock，et al.，2003）。如果恢复延迟时间较短，表明操作者能够很容易地回到主任务的情境中，如果时间比较长则意味着遭受的中断影响比较强烈，需要花费更长时间重新进入情境。在此期间，操作者的"工作内容"主要包括：唤起被中断前的工作进度及思考接下来该如何完成主任务（曾勤闵和许有真，2010）。正如我们在第一章提到的决策中断情境：消费者在网上购物，就在他正准备决定是否下单付款时，恰巧收到了一则电子邮件的提醒。在这个情境中，消费者网上购物决策就是主任务，回复电子邮件是中断任务，收到新邮件提醒到打开电子邮件准备回复之间的时间间隔为中断延迟，处理完电子邮件到重新开始考虑之前的购买决策之间的时间间隔为恢复延迟。Trafton、Altmann、Brock 等

（2003）在自然观察的基础上，对中断的过程进行了深入剖析，以一个最简单、最常见的中断过程为例，中断所涵盖的几个基本要素内容如图2-1所示。在这条时间线的基础上，很多关于中断的实证性研究开展了卓有成效的工作，即控制时间线上的某一点或某一段的变化，以便考察其对该时间线上其他特定部分的影响。也有研究指出，图2-1中的时间轴能够很好地体现外部中断的过程和要求，但是，如果用它来描述内部中断则并不准确。两种中断单元的构成存在差异性，例如，Katidioti和Taatgen（2014）的研究发现，在自我中断前，任务者的瞳孔会放大，而这样的情况在外部中断时并未发生。

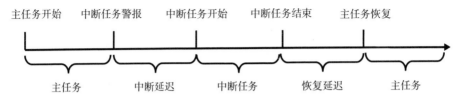

图2-1　一个任务的中断单元（任务中断和任务恢复的过程）

资料来源：本书整理。

此外，仍然有一些因素可以让上面看似简单的任务中断/任务恢复过程更加复杂化。例如，任务的操作者或多或少拥有能够控制中断延迟（时间）长短的自由（McFarlane，2002）。又如，在工作环境下，在正式开始执行中断任务之前，人们表现出很强烈的意愿：在主任务进行到一个较为合理的阶段才将其暂停（如完成一个子任务目标之后）（Zijlstra，Roe，Leonora，et al.，1999；Cutrell，Czerwinski and Horvitz，2001）。概括来说，应该立即切换到中断任务，还是先回顾总结一下目前工作的内容或者回忆一下当下任务的进度再开始中断任务，是操作者在收到中断提示后需要先做出的一个决定，当然，选择后者就意味着"中断延迟"将持续相对较长的时间（Trafton，Altmann，Brock，et al.，2003）。另外，中断任务"警报"的呈现形式也是多样化的（视觉的、听觉的等），它向操作者传递着中断任务的紧迫性、需要采取行动的类型等信息（Stanton and Edworthy，1999）。

和很多研究关注一些外部变量对中断决策过程的不同影响。Trafton、Alt-mann、Brock 等（2003）关注中断过程内部的两个环节之间的关联，即中断延迟和恢复延迟。就最终主任务上的表现而言，前者被认定为"机会"，后者被界定为"约束"。之前的记忆理论认为，即便是非常简单的任务之间的转换也需要反应时间（response time）（Rogers and Monsell，1995；Allport and Wylie，2000）。Trafton、Altmann、Brock 等（2003）进一步指出，人们在从次要任务转换至主要任务的过程中，他们的行为同样不可避免地存在时间上的间歇；当他们意识到很快将面临中断，但目前仍然可以聚焦眼下的主任务时，可以有效地利用中断延迟为未来恢复任务进行适当的准备，即根据主任务开展的情况进行前瞻性目标编码（prospective goal encoding）和回顾性排演（retrospective rehearsal），那么在恢复延迟阶段，就可以利用预想的内容帮助操作者快速地回到主任务的工作情境，最终达到降低恢复延迟的效果。Hodgetts 和 Jones（2003）的研究发现，"非零"（nonzero）状态下的中断延迟对主任务的表现具有提升作用。总之，"存在中断延迟会比没有中断延迟的情况导致更短的恢复延迟时间"这一结论在现有研究中得到了较为一致的认可。上述发现有着很好的现实意义，因为即便在非常紧急的情况下，或者在面对一个突发的、亟待完成的中断任务时，为了尽快回到主任务的工作，也可以存在一个适当且短暂的"中断延迟"（Altmann and Trafton，2004）。

三、中断的分类

Jett 和 George（2003）在探讨工作中的中断问题时，将其划分为四种类型：入侵（intrusion）型中断、间断（break）型中断、干扰（distraction）型中断和差异（discrepancy）型中断。入侵型中断指的是，遭遇意料之外的某人或者某项任务中断了个体原先工作的连续性，并致使该项工作暂时性停止。不同于入侵型中断，间断型中断则是个体根据个人的需要和日常的工作节奏，主动或者自发地对当下进行的任务予以中断。例如，教授们可能在完成了一篇论文的主要部分之后或者遭遇到一个有挑战性的问题时，选择休息一下。这种主观上的中断是为了缓解工作的压力和紧张感，以更好的状态投入后续的工作中。干扰型中断源自人们外部刺激或者次要任务引发的心理反应（分心），即因为它的出现中断了人们原先集中聚焦于主任务的状态。例如，一位大学教师试图在他的办公室里写论文，但是如果此时屋外有学生大声谈话，或者出现其他杂音，他就有可能觉得心烦而中断自己的工作。而差异型中断发生于人们对于外部环境的预期与实际存在不一致时。例如，当同事告诉你，有其他学者最近发表了一篇文章，该文章涵盖了很多你现在所写文章的内容，此时，你有可能中断眼下的论文写作。入侵型中断也会导致差异型中断，例如，一项新任务的"入侵"会使人们产生不一致的感觉，即原先预期处理一项任务，但是现在需要立即处理两项任务。

Baethge、Rigotti 和 Roe（2015）根据中断的来源，将其简单划分为外部中断（external interruption）和内部中断（internal interruption）。在主任务进行中，来自客户、同事、主管或者其他人的召唤，接到电话、电子邮件、短信，或者机器、电脑、交通工具出现故障都可以称作外部中断。该类型中断通常表现为偶然性和不可控等特征，它的出现将促使人们做出任务上的转换。内部中断也称自我中断（self interruption），表现为人们主动要求改变现有的工作状态（Levy, Rafaeli and Ariel, 2016），内部中断由个体内在发起（Ka-tidioti, Borst, Vugt, et al., 2016），源自人们自己的想法（例如计划、发明、担心）、情绪状态（如高兴、焦虑），或者身体需要（如吃饭、喝水、去洗手间、换衣服）。这种内部中断可以是计划内的，也可以是偶然发生的；它可以是可控的，也可以是不可控的。内部中断所具有的多样性和不可直接观察性特征增加了学者们研究的难度。有研究发现，40%的中断来自自我引发（Liu, 2015）。因此，在本书中，我们将聚焦于外部中断的影响，即表现为对现有任务的偶然性、强制性中断。

到底是什么引发了内部中断？学术界也对此进行了探索，但是并未寻找到统一的理论加以解释。有学者指出，如果当下从事的任务太简单或者太困难，人们会因为太无聊或者太沮丧而倾向采取自我中断（Adler and Benbunan-Fich, 2013）。还有一些研究发现，当人们用于中断任务的认知资源可用时，他们更容易分心，进而主动进行自我中断（Katidioti, Borst, Vugt, et al.,

2016）。Taatgen、Katidioti、Borst 等（2015）通过实验研究发现，不论当前从事任务的难易程度如何，在他们的视觉资源可用时，被试者更容易受到视频的干扰；为了解释这一现象，他们还建立了一个认知模型。同样地，关于对上班时间从事与工作不相关活动（cyberloafing）的研究也试图揭示自我中断背后的原因：这种工作中的自我中断通常表现为使用电脑进行网上冲浪，是一种休息（Blanchard and Henle，2008；Lim and Teo，2005）。Wagner、Barnes、Lim 等（2012）发现，那些经常失眠的人往往更容易从事这种与工作无关的行为；另外，计划行为理论（TPB）也能够为上述工作中的主动中断行为提供解释，该理论认为，人们行为意向的形成受到社会规范和他人观点的影响（Ajzen，1991）。Dabbish、Mark 和 González（2011）的研究对自我中断发生进行了综合性阐释，发现自我中断受到环境、个体差异、之前体验到的外部中断等因素的综合影响。上述结论意味着，开放性的环境、在一天的晚些时候或者之前遭遇的较严重的外部中断，将导致人们更高的自我中断行为。

外部中断和自我中断，究竟哪一种更具"危害性"？作为一个理性的决策者，他们更多地选择在低工作压力时刻（low workload moments）进行自我中断（Katidioti and Taatgen，2014；Salvucci and Bogunovich，2010）；相反，外部中断则可能发生在高工作压力时（high workload moments）。直观上来看，自我中断的"危害性"相比外部中断更小，因为人们可以自由选择他们想要中断的时间（Katidioti，Borst，Vugt，et al.，2016）。例如，McFarlane（2002）在研究中对比了商定中断（negotiated interruptions）和另外三种外部中断（随机外部中断、低工作载荷外部中断、有计划的中断），结果表明，更多的被试者青睐前者。但是，商定中断能否被当作自我中断值得商榷，因为被试者已经知道了中断发生的时刻（虽然该中断安排是遵从了被试者本人的意见），而不是在任务完成过程中的自发行为（没有任何外部的通知）。另外，Mark，Gonzalez 和 Harris（2005），Panepinto（2010）未发现两种类型的中断在任务表现和反应时间上存在显著差异。Katidioti、Borst、Vugt 等（2016）却得出了相反的结论，他们通过行为实验研究和瞳孔放大测试研究发现，自我中断相比外部中断带来了更大的"破坏性"，因为自我中断情境下的被试者在主任务上花费的时间更多，即完成主任务更慢；然而，这两种类型的中断在恢复主任务上的用时（恢复延迟）未发生差异，可能是被试者在中断之后回到主任务没有感觉很困难。"瞳孔放大"理论（当人们的认知负荷增加时，人们的瞳孔就会放大）的数据则进一步表明，自我中断任务的决策多用时一秒（在自我中断之前，被试者需要花费一定的时间来思考在什么时候进行任务中断），这导致了更慢的任务执行表现。

Kupor 和 Tormala（2015）将中断划分为三种类型：①伴随主任务同时发生的中断。例如，要求人们在阅读产品信息的同时，心里记忆一组八位数字或者在视觉上追踪一个会移动的物体轨迹（Cades，Boehm-Davis，Trafton，et al.，2011）。该类型中断增强了人们的认知负担，削减了人们应用于主任务的处理资源（分散了注意力、减少了对于焦点任务的思考），降低了他们对产品说服信息的加工水平。②对主任务造成了永久性的中断（即使想要重新回到任务也不可能）。在该中断情境下，这种阻碍反而激发了人们更强的任务完成意愿，使得任务能够被更好地记住（Zeigarnik，1927）。③对主任务形成短暂性的中断，临时性地阻止人们完成该项任务，但是中断之后可以重新返回并继续实施主任务（Silvera，Karde，Harvey，et al.，2005；Speier，Valacich and Vessey，1999）。例如，通过视频网站观看电影或者电视剧时，经常会遇到几十秒钟的广告。本书涉及的中断任务为第三种类型。

基于主任务和中断任务之间关联性的比较，Liu（2015）在考察工作环境中的中断管理时将中断划分为：与工作相关的中断（work-related interruption）/合理性的中断（legitimate interruption）、与工作无关的中断（non-work-related interruptions）。前者表现为人们在工作任务之间的转换，例如，停下手头的工作去回复商业邮件；后者则被认为是没有必要或浪费时间的中断，例如，在工作过程中观看 YouTube 网站上的视频。

四、中断的产生

对中断的产生和源头的探索是了解某一中断特征的重要方面。中断可以由一些不同的个体单独产生（发出），如老板、下属、家庭成员、客户等；中断也可能来源于机器或者设备，如系统提示的错误信息、邮件客户端提示新邮件等。根据期望理论（expectancy theory），个体的行为确定是建立在备择方案中有意识挑选的基础之上的，例如，面临中断时，是立即开始中断任务还是暂时忽视它，个体评价选择方案的过程是基于最大化积极效果、最小化负面后果（Vroom，1964）。从这个角度来看，"发出"中断的人的角色和地位很可能对决策者是否立即从事中断任务产生显著影响。具体而言，在面对上司或者老板"发出"的中断任务时，决策者会选择"果断地"接受，因为在此情境下，对中断任务做出积极回应为他们所带来的效用可能远大于忽视它；相对地，面对一般关系强度的陌生人所带来的中断任务，决策者可能反应缓慢甚至选择漠视或快速地拒绝（Speier，1996）。另外，关于工作绩效评价的两篇文献也对上文中决策者为何做出如此选择给予了有力的支持：决策者对中断发出者越熟悉、两人之间的关系越密切，越可导致中断者对决策者工作绩效给出更加积极的评价（Bond and Titus，1983；Robbins and DeNisi，1994）。

五、中断的形式

中断发生的形式多种多样，可能是一封电子邮件，也可能是一通电话，还可能来自走进办公室想要与你交流的同事。媒介丰富性理论（media richness theory）认为，媒介用于发送不同信息的能力可以用来支持用户的信息交流和处理（Daft and Lengel，1986）。借助媒介丰富性理论，我们可以对当下常见的中断形式进行有效区分。面对面的沟通交流（face-to-face communication）属于丰富度较高的媒介（rich media），它利用多重线索（multiple cues）、回馈（feedback）与多样化的语言（high variety language），能够让人做出即时回应，并促使交流双方（或多方）在一些困难的、无法分析、模棱两可或者冲突性较大的议题上达成共识。当面对一个高丰富度的媒介时，人们会感到更难以终止或改变任务进展的方向（Rice，1987），因此，较高丰富度的媒介往往可能引发更为严重的中断后果，例如，面对面的中断

"袭来"是我们无法"忽视"的，它的干扰性更强，更可能让我们忘记原来的任务（Speier，1996）。与此相对，电子邮件、备忘录和短信息等属于贫瘠的媒介（lean media），它们依然能够准确且有效率地传送非模糊性的信息，但相较于面对面沟通，其非语言/非文字的线索较少，其他诸如眼神接触、肢体语言等视觉线索（visual cues）则更是贫瘠媒介所无法具备的（Trevino，Daft and Lengel，1990）。所以，依托贫瘠媒介传递的中断对人们主任务的负面影响相对较小，人们可以延缓执行中断任务，甚至选择在完成当下任务之后再从事中断任务（Speier，1996）。

六、中断已有的研究框架

鉴于中断发生的普遍性，心理学领域对于中断这一现象已经积累了大量的研究，总的来说，绝大多数研究致力于探讨在中断情境下，影响被中断任务表现（绩效）的因素（Nelson，2013）。

Speier、Valacich 和 Vessey（1997）将中断的属性维度划分为中断的认知维度和社会维度。认知维度是与认知能力相关、影响信息处理的属性，包括中断的频率、中断持续的时间、对中断做出反应所需的时间、中断的内容或者包含的信息、中断的时间点（Czerwinski，Cutrell and Horvitz，2000；Eschenbrenner，1971；Gillie and Broadbent，1989；Speier，Valacich and Vessey，1999）。社会维度会影响人们如何对中断做出反应，包括中断的形式或结构（人际 vs. 电话），中断的产生（人 vs. 物）及原因、社会期望（受组织和地区文化的影响）等（Bond and Titus，1983；Perlow，1999；Robbins and Denisi，1994）。Niculescu、Payne 和 Luna-Nevarez（2014）在此基础上增加了情感维度——中断任务效价（对中断任务愉快程度感知）。不可否认，较多的研究聚焦于不同中断维度（属性）对主任务最终表现的影响，但是也有部分研究整合多个特征属性，探讨它们对于主任务表现的多重交互作用（双重、三重、四重交互效应）。

从中断发生和处理的过程来看，当人们在执行主任务的过程中遭遇中断任务时，通常会出现三种任务处理机制：顺序处理（sequential processing）、优先处理（preemptive processing）、同时处理（simultaneous processing）（Kir-
meyer，1988）。顺序处理意味着当第一个任务已经完成后才能开始对中断任
务的处理，即所有任务按先后顺序处理；优先处理表示当面临中断时，任务
执行者将注意力即刻转移至中断任务，暂停并延迟主任务的完成；同时处理
表明人们在执行主任务的同时，也从事中断任务的处理，即同时进行多个任
务的加工。研究发现，当中断来临时，人们对上述三种策略的选择在很大程
度上取决于主任务的完成情况和中断任务的一些特定属性的影响（Speier，
1996）。

从最终的结果指标来看，中断对于任务表现的结果测量主要包括：任务
完成耗时、结果的准确性以及决策的满意度（结果满意和过程满意）等
（Speier，Vessey and Valacich，2003；Xia and Sudharshan，2002）。

中断已有的研究框架见图 2-2。

第二节　中断与主任务

在任务中断的研究中，关于任务中断对主任务的影响占据了现有相关文
献的绝大多数。中断发生后主任务的表现是对中断现象结果的描述，而探索
中断延迟期间和恢复延迟时间段内任务操作者的心理变化则是为了更好地揭
示并阐释中断引发结果的背后机理。后者是对现象内在机理的挖掘，是以前
者作为基础，两种研究思路的成果相辅相成，共同构建了中断对主任务影响
的研究框架。

最早关于中断的心理学研究要追溯到 1927 年 Zeigarnik 提出的蔡格尼克
记忆效应（Zeigarnik effect）；该研究中，Zeigarnik 让被试者执行一些简单的
操作，但是其中有一半被试者在执行任务过程中"遭遇"中断，即该部分被
试者被要求在任务完成之前停止操作，然后所有参与实验的被试者对之前的
测验进行回忆；最终，这一关于中断的初步研究发现，相比已经完成的任务，

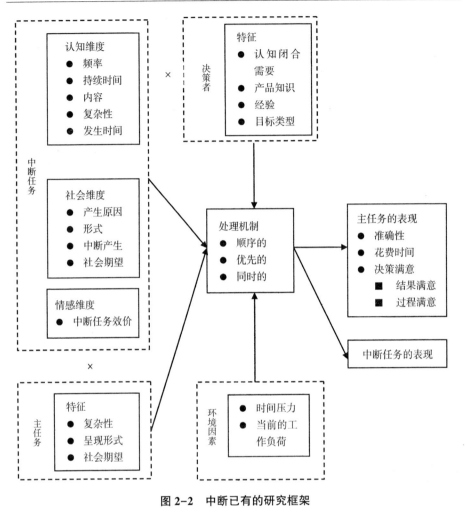

图 2-2　中断已有的研究框架

资料来源：本书整理。

那些没有完成的任务将被人们更好地记住（Zeigarnik，1927）。Zeigarnik（1938）使用拼图游戏再次证明了前面的假设，研究发现，对于那些在游戏结束之前被中断的被试者，他们能够比没有遭遇中断的被试者回忆起游戏中更多的细节。

一、中断效果的测量

我们假设 T_n 表示通常情况下（无中断发生）完成主任务需要花费的时间；而 $T_r = T_b + T_a$ 则表示同样的任务在遭遇中断时所花费的时间，其中，T_b 为中断之前执行主任务花费的时间，T_a 为中断之后完成主任务的用时，$T_0 = T_r - T_n$ 表示在遭遇中断的情境下，完成主任务需要花费的间接费用（overhead）。这种间接费用常常降低主任务的完成效果，它在一些研究中也被称作"恢复延迟"（Iqbal and Horvitz, 2007; Salvucci and Bogunovich, 2010）。然而，需要注意的是，当 $\{T_a, T_b, T_i, T_n\} \in R_0^+$, $T_0 \in R$ 时，间接费用可以为正也可以为负。

二、中断对主任务的负面影响

大量研究已经证实，中断会对当下开展的任务带来负面的效果；但是，在很多情境下，我们无法准确测量负面影响的大小。例如，日常工作中发生的中断究竟会给我们的行政管理带来多大成本确实难以估计，甚至这种中断所引发的"危害"都不易被我们察觉（Zijlstra, Roe, Leonora, et al., 1999）。

尽管如此，之前的学者们还是在"如何衡量负面影响"这一命题上做出了不少的探索，也取得了一定的成果。根据现有研究的论述，中断情境下，主任务完成的效果通常从任务完成时间和任务（决策）准确性两个维度加以衡量（Katidioti, Borst, Vugt, et al., 2016）。因此，中断给主任务带来的负面效应集中体现在以下几个方面：①在面临中断时，人们花费更多的时间去完成主任务。具体而言，任务中断致使任务执行者在完成中断任务之后，往往还需在恢复延迟阶段花费一定的时间，最终，体现为主任务更差的执行表现（用时更多）。因此，在众多研究中，学者们选择"恢复延迟"作为主要指标和重要观测点，借此窥视并测量中断给主任务所带来的破坏性效果（Altmann and Trafton, 2004）。很多学者的研究在检验负面效应时也遵循了这一逻辑：Mark，Gonzalez 和 Harris（2005）发现，工作当中 22.7% 的中断任务未能在当天得到继续；Iqbal 和 Horvitz（2007）指出，在回复那份电子邮件（完成中断任务）之后，人们又会接着从事一些无关的任务，重新回到主任务当中需要大概 10~15 分钟。即便人们可以在完成中断任务之后被要求立即回到主任务中，他们也为此付出了更多的时间，使得主任务的完成时间滞后：Trafton，Altmann，Brock 等（2003）采用"坦克任务"开展关于模拟战场任务的中断研究，其中，中断所具有的破坏性具体表现为，中断情境下被试者的平均恢复延迟在整个实验中始终大于该被试者的平均点击间延迟；Altmann 和 Trafton 在 2004 年的一项研究中也得出了类似结论，中断情境下恢复延迟的用时是正常行为间间隙（inter-action interval）（实验中主任务内平均鼠标点击延迟）的两倍（3.8 秒 vs. 1.9 秒），这一数据再次证实了中断的破坏性特征。②中断使得主任务出错的频次增加（Brumby，Cox，Back，et al.，2013）。中断任务的"破坏性"（disruptiveness）可以用 Altmann 和 Trafton（2002）提出的"目标记忆理论"（the memory for goals theory）来解释。该理论认为，每一个任务都存在相应任务目标激活水平；如果任务被中断，这个目标将被存储，并且开始延迟。所以，如果花费在中断任务上的时间越长，主任务的目标就被延迟得越久，人们恢复主任务的难度也就越大。Monk，Boehm-Davis 和 Trafton（2008）通过两个实验研究进一步指出，相比短时间的中断任务，长时间的中断任务会引发更长时间的恢复延迟；但是，这效应也存在着"天花板效应"——如果中断任务的时间过长（超过 23s），负面影响将停止增加。另外，存在认知难度的中断任务比简单的中断任务的危害更大（Monk，Boehm-Davis，Trafton，2008），和与主任务相关的中断任务相比，不相关的中断任务引发的负面效应更小 Czerwinski，Cutrell and Horvitz，2000）。

中断任务的"破坏性"不仅受到中断任务本身特性的影响，还受到中断任务发生阶段的作用。例如，低工作压力阶段的中断（通常在两个子任务之间）会带来更小的负面效应。这是因为，在高工作压力情境下，一旦正在开展的任务被中断，被试者需要及时将信息存储到工作记忆（working memory）中，例如，即将要输入的一个产品名称（Katidioti and Taatgen，2014），或者本来需要被记录的一个重要信息（Monk，Boehm-Davis and Trafton，2004）；相反，在面对低压力情境下的中断时，工作记忆则可能没有被启用。

三、中断负面效应的干预方法

既然中断的负面效应无处不在，那么采用何种行之有效的应对方法则颇为重要。McFarlane（2002）在探讨人机交互环境下的中断现象时，给出了四种协调中断问题的方法，如表2-1所示。这四种方法分别是：①立即中断（immediate interruption），②商定中断（negotiated interruption），③调解中断（mediated interruption），④计划中断（scheduled interruption）。

表2-1 中断协调方法

方法	实例	中断控制性	灵活性	系统简易性
立即	人们在开车的时候打电话，系统提示了目前的路线方向，并打断了当下的对话	低	低	高
商定	用户正在执行文本编辑任务，这时电话铃响起，用户决定是否以及何时来接电话	高/中等	高	中等
调解	在电话接入之前，个人数字助理（personal digital assistant）总是要检查一下用户是否可以被打断，并在可能的情况下协调中断	中等	低	高
计划	教授们通过主动调配工作时间来有效安排学生们"登门造访"的时间	高	低	低

资料来源：本书整理。

为了应对中断所引发的各种负面效应，学者们提出了一些干预措施。我们根据这些干预措施的目的（所要解决的问题）将其划分为如下四类：

1. 从源头上最小化中断的发生

在探讨当下工作环境中的干预措施时，从源头上最小化中断往往体现在对通知的控制（Iqbal and Bailey，2005）或者及时告知个人时间的可用性，以此来规避同事之间的干扰（Dabbish and Kraut，2003）。然而，过滤或者延迟中断的到来也可能导致重要信息的丢失或者失去处理中断任务的最佳机会。

Dabbish 和 Kraut（2004）证实只使用一个抽象的信息显示（例如，当前中断目标对象的忙碌状态）就可以有效地帮助中断者来协调他们的中断时机，因为提供充分的信息展示只会更多地耗费打断者的注意力资源。另外，在 Dabbish 和 Kraut（2004）的研究中，提出了团队认同和社会动机的调节作用，即通过联合打断者和被打断者来共同构建一种"协作"关系，通过这样的设计可以改善参与者的动机，便于他们更好地协调中断。

Chong 和 Siino（2006）对比了两组计算机程序员在不同的工作情境下表现出的中断和处理中断的行为。研究中，一组程序员被要求成对开展工作，而另外一组则被要求单独开展工作。最终结果表明，前者在中断任务上花费的时长明显小于后者。现有的社会交换理论（theory of social exchanges）和关系契约理论（theory of relational contracts）可以很好地解释其内在机制：协作的环境下可以促使人与人之间密切合作，进而在彼此之间构建一种共同责任。研究进一步发现，对于自我产生的中断而言，出于责任性和可见性的考虑，他们也会尽可能地避免当下的任务被不必要的中断所打扰，但是对于独立开展工作的被试者来说，他们缺少这种对于团队任务的责任感。

当然，在很多时候，我们难以通过阻止或者削弱中断源来抑制中断的发生，因为有些中断不是通过实体产生的，所以难以被人们所识别和把握。再者，Chong 和 Siino（2006）在研究中给出的干预措施是针对同事发出的外部中断而做出的人为协调，而非自动调节。对于那些与任务无关的中断，学者们一筹莫展。因此，依靠培养的自控性和自律性的方法来规避中断只有当个体可以控制自己行为的时候，这种方法才会具有普遍的适用性（Liu，2015）。

2. 做好任务管理

在当下不同领域，有很多的研究致力于提升任务管理的水平。任务管理存在两个重要的目标：①提高任务完成的效率和效果；②跟踪了解当下任务的进展（Liu，2015）。例如在组织管理领域，计算机辅助程序可以帮助我们做好任务管理，及时给出需要优先完成的工作。但是，现实中的情况往往更具挑战，只是简单做好进程记录和给出优先完成的事项并不能解决中断给我们任务执行所带来的困扰。在应对一些重要的任务时，还有一些额外工作需要我们特别"关照"（Bellotti, Dalal, Good, et al., 2004），这些小细节包括：我们需要及时地了解、跟进之前的行动或者计划；从任务开始前至最终完成，我们不可避免地需要就任务的进展与他人进行沟通或者汇报等。由此可见，目前的任务管理工具或者方法可以在任务的安排方面做出优化和合理调配，在一定程度上减少了中断的发生，对工作效率的提升有着积极的意义；另外，它终究无法深入单个任务内容去开展更为细致的规划和调配。

3. 应对无关的中断

企业为了有效地限制与工作无关的中断往往制定或者更新现有的政策。最典型的干预策略就是培养员工的责任感或者进行企业监控（Porter, 2003）。此外，还可以开展心理培训和咨询、降低工作中对互联网的使用等（Mills, Hu, Beldona, et al., 2001）。然而，这些方法并不能够解决员工个人对这些强迫性行为的抗争，同时还需要面对"远程办公"带来的挑战（O'Neill, Hambley, and Bercovich, 2014）。因为他们脱离组织环境的约束而选择在家办公，更多地依靠互联网访问企业的资源，并保持与公司的联系。这种远程办公必然遭遇更多中断，在这种情况下能否保持较高的工作效率是存在疑问的（Liu, 2015）。

4. 干预中断的其他方法

前面列出的绝大部分对于中断的干预策略聚焦于最小化不重要的中断任务。但是，Liu（2015）在研究中指出，我们不但要减少中断频率，还要更多关注如何缩短中断时间。因为就降低中断频率而言，需要削减那些不必要的、与主任务无关的中断任务即可。而对于那些我们不得不面对的中断任务，中断时间的缩短可以有效削弱其产生的负面效应。

一方面，因为人们通常对于何时返回主任务并没有一个明确的时间，这使得他们很难用最短的时间来完成任务。例如，人们在浏览微博、微信朋友圈时并不会得到一个明确的信号来提示他们终止当下的行为。另外，结束一个对话或者挂断一个电话则是结束电话中断的明确信息。到底何时结束对微博的浏览更多的时候是取决于个体内心意识到了这个问题（该停止浏览了）。关于恢复延迟被推迟的时间的长短，个人存在着认知上的不同。在另外一些情境中，中断任务是"串联"发生的，前面中断任务完成后产生的恢复线索可能被新的中断任务所覆盖，同时之前的中断不会再回来，线索的"淡忘"就会导致主任务恢复滞后（Mark，Gonzalez，and Harris，2005）。

通常对于外部中断和自我中断而言，一个中断周期的关键时刻往往是当中断任务已经完成了，或是其紧迫性已经得到了遏制。换言之，这个关键时刻指的是人们准备恢复主任务的时刻。在理想情况下，如果一个人在此刻已经恢复对之前被暂停任务的信息记忆，那么他停留在主任务上继续工作将不是一个问题。因此，针对中断干预一个更实际的方法是帮助主任务恢复，而不是选择从源头上遏制。Daniels，Regli 和 Franke（2002），Franke，Daniels 和 McFarlane（2002）关于任务恢复的研究聚焦于通过保存和恢复之前任务的情境来达到增强从记忆中检索目标的目的。上述方法试图通过提供一些记忆的援助来缓解这一过渡过程。虽然它对于目标检索很重要，但是却忽视了对没有能够恢复主任务背后其他问题的解决，例如，错过主任务恢复线索、缺乏恢复动机等，这些问题在外部中断和自我中断上都存在。

四、中断发生的阶段对主任务的影响

鉴于中断在我们生活中的普遍性，它可能出现在我们迫切希望完成活动的时候，也可以发生在我们对其漠不关心之时（Kupor，Reich and Shiv，2015）。研究表明，发生在不同阶段的中断对任务表现和情绪的影响不同（Czerwinski，Cutrell and Horvitz，2000）。Iqbal，Adamczyk，Zheng 等（2005）在研究中发现，在执行任务时，如果中断发生的时间不恰当，人们的表现将会变慢，产生更多的错误，做出更差的决策，并且感到更大的沮丧、厌烦与焦虑；与此相对，上述负面反应则很少出现在恰当时间中断的情境下。

现有研究中，学者们对中断发生阶段通常设定为三个时间点：任务开始阶段的中断、任务结束阶段的中断、任务进行中的中断。那么，究竟何为"恰当的中断时机"？学术界并未达成一致的观点。Corragio（1990）和 Schuh（1978）在研究中明确指出，相比任务的开始和结束阶段，在任务执行的中间阶段发生中断有更高的卷入度、更强的干扰能力，所以会带来更大的负面效应。类似地，在 Woodhead（1965）关于"算术任务"的研究中，被试者被要求先观察记忆一个六位数字，然后用它减去一个给定的四位数，研究发现，发生在记忆阶段的干扰（任务进行中的中断）相比计算过程中的干扰（任务结束阶段的中断）引发了更多的计算错误。

发生在人们心理工作负荷（mental work load）较小时段的中断所引起的干扰最小（Bailey，Konstan and Carlis，2001）。无独有偶，Adamczyk 和 Bailey（2004）关注中断的破坏性在什么情况下会更大的研究也得出了类似的结论：发生在高脑力负荷时的中断比发生在低脑力负荷时的中断更具有破坏性。由此可见，中断时机对任务表现的影响实质上是基于不同"负荷"情境下的差异表现，即中断对操作者的任务表现所产生的破坏性影响，其程度取决于中断发生时操作者的心理负荷。其他学者的研究也能很好地佐证这一观点（Monk，Trafton and Boehm-Davis，2008）。

Miyata 和 Norman（1986）认为，人们在完成任务时执行系统（executive system）进行负荷分配，因此不同时间的心理负荷不同，负荷小时发生的中断对主任务的影响最小，并且在任务边界发生中断最合适，因为此时的心理负荷最小。Iqbal 和 Bailey（2005）进一步研究发现，在预期的最恰当阶段发生的中断任务能产生更小的恢复滞后和烦恼度，并提供了一种系统预测中断恰当时间的工作负荷—分配任务模型（workload-aligned task models），由此研究者希望能够借助该模型分析出对用户影响最小的中断时机。

针对由多个子任务构成的"组合型"任务而言，上述心理工作载荷的观点也同样适用。研究证实，相比发生在两个子任务之间的中断，如果中断出现在子任务过程中，将引发更长时间的恢复延迟，学者们在研究中将这一现象解释为"解题状态维持"（problem state maintained）：发生在子任务中的中断破坏操作者对于主任务的解题状态。因此，任务恢复过程中，为了重新开展主任务的工作，被试者需要再次建立解题的状态；对于发生在子任务之间的中断，操作者无须进行解题状态维持（Monk，Boehm-Davis，Mason，et al.，2004）。由此可见，"解题状态"也可以作为解释中断影响的重要手段。另外，Iqbal 和 Bailey（2005）使用更复杂、更长时间的中断任务来探讨发生阶段对主任务的影响，也得出了和 Monk 等一致的结论。

五、中断的频次对主任务的影响

中断频次指的是在完成特定任务过程中被中断的次数（Speier，1996）。对于中断频次高低的划分，Corragio（1990）的研究中有所提及，45 分钟的任务被中断 2 次属于低中断频次，而中断 6 次则属于高中断频次。服务行业的很多工作会受到中断频次的影响，例如，客服代表通常需要解决多个客户的服务需要，这对服务人员的任务处理能力提出了严峻的挑战。"中断频次会负向影响主任务的绩效"这一观点得到了很多学者的支持。早在 20 世纪六七十年代，就有研究发现任务干扰频次的增加会降低主任务决策的准确性（Eschenbremer，1971；Woodhead，1965）。这是因为，经常性中断的出现会迫使人们处理更多的任务线索，增加人们在任务完成中的信息加工负担（Casey，1980；O'Reilly，1980）。除了需要处理中断任务和回忆主任务之外，有研究认为，每一次中断的出现都可能会诱发人们对于再次处理主任务信息重要性的认识，这也必将耗费人们更多的额外努力（Speier，Valacich and Vessey，1999）。另外，随着中断频次的增加，主任务和中断任务之间的干扰和冲突将不断升级，最终人们甚至可能忘记关于主任务的线索（Speier，1996）。不可否认，中断会增加人们在任务处理中注意力的需要，形成过度负担，同时增加压力和唤起水平。显然，无休止、经常性的中断会破坏主任务的连续性，拖延主任务的完成时间。Speier（1997）研究认为中断的频次对主任务存在负向影响，即较少频次的中断更有利于主任务的完成。

还有一些学者指出，中断发生的频次与主任务绩效之间并非单调递减的关系，其变化趋势可能存在拐点。进一步研究发现，中断对任务结果的影响呈现倒"U"形效应（Xia，Sudharshan，2002）：中等水平的中断会提升主任务的结果表现，而高水平的中断则会起到阻碍结果的作用（Yerkes and Dodson，1980）。这是因为对于决策者来说，中等程度的中断会促使消费者在主任务上花费更大的努力，而严重的中断则迫使消费者使用启发式（heuristics）或者其他策略来简化任务的完成，这也将降低决策的准确性。

另外，中断的频次和中断任务的相似性也可能对人们在主任务上的表现产生交互效应。Trafton，Altmann，Brock 等（2003）在实验过程中发现了"学习效应"的功效，即中断任务的相仿程度较高，被试者会更加习惯被干扰的情况，进而使得在恢复延迟上花费的时间越来越短，最终提升回到主任务的效率。

六、中断持续时间对主任务的影响

任务执行过程中所持续的时间（duration）是一个重要的特征变量。已有不少研究关注了中断任务的持续时间（或者长度）是否会强化中断的破坏性影响（Gillie and Broadbent，1989；Monk，Boehm-Davis，Mason，et al.，2004）。具体而言，这些研究之中探讨的主题有：在不同持续时间的中断任务中，人们对于先前关于主任务信息的记忆是否会被削弱（Gillie and Broadbent，1989）。在很多时候，单个中断任务的长度并不能简单地等同于中断持续的时间，它还受到人们需要完成的中断任务数量的影响（Czerwinski，Horvitz and Wilhite，2004）。

平常出现在我们周围的中断在持续时间维度上的表现并没有特定的"章法"，它可能持续的时间很短（不超过 1 分钟，甚至几秒钟），也可能极度耗费时间（几天甚至更长）。研究认为，中断持续的时间越长，任务执行者就更可能忘记之前所从事的主任务上的相关信息（Speier，1996）。因此，持续时间会消极影响人们在主任务上的表现，对其产生抑制作用。

七、任务复杂性对主任务的影响

在图 2-2 的研究框架中，中断任务和主任务的复杂性均可能对中断情境下的主任务最终绩效产生作用。通过梳理，我们将现有文献中关于任务复杂性对主任务影响的研究划分为如下两个方面：①中断情境下，中断任务复杂性对主任务的影响；②中断情境下，主任务本身的复杂性对主任务的影响。

首先来看中断任务复杂性如何影响主任务绩效。

Trumbo，Noble 和 Swink（1967）较早关注任务复杂性对主任务绩效的影响：试图探讨主任务与中断任务的内在复杂性对任务绩效的影响，实验结果表明，困难程度更大的中断任务并没有增加两个任务之间的干扰效果，因此得出了"困难程度不会对主任务绩效产生显著影响"的研究结论。然而，后续的相关研究却给出了与其不同的结论。

一些简单的中断任务对主任务表现的影响较小。借用前面提及的"解题状态维持"的观点，如果中断任务相对比较简单（例如阅读一封信件或者在键盘上打字），则对解题状态持续需求较少，那么原先对于主任务的解题状态就得到了较好的维持，因此该类型中断最终对于主任务恢复的负面效应可以得到有效降低（Borst，Taatgen，and Van Rijn，2010）。

其次来看被中断任务（主任务）本身的复杂性如何影响主任务。

Sanders 和 Baron（1975）通过实验研究探讨了外部引发的干扰对被试者完成不同复杂程度任务的影响，研究发现，中断可以提升被试者在简单任务上的表现，同时降低他们在复杂任务上的执行效果。Speier，Valacich 和 Vessey（1999）也得出了类似的结论，并给出了可能的解释：中断能够促进简单任务的执行，但是也会对较复杂任务产生抑制作用；这是因为中断可以通过提高唤起水平或减少无聊感来促进主任务的执行。然而，更多的研究倾向于使用"分心—冲突"理论（distraction conflict theory，DCT）（Baron，1986；Groff，Baron and Moore，1983；Sanders and Baron，1975）来解释不同任务复杂程度下中断的影响。该理论认为分心能促进简单任务的完成，而抑制复杂任务的表现。上述效应是基于这样一个最基本的前提：在简单任务中发生中断，人们的压力增加、注意力受限，导致了一些与任务完成无关的信息线索被自动排除，人们有限的认知能力也足以应对这种较小的挑战，因此促进了决策的表现（增加决策准确性、提升决策速度）；对于复杂任务而言，过分分心会分散人们的注意力，大量的信息线索也超出了人们的处理能力，受制于有限的认知资源，致使大量相关或者不相关的线索未经严格鉴别进入信息加工环节，反而使得任务的表现更差（Speier，Vessey and Valacich，2003）。分心干扰能够提升"简单"任务的完成效果，这一结论也得到了很多学者的支持，并在他们的研究中得以验证（Hartley and Adams，1974；

Houston and Jones，1967；O'Malley and Poplawsky，1971），他们发现在中断情境下，被试者的反应时间有所缩减，并把这一结论解释为唤起效应对单调型任务和需要持续警惕型任务的积极影响（McBain，1961；Zuercher，1965）。相对地，中断对一些较难学习的或者比较复杂的任务的消极影响，在 Woodhead（1965）算术任务的研究和 Eschenbrenner（1971）模拟轨道追踪任务中也得到了验证。

但是也有学者认为，和分心不同的是，中断任务通常和主任务使用相同的感觉通道（sensory channels），所以它将引发工作记忆内容的丢失或者记忆线索的混淆，进一步遏制决策的表现（Norman and Bobrow，1975）。但是，"分心—冲突"理论的假设在分心情境和中断情境下还是分别得到了实证检验（Boggs and Simon，1968；Hockey，1970；Speier，Valacich and Vessey，1999）。Coraggio（1990）将"分心—冲突"理论应用到探讨间歇型中断对知识型员工任务完成绩效的影响，通过实验数据分析也得到了类似的结论：相比控制组，主任务较为复杂的被试者在面对较短时间的中断时，表现出更差的任务效果；对于低复杂程度的主任务来说，更长时间的中断反而提升了他们在主任务上的表现。

与"分心—冲突"理论相悖，无意识思维理论（unconscious thought theory）下的无注意深思熟虑效应（deliberation-without-attention effect）对此持有不同观点（Niculescu，Payne and Luna-Nevarez，2014）：不同的认知处理模式（有意识思维 vs. 无意识思维）会调节中断对决策质量的影响；注意是区分意识思维和无意识思维的关键，意识是伴随注意的思维，而无意识思维则不需要注意的参与（或者说注意指向其他无关事物）（Dijksterhuis，2004；Dijksterhuis and Van Olden，2006；Gonzalez-Vallejo，Lassiter，Bellezza，et al.，2008）；中断可以诱发无意识思维，相比有意识思维，在无意识思维作用下人们可以更好地处理困难决策，即无论任务简单或者复杂，中断均可以对决策起到促进作用。

八、中断任务和主任务的关联性对主任务的影响

一般来说，现有文献涉及中断任务和主任务之间的关联性的探讨通常涵盖两种情形：中断任务与主任务相似、中断任务与主任务相关；相似比相关更能表明两者的强关联性。

Gillie 和 Broadbent（1989）研究指出，当中断任务与主任务相似，或者特别复杂，或者需要立即引起注意时，对主任务的影响最大；另外，如果两个使用相同或者相似信息的任务被同时"处理"时，任务的准确性会相应下降。Speier，Valacich 和 Vessey（1997）关于中断对决策影响的研究发现，与主任务内容的相似性也对主任务表现有负面影响；这是因为随着两者信息线索相似性的增加，存储在工作记忆中关于主任务和中断任务的信息之间的相互干扰程度就会上升；上述负面效应在工作记忆资源分配不合理时将更加凸显。另外，与人们普遍持有的观点不同，Nagata（2003）研究发现，相比手机，基于互联网的即时通信工具所引发的中断对网络浏览任务的负面影响更大。上述研究结论也从侧面证实了任务之间的相关性所带来的负面影响（相比手机，即时通信工具和浏览任务拥有共同的"载体"）。

当然，另外一些学者的研究持有不同观点，他们认为，主任务和中断任务的相似度越高，两者之间存在的干扰效果反而可能越小。例如，同样是针对即时通信引发的中断，Czerwinski，Cutrell 和 Horvitz（2000）的研究却得出了与 Nagata（2003）不一样的结论：如果即时通信中的信息与主任务相关，则中断对主任务的负面效应将大幅缩小；反之，与当前任务不相关的中断任务会使操作者花费更长的时间用于信息加工，同时，在中断任务完成之后也需要花费更多的时间来重新回到主任务。这三位学者在同年的另外一份研究中对此进行了更为深入的阐述，Cutrell，Czerwinski 和 Horvitz（2000）在研究中探索了中断任务与主任务的关联性对人们在中断情境中表现的影响，实验结果表明：与主任务更高的关联性能够提升人们在处理中断任务中的表现，同时还可以缩短主任务的恢复过程；而那些和主任务不相关的中断将花费被试者更多的时间去处理信息，该情境下的被试者在完成中断任务之后回到主

任务的过程中会体验到更大程度的困难。进一步的研究表明，上述效应发生于主任务（搜索任务）的执行阶段，因为在结束中断任务之后，被试者需要在视觉上重新定位（寻找原来离开的位置）；如果被试者忘记了之前的候选结果时，他们还需要重新审视网页的搜索结果。但是，该中断的负面效应在主任务计划阶段未能得到证实。

九、中断对主任务影响的其他研究

（一）任务属性对主任务的多重交互影响

Coraggio（1990）探讨了任务复杂性、中断任务的时间长度、中断发生的频次对主任务完成绩效的影响。该研究实验结果表明：对于较为复杂的主任务而言，较短时间的中断（30秒）出现会导致其更差的任务表现（相比控制组降低44%）；对于低复杂程度的主任务来说，更长时间的中断（120秒）反而改善了被试者在主任务上的表现（相比控制组提升11%）；对于两种复杂程度的主任务而言，更长中断任务（vs. 更短）总是导致被试者更好的主任务表现；未能发现不同中断频率（2次 vs. 6次）对主任务绩效产生的差异性影响。

Speier，Valacich 和 Vessey（1999）综合考察了任务复杂程度、中断发生的频率和任务之间相似性对主任务的共同影响效果：对于复杂任务而言，更高的中断频率和更低的任务间相似度将进一步抑制（降低）人们在主任务上的表现。在之前研究的基础上，根据达成任务解决方法所需的认知资源的多少，将任务划分为符号化任务（symbolic tasks）和空间化任务（spatial task）。前者需要在任务处理过程中操纵离散的符号集，后者则需建立符号集之间的联系（Speier，Vessey and Valacich，2003）。Speier，Vessey 和 Valacich（2003）研究了中断、任务复杂程度、任务类型、任务呈现形式（表/图）四个变量对任务表现的多重交互作用后发现，对于复杂的符号化任务而言，中断和呈现方式的交互作用显著，即在不存在中断的情境下，以"表"的形式呈现的符号化任务在认知匹配的作用下，任务执行的准确性更高；而在中断的情境下，"表"或"图"的不同呈现对准确性的影响无差异。

Niculescu，Payne 和 Luna-Nevarez（2014）则分别探讨了中断的两个认知维度（中断时间和中断频率）与消费者认知闭合需要水平及中断情感维度（中断效价）对产品态度和评价的三重交互作用。具体来说，当面对令人感知愉快的中断任务时，高认知闭合需要的消费者在面对出现较晚或频率较低的中断时，对产品的反应（态度和评价）更加积极；相反，低认知闭合需要的消费者在面对更中断较早、感知愉快的中断任务，或者感知不好但发生频率较低的中断任务时，对产品的反应更加积极。

（二）中断对主任务的非消极影响

Xia 和 Sudharshan（2002）认为，如果使用得当，中断会成为吸引消费者注意的一个有效工具。然而，中断的效用取决于中断的特征、处理目标的类型和中断的感知控制性，同样也取决于消费者的个性差异。

部分研究者持有"速度补偿"的观点，被中断的工作将会被人们用更快的工作速度来补偿。在实验室中模拟办公室的环境，给被试者布置人力资源方面的工作任务（回复电子邮件），测试过程中用电话或者网络即时通信的方式中断被试者的任务，从而观测中断在不同背景中对主任务的完成产生的影响。研究发现：中断反而让被试者在更短时间内完成了被中断的工作任务，而且不存在质量上的差异（Mark，Gudith and Klocke，2008），但这是以人们体验到更大的压力、更强的挫折感、时间压力和付出更多努力为代价的。

在某些情况下，中断的负面效应可能会削弱或者消失。Oulasvirta 和 Saariluoma（2004，2006）将长时工作记忆（Long Term Working Memory，LT-WM）的概念引入中断研究，发现只要被试者能够成功地将主任务信息编码存入 LTWM，相比那些没有使用 LTWM 存储信息的被试者，他们在被中断之后对于任务能够有更好的理解。换句话说，只要被试者能够对主任务的信息进行编码，他们就不会受到中断负面效应的影响（Cades，Boehm-Davis，Trafton，et al.，2011）。

中断现象的反复出现反而可能提高人们在任务中的表现（Cades，Boehm-

Davis，Trafton，et al.，2011)，与此类似，之前的研究表明，在任务多个阶段出现中断的这种体验会促进任务的表现：要么使被试者快速地回到主任务，要么在主任务或者次要任务中有更好的表现（Detweiler，Hess and Phelps，1994；Hess and Detweiler，1994；Shinar，Tractinsky and Compton，2005；Trafton，Altmann，Brock，et al.，2003)。

Ratwani（2006）指出，中断干扰到了被试者紧接着的行为，但是在中断实验期间，与控制组相比，被试者的其他行为确实执行速度更快并且错误更少，这种"加速"并不是由于更快的自动化反应，而是一种更快的认知加工。

关于中断如何影响主任务这一问题的探讨，现有的成果说法不一。总体来说，在已有的成果中负面效应明显多于正面效应。

第三节　中断与消费者认知和情感

最近，人们开始关注中断对消费者行为的影响，例如，Liu（2008）指出，中断增加了人们选择想要的选项，而不是可行选项。个体行为改变是一个过程，存在着"知"（认知）、"情"（情感）、"行"（行为）三个阶段。认知是情感的先行变量，即个体对外部事物和刺激的认知会产生与此相关的情感，进而产生行为（Westbrook and Oliver，1991；Frijda，1993)。因此，中断改变消费者现有行为的同时，也会对其认知和情感产生影响。

一、中断对认知的影响

（一）中断与信息加工的模式

大量的研究表明，做决策通常是信息加工的过程，而消费者的偏好则是基于建构的，而不是简单的记忆提取（Bettman，Luce and Payne，1998)，由此可见信息加工过程对消费者行为决策的影响重大。

根据现有的消费者信息处理和决策理论，信息加工模式被划分为两种类型：自下而上的加工（bottom-up processing）、自上向下的加工（top-down processing）（Bettman，1979；Hauser 1986；Johnson，1984；Park and Smith，1989）。该分类标准得到了广泛的认可，并在后续众多学者的研究中被借鉴引用：自下而上的加工模式被当前存在的数据而不是被之前存在的理论或者目标所驱动；相反，自上而下的加工模式则是以人们之前存在的知识和目标结构为导向的。这两种不同的信息加工模式在消费者行为领域也得到了很好的应用：为了进一步说明，我们考虑一个消费者正在进行产品选择的情境，当消费者面对一个全新、复杂的决策时，考虑到所有的决策信息都是他们初次获知，此时消费者需要进行认真的分析和思考，他们会希望数据尽可能的详细，并且关注任何"凸显"的决策信息；因为消费者在决策中会努力试图去读懂这些信息，所以在整个过程中他们更倾向于采取自下而上、基于数据驱动的信息加工方式（data-driven processing）。相反，如果消费者之前已经了解获知决策的相关信息，他们便不再进行详细的处理和分析，即选择自上而下、目标导向的处理方式（goal-directed processing），从而达到简单化该复杂决策的目的（Liu，2008；郑毓煌和董春艳，2011）。

还有一些研究从决策者"注意力"（关注的点）这一视角切入，对上述两种信息加工过程予以区分，即探讨他们对于信息的处理属于无意识的注意（involuntary attention）还是有意识的注意（voluntary attention）（Kahneman，1973；Payne and Bettman 2008）。无意识的注意是指，注意力被环境中的刺激物所吸引或者捕获，特别是那些新奇的、有潜在威胁的、在知觉上不可抗拒的刺激。而有意识的注意则是根据与自己目标的相关程度，有意识地挑选信息，并针对性地投入注意力。因此，对于消费者决策而言，他们在加工信息时，要么采取自下而上的方式，去关注主要的、具体的数据；要么将注意力服从内在需要，采取自上而下的处理模式。

先前的研究检验了自下而上和自上而下两种处理模式在决策中应用的情境（条件）。这些研究指出，自下而上的加工往往作为默认的（default）情况发生，例如，在视觉处理中，无意的注意会被新奇的刺激物所唤起（Berlyne，1960；Kahneman，1973）。相应地，日常生活中，消费者经常会对产品信息中的具体特征表现比较敏感（Bettman and Kakkar，1977；Bettman，Luce and Payne，1998），这些都意味着自下而上的信息加工在起作用。虽然，自下而上的加工模式被广泛地使用，但是，还有一些研究发现，消费者在更多的时候还是习惯性地依赖自上而下的信息加工。以下三种情境下，自上而下的加工模式在消费者决策中作用更加凸显：①当消费者在决策之前已有明确的目标时。那么在决策过程中，消费者会针对目标来检查备择选项，因为此刻的目标已经成为当下决策的标准，所以他们更可能遵循自上而下的加工过程来对信息进行评价，而不是关注于在备择选项属性表现间的权衡（Park and Smith，1989）。如果这个目标对消费者而言是熟悉的，即他们之前遇到过这样的情况，那么该自上而下的加工将更为顺畅，因为这些决策的标准对他们更加敏感且经常被使用，所以标准更容易被激活（Bettman and Sujan，1987；Park and Smith，1989）。②对新信息片面理解的相对需要。此时，对于在特定领域有很强专业知识的消费者而言，当产品的信息和他们先前的类别模式（category schema）匹配时，他们可能并不会注意给出的那些详细的产品信息，而是更多地依赖他们的分类知识；当然，当产品信息和之前的模式不匹配时，他们更可能采取一种更加零散的方式去处理信息（Sujan，1985）。③当自下而上的加工没有/缺乏"洞察力"的时候，自上而下的信息加工方式更多地被人们所使用。例如，Johnson（1984）指出，消费者在做决策时总是想着如何在最小化决策错误（选择最正确/最好的产品）和减少为此付诸的努力之间做权衡。当从不同种类中挑选产品时（例如，电视机、冰箱和音响），由于就一些特定属性信息而言（尺寸、颜色、能耗等），选项间存在比较的难度（或者不具有比较性），为此人们就转而使用更高层次、更抽象的目标（例如，享乐性、实用性、社会地位等）来评价产品。总的来说，信息加工的模式取决于外部刺激、内在知识和目标的相对凸显或者有用性程度：当外部信息的显著性下降时，消费者之前存在的知识结构在指导信息处理过程中的作用将更大。

而中断事件的出现，特别是那些意料之外的中断，促使消费者不得不（暂时）离开那些原本指导决策过程的现有目标和计划，转而去适应和处理新的决策环境。相应地，这一转变也会使得当下的注意力和知觉编码（perceptual encoding）被迫中断并发生变化（Ross，1979）。

因此，在期望性和可行性属性发生冲突的情境下，在人们的目标诠释中，期望性相比可行性是更为重要的目标维度，中断也将导致更多对期望性的偏好。基于前面提出的消费者决策综合框架模型，Liu（2008）发现，决策中断可以引起前后人们信息加工的动态变化：由中断之前自下而上、基于数据驱动的加工模式转变为中断后自上向下、目标导向的加工模式。

（二）中断与自我控制

国内学者郑毓煌和董春艳（2011）以人们在日常决策中面临的"应该购买实用品还是享乐品"这一两难选择情境为切入点，探讨了决策中断对消费者自我控制的影响（因为鉴于经济资源的有限性，两难决策会诱发消费者的自我控制决策）。研究表明，决策中断会降低消费者的自我控制，此时他们更加愿意遵从内心的真实偏好，减少选项之间的权衡，从而更多地选择能够给他们带来更大快乐的享乐品（而不是重要性更高的实用品）。进一步研究发现，消费者个人感知决策冲突的程度（高 vs. 低）和决策情境（简单决策 vs. 购买决策）会对之前的效应起到调节作用。

（三）中断与闭合需要

心理闭合需要（need for psychological closure，NFPC）被描述为一种渴望迅速获得一个任务或者问题的结束状态，以便他们结束和任务相关的认知处理过程（Webster and Kruglanski，1994）。有研究表明，中断可以产生闭合需要，因为人们有动机去完成那些他们已经开始的任务，而中断的存在，恰恰增加了人们完成被中断任务的动机（Klinger，1975；Lewin，1935；Martin and Tesser，1996）。即使当人们被永久性地制止完成某一项任务时，上述被增强的动机依然可以存在（Carver and Sheier，1998；Martin and Tesser，

1996），即该中断强化了该不满意状态下心理闭合需要的程度。大量的研究指出，人们想要完成目标活动的动机关键取决于他离想要结束点的时间距离（Henderson, Beck and Palmatier, 2011; Kivetz, Urminsky and Zheng, 2006; Touré-Tillery and Fishbach, 2011）。特别是，在任务"高潮"（某件事情最紧张、最激动或者最重要的时点）时出现的中断会引发更大程度的未能够被满足的心理闭合需要（Kupor, Reich and Shiv, 2015）。这是因为此时被中断阻止人们去体验即将到来的高潮可能带来的激动、兴奋的结果，反而感到自己被"晾"在一边，因此增强了他们想要获得认知闭合的需要（Beike and Wirth-Beaumont, 2005）。

二、中断对情感的影响

中断会引发任务操作者情绪的唤起（emotional arousal），在这个过程中，中断先激活人们的自主神经系统（autonomic nervous system, ANS），然后结合情境和该中断现象给出自己的认知解释，基于前面的认知结果最终做出情绪反应。而情绪反应的强度则取决于人们的本能反应（visceral response）和对中断认知评价的情况（Harman, 2006）。

有实验表明中断会消极影响任务操作者的情绪状态，对他们的任务表现产生破坏性效果，而上述负面效应的程度取决于中断发生时人们的心理负荷（Adamczyk and Bailey, 2004; Bailey, Konstan and Carlis, 2001; Zijlstra, Roe, Leonora, et al., 1999）。例如，针对办公室中通信设备使用情况的研究发现，工作场所的中断不仅增加了人们的工作负荷（Wiekens, 1984），而且降低了主观幸福感（Roe, Zijlstra and Leonova, 1996）。Zijlstra 等（1999）认为，中断使人们体验到更大的焦虑感，但是他们的研究中控制组只完成主任务（未包含中断任务），而对照组需要完成中断任务和主任务，由于该实验设计存在一定的缺陷，因此，任务负荷不同也可能是组间情绪比较差异的解释。

中断引发的任务转换往往被认为需要花费更多时间和造成更差的准确率，操作者不可避免地要推迟被中断任务的完成时间，一方面，中断为我们继续主任务的操作制造了困难，甚至可能被迫抛弃任务目标，另一方面，中断也会引发诸如感到愤怒、压力、挫败和沮丧（Harman，2006；Mark，Gudith and Klocke，2008）。不可否认的是，有些时候，形式、内容比较单调的任务被中断反而可能提升人们在任务中的表现（Atchley and Chan，2011）。

Xia 和 Sudharshan（2002）认为，中断可以影响消费者的情感体验，例如在网上购物时，经常性中断会降低他们的满意度。Nelson 和 Meyvis（2008）发现，中断产生的情感结果取决于被中断任务的效价。具体来说，中断可以促进积极体验，同样也可以强化负面体验（Nelson，Meyvis and Galak，2009）。该效应的产生主要基于下面两条基本假设：①消费者能够适应很多的体验，引发正面体验/负面体验边际效应递减；②中断会破坏这一适应过程，使特定体验感维持在一个较高的强度。遵循该研究结论，我们应该适时地中断积极体验，而避免中断负面体验以获得总体享受程度的最优。当然所有情况也不是一概而论的，如果不愉快的体验是让人十分反感（即非常强烈或者旷日持久的），为了给予人们"恢复"的机会，就需要中断；同样，一些具有"完整性"的享乐体验（例如，电影，体育比赛），整个过程则需规避中断。

第四节　中断对后续无关决策的影响

鉴于前面的研究回顾，现有的研究已经开始探索中断对消费行为的影响，但是他们单一去检验中断对被中断任务的影响，而缺乏对后续以及无关消费决策影响的关注（Kupor，Reich and Shiv，2015）。

有研究表明，在一个领域认知活动中激活的心态、欲望和目标可以在后续不相关的决策过程中继续发挥影响，且独立于将其激活的动机（Wyer and Xu，2010）。如前面所述，如果中断可以触发消费者比较高的闭合需要，为了尽快地获得心理闭合，即对闭合需要的不满足将会引发那些能够让他们达到认知闭合的行为（Kruglanski and Webster，1996）。做出购买决策是产品搜寻的一种"闭合"（Vermeir，Van Kenhove and Hendrickx，2002）。因此，当人们无法继续完成被中断的任务时，他们在后续的决策中对于决策因素的探索和处理程度更浅，更可能基于比较少的信息而做出决策（Houghton and Grewal，2000；Kruglanski and Webster，1996；Mayseless and Kruglanski，1987），即相比没有中断，人们是否更加倾向于尽快做出决策。同样，Kupor，Reich 和 Shiv（2015）认为，高潮时出现的中断会严重阻碍人们获得被中断领域的认知闭合的需要，在溢出效应的作用下，这种心理闭合需要的不满足会影响不相关领域的行为。具体来说，当闭合需要刺激人们做出决策而不是保持模棱两可的态度时（Webster and Kruglanski，1994），中断可以增加人们做出购买决策的可能性，而不是继续寻找替代品（Kupor，Reich and Shiv，2015）。

第三章　中断研究的理论基础

如前所述，对于影响被中断主任务表现的因素研究已经积累了相当多的成果，并且在研究中，学者们希望为任务操作者指点一条规避中断负面效应、快速准确回归主任务工作情境的道路。这也就引发了学者们对于中断发生前后操作者对于任务加工机制的理论探讨。Nelson（2013）归纳总结了三个主要理论，国内学者王磊和伍麟（2012）的研究指出，存在四个重要的理论，即目标记忆理论、长时工作记忆理论、线程认知理论、转换加工理论。本书最终梳理汇总了能够有效解释中断现象和影响的五种理论。

第一节　目标记忆理论

目标记忆（memory for goals）理论是任务中断研究领域被广为认可的一种理论，并在众多研究中得到了充分的发展，该理论能够很好地解释被中断任务的表现（Cades, Boehm-Davis, Trafton, et al. , 2011；Hodgetts and Jones, 2006a；2006b）。该理论由 Altmann 和 Trafton（2002）从目标激活模型（goal-activation model）中发展而来。Werner（2014）研究发现，任务是以目标的形式存储在人的记忆中，并且每一个目标对应着某一特定的激活水平；当下执行的某项特定任务表明其目标处于激活状态，且和其他目标相比，该目标的活跃程度最高。目标激活模型能够有效地分析目标编码和目标检索过程；而激活的概念又是基于 ACT - R 认知理论中记忆激活假设基础上提出的

（Anderson and Lebiere，1998）。该理论的一个基础性假设是，当人的认知系统需要某个记忆时，那么该记忆在此时一定是激活程度最高的。

根据 ACT-R 模型，目标的有效"激活"源于两方面的驱动作用：基础激活水平（base level activation）和关联强度（strength of association）。其中，基础激活水平描述的是人们可以轻松检索到某条信息阈值条件，更多的信息被激活，也就意味着可以唤起人们更多的回忆；关联程度则受当前情境的影响，而当前情境在很大程度上是由心理和环境中的可用性线索来驱动的，随着关联程度的提升，目标将被更大程度地激活。

在初始的 ACT-R 模型中，目标是具有"特权"地位（privileged status）的，具体表现为在"不作为时期"目标的强度不会衰退或者弱化。但是，目标记忆理论修正了基础的 ACT-R 模型，即认为目标衰退是合理的。进一步地，目标记忆模型认为目标是行为的驱动因素，高水平的目标激活则是行动的决定因素。然而，一旦发生中断，目标的激活将被暂停，目标也将面临衰退，直到可以再次被激活。因此，离开目标的时间越长，目标衰退的程度就越深，其重新恢复的难度也就越大。从另一个角度来说，如果另外一个目标比之前初始的目标激活程度更高，那么这个更高程度被激活的新目标将影响人们的行为。虽然相关的目标被高度激活是有益的，但是更为重要的是，那些没有被高度激活的将成为未来目标的干扰，这就是所谓的干扰水平约束（interference level constraint），它表现为老目标的潜在记忆。目标记忆理论也指出，过去被激活的目标越多，系统中的"噪声"就越多，目标激活的标准（开始目标导向的行为）也随之提高，相应地，激活难度也将增加。

关于"目标构建"的认知，其实和"人们如何处理中断"这一问题是高度相关的，它表现为将来要采取某些行动的意愿（Trafton，Altmann，Brock，et al.，2003）。举例来说，在正式开始中断任务之前，执行者会在主任务未能完成之处"刻下"一个"心智记号"（mental note），而这个记号将被当作"目标"，并在中断任务完成后提醒执行者回到主任务的某个特定（被中断的）位置。学者们关注的重点是如何在中断后用从记忆中检索出来的目标来及时地恢复主任务的操作，而不是那些依托环境重新构建目标的策略（Simon，1975；VanLehn and Ball，1991）。因为由先前的研究可知，即便目标重建是一个可行的选择，人们还是愿意选择检索（Anderson and Douglass，2001；Altmann and Trafton，2002）。

将目标记忆理论应用于中断研究领域，我们发现：当中断发生时，目前正在从事的主任务的目标将被迫暂停，而中断任务的目标成为激活程度最高的那一个。此时，主任务目标的活跃程度随着时间的推移而衰减，即离开任务的时间越长，目标衰减的幅度越大、目标活跃程度越低。如果目标远离我们，其恢复的难度也就越大。

目标记忆理论能为我们预测被中断任务的表现提供帮助。根据理论模型，中断将激活一个和当下任务没有太大关系的新目标；随着这个新目标活跃程度的增加，人们将采取行动。同时，如果操作者没有对先前的目标采取有效的"维护策略"（例如回顾和排演），那么该目标的强度将持续衰减。一旦原目标的激活水平下降到阈值之下，它将不再能够被有效地回忆起。换句话说，在中断任务完成和主任务恢复之间存在的恢复延迟就是因为先前的主任务目标在记忆中无法激活或者出现了衰退。目标记忆理论为我们提供了两种提升目标活跃水平的路径：强化（strengthening）和启动（priming）（Altmann and Trafton，2002；2007）。强化策略主要通过增加目标信息的回顾频率和最近的目标刺激，这将快速提升主任务目标的激活层次，使其处于过去（其他）目标制造的干扰水平（interference level）之上。Hodgetts 和 Jones（2006a）发现，只要任务的安排允许，这种复述性的强化就会在中断延迟期间发生，这一行为通过延缓主任务目标在中断期间的衰退来帮助其后续恢复。目标记忆理论基于这样的一条前提假设：在强化过程中，心智资源（mental resources）将聚焦于抽取激活程度最高的目标记忆；一旦主任务目标得到了充分的强化，人们最终将开始行动。虽然强化措施可以有效对抗目标的衰退，但是如果目标处于干扰阈值之下（例如长时间的中断），在排除偶然因素作用的情况下，启动将成为恢复该目标的唯一方法（Altmann and Trafton，2002）。也就是说，除非主任务目标被环境和心智线索或者情境所启动，否则将难以克服干扰的影响（Werner，2014），这些线索可以来自执行中断任务或者恢复延迟过程中任何与主任务目标相关的背景线索（Hodgetts and Jones，2006a）。

为深入理解强化和启动两种手段的作用，我们以日常生活中电话中断为例加以阐述。电话铃响作为"中断警报"出现，你可能会考虑在正式接电话之前简单回顾一下当下开展的工作，这就意味着在"中断延迟"阶段，你提升了原主任务的目标激活水平。进一步来看，一个简单的中断任务也可以允许你在任务过程中有时间去回想主任务的相关信息，而每当你做出上述举动，主任务的目标就将得到不同程度的强化。再试想一下，如果完成中断任务花费的时间过长，导致主任务目标的激活水平已经处于阈值以下，此刻，刚才主任务最后一句话的出现、停留在原处的光标或者最后打开的页面等线索可以有效地提升目标激活水平位于阈值之上（Hodgetts and Jones，2006b；Iqbal and Horwitz，2007；Ratwani and Trafton，2008）。

总的来说，目标记忆理论可以较好地解释中断的破坏性（中断因主任务目标的衰退而具有破坏性），以及发生中断之后，人们如何提升主任务的恢复效果（通过强化和启动提升目标活跃性）。通过考察恢复延迟，目标记忆理论可以稳健地预测主任务表现，例如，长时间的中断任务会导致更久的恢复延迟、降低主任务恢复准确率，因为太低的主任务目标活跃水平不利于回想；当然，如果有足够长的回忆时间和有效的情境线索，在绝大多数情况下，目标的衰减是可以被克服的。同样根据目标记忆理论可知，中断任务的重复出现会降低恢复延迟的时间，这可能是因为操作者已经适应了中断所产生的负面效果，他们可以花费较少的心智资源去轻松地应对中断任务，这也就给回顾、强化主任务目标提供了便利。Trafton，Altmann，Brock 等（2003）的实验研究也印证了上述观点，"练习"使得即刻中断情境下的主任务恢复延迟有了较大程度的下降，而当存在一定时间中断延迟时，操作者可以提前为恢复延迟做准备，"练习"对于主任务表现的提升效应未能得到证实。

另外，根据 ACT-R 模型中关于影响"激活"因素的论述，基础激活水平的提升可能成为解释恢复延迟降低的另外一种机制。基础激活水平是由历史和当下情境共同决定的，操作者花在回忆目标上的时间越多，基于历史的激活水平就会提高，因此，基础激活水平也将随之提高。结合目标记忆理论，更高层次的目标基础激活水平将促使人们更容易回忆起目标，进而促进恢复延迟的降低。

第二节　长时工作记忆理论

长时工作记忆（Long-Term Working Memory，LTWM）理论被应用于中断研究中是为了探讨被中断任务绩效表现，同时也作为降低中断所引发的负面效应的理论性记忆建构；该理论认为中断之后主任务的绩效水平取决于主任务的信息是否已经编码存在 LTWM 中（Ericsson and Kintsch，1995；Oulasvirta and Saariluoma，2004、2006）。

对于大多数记忆模型而言，除非进行特别的编码，用来完成任务的信息往往被临时性保存在短时工作记忆中。Ericsson 和 Kintsch（1995）假定了另外一种通用记忆和检索的结构，将其称为长时工作记忆，他们认为，当信息在短时记忆中存储"一段时间"之后，这些信息就会被编码存入 LTWM，并且创建出特殊的检索建构。日常任务处理过程中，信息会在技术性活动期间不经意地编码进入 LTWM，整个编码存储的时间取决于被编码的任务本身以及操作者的经验或者专家化水平（Nelson，2013）。换言之，如果是一个专家型的人执行任务，他可以将与任务相关的信息快速编码，并存储于长时工作记忆的通用检索结构中（Ericsson and Kintsch，1995；Oulasvirta and Saariluoma，2004）；相反，如果是一个普通的任务操作者，他依然可以进行编码存储（如果有足够的编码时间），但是整个过程需要花费更多的时间和精力。由此，Oulasvirta 和 Saariluoma（2004）将 LTWM 理论引入中断研究，并开展了一系列研究去探索中断对主任务绩效的影响后发现：专家型的被试者（vs. 普通被试者）在实验中能够有效地规避中断带来的负面效应。因为，

LTWM 理论的核心原则就是"一旦信息被编码存入 LTWM，它们将有效的规避中断的干扰，不易受到遗忘的威胁，且不受中断任务困难程度的影响，还可以在稍后的需要之时被提取"。（Ericsson and Kintsch，1995；Oulasvirta and Saariluoma，2004；Nelson，2013；Werner，2014）

但是，LTWM 理论同样指出，如果中断发生在信息编码转换过程完成之前，中断的负面效应同样会凸显（Ericsson and Kintsch，1995）。在实际中断发生的情境下，可能并没有专门的时间让我们完成对被中断任务的编码工作，因此，如果我们要恢复被中断的主任务，任务编码信息就必须在任务正式转换之前被存入 LTWM。此时，专家型的操作者的优势更为明显，他们编码过程持续时间更短、准确性更高（Werner，2014）。根据 LTWM 理论，在中断任务完成后，如果操作者可以快速、准确地回忆起中断之前的工作，轻松检索主任务的编码信息，我们就可以认定主任务完成效果未受到中断的影响（Cades，2011）。此外，Kieras 和 Meyer（1997）的研究也肯定了编码在规避中断负面影响中的重要意义，在他们有关人机互动的研究中发现，恢复延迟反映了知觉信息编码的代价而不是记忆复述的代价。

如前所述，信息编码进入 LTWM，整个时长取决于任务和操作者的专家化水平，对于正常难度的任务和普通的操作者而言，所花费的时间通常不会超过几秒钟。设置合理的中断延迟时间正好可以满足操作者对于编码时间的需要，最终达到快速恢复主任务的目的。这一论述也为前文中提及的 Trafton，Altmann，Brock 等（2003）的研究提供了理论支撑。

另外，需要指出的是，除了编码完成的时间以外，编码完成的质量（即存入 LTWM 中的信息的准确性）同样会对主任务的信息提取速度、恢复效果产生重要影响。编码质量固然受限于编码人员的专业化水平，但是任务间（主任务和中断任务）信息的相似性水平、任务的复杂程度等同样会对其产生强烈的干扰。这也在一定程度上解释了前面提及的"为什么任务间的相似性反而可能会对主任务的绩效产生负面影响"。

第三节　线程认知理论

Salvucci 和 Taatgen（2008）提出的线程认知理论（threaded cognition theory）属于并发式多任务处理（concurrent multitasking）模式，同样为任务中断的研究提供了合理有效的解释。该理论也是在 ACT-R 框架的基础上，通过增加很多目标记忆的假设，实现了对 Altmann 和 Trafton（2002）研究的拓展。

Salvucci 和 Taatgen（2008）认为，目标记忆是理解任务目标暂停和恢复的第一步，同时也是非常重要的一步；但是，他们认为线程认知在中断过程中表现为一种深层次的、一步接一步循序渐进的加工模式。和传统的模型相比，它最大的贡献在于加入了任务线程的概念。在传统模型中，操作者围绕"暂停主任务—完成中断任务—恢复延迟—恢复主任务"来开展整个流程，而线程认知则提出多个线程可以被同时激活，这些线程则遵循"贪婪—礼貌"（greedy-polite structure）的原则："贪婪"是为了实现将来的目标，任务线程会利用一切可以利用的心智资源，而"礼貌"则表示只要该任务线程被完成，它们将归还全部的心智资源，以用于其他线程的运行。相比前面提到的目标记忆理论，在线程认知理论中，我们不去探讨激活的概念，而是将任务和想法描述成线程（Werner, 2014）。因此，这种加工方式实现了非常高效的资源共享，可以允许不是使用相同资源（无资源使用冲突）的多个线程同时工作。

基于线程认知理论，Salvucci 和 Taatgen（2011）对原来的中断流程图进行了修改完善，中断过程不再是多个"孤立"任务的开始与结束，而是由多个线程组成了一个"连续体"。ACT-R 模型指出，每次只能有一个目标处于激活状态，同样地，目标记忆理论也认为，中断任务的执行是基于主任务被暂停的情况，即当下的任务是服务于目前已经激活的目标，而之前已经暂停的任务目标则处于衰减状态。与其形成鲜明对比的是，线程认知理论构建了一个"多目标"并存的框架。主任务是首要的任务线程，而中断任务是次要任务线程。在主任务执行过程的初始阶段，只有主任务线程处于激活状态；然而，当主任务发生中断时，次要任务线程被激活，且首要任务线程继续保持活跃状态；此时次要任务线程开始执行中断任务，而首要任务线程则开始预先排演主任务内容（rehearsing the primary task），以便为将来快速恢复做准备。

第四节　转换加工理论

一般来说，关于中断的研究可以认为是在探讨一些子任务之间的转换和执行控制。相对于目标记忆、长时工作记忆和线程认知三种被较多提及的理论，转换加工理论（shifting process 或 switching process）的被关注程度相对较低。该理论用于探讨人们从一个认知任务转换到另外一个认知任务的过程（Collette and Linder，2002）。另外，因为任务转换（task shifting）是中断过程的一个重要组成部分，所以在一些国内外学者的研究中，他们试图用任务转换理论对中断现象加以解释和推演（Altmann，2004；Trafton and Monk，2008；王磊和伍麟，2012）。在回顾以往文献的基础上，我们认为，转换加工和任务转换虽然在名称上存在差异，但是实质内涵大同小异；本书将采用"转换加工"这一概念名称，因为它体现了人的内在加工机制，而任务转换只被看作认知加工的一种基本现象（郭春彦和孙天义，2007）。

最早对任务转换的探讨始于 Jersild（1927）的研究，不同任务之间的转换在我们每天的工作生活中十分常见，它是人类认知活动的基本方式。例如，你在和同事探讨项目下一步计划时，一通来自上司的电话将迫使你不得不暂停眼下的讨论，此刻你更可能选择去接电话。转换加工是任务转换过程的体现，也是中央执行系统（central executive）的重要功能之一，而中央执行系统则是工作记忆模型中最为核心的组成部分（Baddeley，

1992)。在工作记忆中常出现两项任务之间争夺同一认知资源的情况，为了保障任务的顺利进行，中央执行系统需要做出相应的协调、控制和调节，并在必要时改变任务的执行，这一过程被称为转换加工。

任务的加工转换既体现了个体认知的稳定性（stability），又体现了认知的灵活性（flexibility）（Woodward，Ruff and Ngan，2006），两者的"相互配合"可有效保障加工转换的有效开展。具体而言，稳定性是指为了顺利完成某项任务，执行者必须持续维持当前任务在工作记忆中处于一定程度的激活水平之上；而与此相对，灵活性则表示在面对任务转换时，那些存储在工作记忆中的无关任务能够被快速移除，最终达到降低对新任务开展的干扰。

对环境刺激的有效反应需要人在不同的刺激之间进行快速和频繁的任务转换。想象一下，一个教授坐在电脑前准备开始写文章，这时电话响起，是学校管理人员打过来的，他需要让教授提交其之前已经完成的一份评审材料；教授思考了一下，扫了一眼办公桌，发现了之前放在一边的评审表，他拿起表向管理人员的办公室走去，一路上还不断地和遇见的同事打招呼……上述这一系列看似简单的、不经意间的任务转换，都是一种过程的控制，是需要涉及心理资源的恰当配置。中断和转换加工理论之间密切联系，探讨转换加工的内在机理可以用于有效地解释中断研究中的一些具体问题。例如，针对前面提及的中断划分问题，外部中断其实就是涉及人们对外部刺激所做出的外源性调节（exogenous adjustment）反应，具体来说，员工为了接听领导的电话而中断手头的工作、闹铃声响起也会打断人们的睡眠过程；同样地，内部中断/自我中断则更多地表现为无外部刺激的内源性准备（endogenous preparation），诸如人们感觉口渴时会喝水、感到饥饿时会去寻找食物。

转换成本（switch cost），也可以认为是重复任务的收益（task-repetition benefit）（Monsell，2003）。通常，转换成本表现为如下两个方面：首先，相比那些重复任务和没有转换的任务，任务转换会花费人们更多的反应时间（相对于基线水平的 500 毫秒，需要多花费 200 毫秒）；其次，在任务转换的情境下，往往也会产生更高的错误率。这与现有研究测量被中断的主任务的完成效果的方式是一致的。

一些学者的研究也对转换成本产生的原因进行了深入探索，并产生了如下几种相对有代表性的观点：①更多的时间花费源于执行控制。转换加工表现为任务的重建，在这个过程中，人们的注意力会发生转变（从关注原目标实现转移至如何开展新的任务等），需要将新任务的反应规则替代工作记忆中原任务的反应规则。②转换成本源于转换加工中的抑制效用。Allport 和 Wylie（2000）认为转换任务比重复任务花费的时间长是因为之前执行的任务会对新任务产生一定的干扰效果，即从一个认知任务转换至另一个认知任务的过程需要努力克服先前任务的干扰；同样地，Zacks 和 Hasher（1994）也曾提出抑制功能是工作记忆和各种执行功能的一个基本成分。③转换加工的准备。Rogers 和 Monsell（1995），Meiran（1996）的研究更进一步，他们发现即便针对相同的任务转换序列，人们在预知/预先知道（foreknowledge）和未预知/没有预先知道（no foreknowledge）两种情境下的转换成本也存在显著差异，即后者显著大于前者。这是因为在预先知道的情况下，人们可以对任务的正式转换提前做出准备，再则，在提前预知的情况下，整个任务序列对于执行者而言更加明确和清晰，在转换时的不确定感也得到降低（Sohn，Ursu，Anderson，et al.，2000）。转换加工的准备需要时间，当两个任务之间的时间间隔增加时，任务执行者准备的效果也就会更好（做好内源性准备），相应地，转换成本就会减少（Meiran，1996；Rogers and Monsell，1995）；但即使任务之间有很长的时间间隔，也绝不可能完全消除转换成本（Allport，Styles and Hsieh，1994；Meiran，1996；Rogers and Monsell，1995）。在完成内源性准备的基础上，当外部刺激出现时，转换加工的过程又会涉及针对新任务的外源性调节（Rogers and Monsell，1995；Sohn，Ursu，Anderson，et al.，2000）。

第五节　前瞻记忆理论

前瞻记忆（prospective memory）与回溯记忆（retrospective memory）相对，也是一种特殊的长期记忆，两者并不存在本质上的差别，但是回溯记忆是对过去发生事情或者行为的一种追忆，例如记住书的内容、人的名字。前瞻记忆是指对预定的将来事件或行为的记忆（Kvavilashvili and Ellis，1996），它表现为人们记下在未来某个合适的时间点执行之前意向的行为，属于被延迟的行动意愿（即行动的时刻相比形成计划的时刻存在这一段时间的延后）。例如，我们需要记住在会议结束之后赶快给同事回一下电话，或者下班的路上去快递点给朋友邮寄一份生日礼物等。如果你按照预期的意愿打了电话或者邮寄了礼物意味着完成了该前瞻记忆；反之则表明前瞻记忆失败。前瞻记忆可以分为两个重要的组成部分：记住将要执行的任务以及执行任务的时机（回溯部分），以及发现或者找到适当的时机时记得去执行该项任务（前瞻部分），两者相辅相成，缺一不可。

一、前瞻记忆的加工过程

前瞻记忆也属于个体的一种认知过程，结合现有研究中关于前瞻记忆研究的理论模型，一个完整的前瞻记忆从时间维度来剖析通常需要涵盖四个阶段：意向形成（intention formation）、意向保持（intention retention）、意向提取（intention initiation）和意向执行（intention execution）（Kliegel，Martin，McDanie，et al.，2002；Kliegel，McDaniel and Einstein，2000；Kvavllashvih and Ellis，1996）。

二、前瞻记忆的分类

从线索类型的角度来看，前瞻记忆可以分为时间性前瞻记忆（time-based prospective memory）和事件性前瞻记忆（event‐based prospective memory）（Einstein and McDaniel，1990），该分类标准得到了众多研究的支持。前者将前瞻记忆和时间相联结，代表着个体需要在将来的某个时间点或者再过一段时间执行某项任务（Einstein and McDaniel，1996），比如"晚上 7 点参加朋友的生日聚会"，或者"记得在 15 分钟后关上烤箱"；后者则表现为目标事件和前瞻记忆任务的联系，它要求当某项特定目标事件或者靶线索出现时，个体才需要执行相应的记忆任务，例如，"通过面试之后给家人汇报喜讯"，"肚子饿了就要吃饭"。

相关研究对两种类型的前瞻记忆进行比较后发现，时间性前瞻记忆往往需要较多自我启动的注意资源，具有更强的提取自发性，且提供了更为可靠的时间线索（Cherry and LeCompte，1999；冻素芳和黄希庭，2010）。具体而言，事件性前瞻记忆不需要很多的自我启动，何时采取行动取决于外部线索的出现；对于时间性前瞻记忆来说，行动线索的隐蔽性更强，在不存在明显外部刺激的情况下，该记忆任务需要更多地依靠自我启动的注意资源来完成，因此也需要较高的执行控制水平（Kliegel，Martin，McDaniel，et al.，2001）。自我启动注意资源的重要作用在其他的研究中也得到了验证（Khan，Sharma and Dixit，2008）。另外，时间性前瞻记忆具有更为确定的任务线索（例如上面提到的 7 点参加朋友的生日聚会），该线索具有的可监控性和确定性便于人们及时暂停手头的工作，并为接下来的时间性任务做好准备；但是对于事件性前瞻记忆而言，记忆的提取是基于某一特定事件的，而人们往往并不知道该事件何时发生。然而，随着研究的推进，又有学者们指出，两种前瞻记忆在有些时候是可以相互转换的，例如，"晚上 7 点参加朋友的生日聚会"这种时间性前瞻记忆可以转换成典型的事件性前瞻记忆"下午 6 点下班之后就坐车赶过去参加生日聚会（考虑到在车上的时间大约 40 分钟）"。当人们恰当地连接了时间任务和事件线索，就可以有效地弱化两者之间的差异。总的来说，学者们对于事件性前瞻记忆的探讨要多于时间性任务记忆。

三、前瞻记忆和中断

对当前任务开展的中断是日常生活中前瞻记忆活动的一个重要特征和关

键的影响因素。中断和前瞻记忆之间的关系密切，且通常表现为如下两个方面：①停止当前进行的任务，执行中断任务，同时启动前瞻记忆（未来恢复主任务）；②执行前瞻记忆的任务，从而中断当前任务。上述两者相比较，在第一种情况下，中断是前瞻记忆的原因，例如，突然响起的电话铃打断了当前的工作，我们需要记得在电话结束之后重新回来；在第二种情况下，中断是前瞻记忆的结果，即为了完成前瞻记忆中的任务，我们中断了当前的工作，例如，每个工作日的下午 5 点，你必须放下手头的工作去幼儿园接孩子。

为更好地揭示前瞻记忆对中断研究中的影响和推动作用，在下文中，我们将分别就这两种关系进行详细论述。

（一）前瞻记忆导致中断

中止当前任务，转而开展前瞻记忆任务在日常工作生活中司空见惯。例如，公司通知在明天上午 9 点召开部门全体成员工作会议，届时，为了准时出席会议你将被迫暂时停止手头的工作。有研究指出，处理中断问题实际上是完成前瞻性记忆任务（Dodhia and Dismukes，2009），这是因为，前瞻性记忆要求人们记住在将来需要执行的任务。研究认为，只是在中断的时刻，一个前瞻性记忆的任务被确立起来了（Edwards and Gronlund，1998）。这种观点主导了任务中断和前瞻性记忆任务之间关系的研究。通常，实验室研究对于事件性前瞻记忆的探讨需要将其嵌入当下正在执行的任务中（Einstein and McDaniel，1990）。具体到实验研究的具体设置环节，对于前瞻记忆的操纵则通过要求被试者在主任务（单词判断任务）执行过程中看到目标词汇后点击某特定按键来完成（Einstein，Smith，McDaniel，et al，1997）。结合前面关于中断研究的相关论述，中断当前正在执行的任务将致使人们对注意资源的需求突增，进而可能对前瞻记忆任务的顺利完成产生负面影响。

不少学者的研究对此进行了验证。在 Kvavilashvili，Messer 和 Ebdon（2001）的实验中，研究者只是将前瞻记忆任务安排出现在当前所执行任务的最中间（即 1/2 处中断），该中断情境相比没有中断（中断任务发生在当前任务结束后），被试者前瞻记忆成绩呈现出显著下降。国内学者王永跃等

（2005）在此基础上增加了更多的中断位置（当前任务 1/4 处中断，3/4 处中断），被试者（幼儿）被要求在给 20 张图片命名（当前任务）过程中找到画有书包的目标图片（前瞻性记忆任务），实验结果发现：被试者在无中断情境下的前瞻记忆成绩明显优于 1/4 中断和 3/4 中断，因为前者已经完成了当前的主任务，他们可以将更多的精力集中于前瞻记忆任务上；另外，1/4 处中断的记忆效果优于 3/4 处中断，也达到了显著性水平，这是因为被试者完成前瞻任务的编码时间比较短，虽然当下主任务会占据一定的认知资源，但是仍然能够有效激活前瞻记忆目标。有研究指出，相比事件性前瞻记忆，时间性前瞻记忆更容易引发任务中断。

（二）中断导致前瞻记忆

现有的关于中断和前瞻记忆的关系论述中，学者们普遍认为由于时间线索或者事件线索的出现，前瞻记忆引发了当前任务的中断；结合中断的划分，该中断应该属于自我中断（Baethge，Rigotti and Roe，2015），因为它的发生源于个体行动意向的主动提取和执行。本书在结合中断研究的基础上提出：中断还会引发新的前瞻记忆。具体而言，当个体在执行主任务过程中遭遇重要或者紧急的中断任务（来自领导的电话）的情况下，在他们执行中断任务时（接电话），新的前瞻记忆意向已经形成（记得要在挂断电话之后重新恢复主任务的操作）。Kvavilashvili 和 Ellis（1996）在时间性记忆前瞻和事件性记忆前瞻的基础上提出了"活动性前瞻记忆"（activity-based prospective memory），该前瞻记忆类别的提出也可以有效地解释上述现象。基于活动的前瞻记忆是指在做完某件事情（目标线索：完成中断任务）后去执行前瞻性任务（意向任务：继续主任务）。但是，活动性前瞻记忆的提出并未能得到学术界的普遍响应，因为其可以被事件性前瞻记忆很好地涵盖，例如，上面的例子中，"中断任务的结束"就可以作为事件线索来启动前瞻任务。

前瞻记忆的研究结论可以用来解释前面提及的中断负面效应。很多时候，中断会导致主任务的恢复延迟，甚至引发主任务的遗忘（新的前瞻记忆未能完成）；同样，关于前瞻记忆的相关研究也指出，前瞻记忆性事件的遗忘在日常生活中也十分普遍，占到一般记忆失败 50% 至 70% 的份额（Crovitz and Daniel，1984；Terry，1998），该研究数据在一定程度上对中断负面效应的论述提供了佐证。结合前瞻性任务理论，研究者进一步总结了为什么中断引发的前瞻记忆难以被完成的三个主要原因：①重新回到主任务的意愿难以被编码；②在正常的中断任务中，中断任务的结束无法充当具体的目标线索；③为了应对中断通常需要注意力的转移，即中断需要与重新回到主任务的意愿去争夺认知资源。

第六节　理论基础小结

上述五种理论都试图剖析任务执行者在遭遇中断任务时，所表现出的内在加工机制对主任务恢复和最终主任务绩效的影响，只是具体作用机理的阐述各有侧重，尚无定论。具体而言，目标记忆理论可以较好地解释中断的破坏性（中断因主任务目标的衰退而具有破坏性），以及发生中断之后，人们如何提升主任务的恢复效果（通过强化和启动提升目标活跃性）。长时工作记忆理论则指出，中断的破坏性和负面效果源于知觉信息编码不当而不是短时工作记忆的超载（Oulasvirta and Saariluoma，2004）；相关研究认为，一旦被中断的任务信息被有效地编码、存储至长期工作记忆，中断的负面效应就有可能消失，相反，对于那些没有能够存储至长时工作记忆的主任务，中断任务的出现就会干扰信息的召回。线程认知理论则在一定程度上突破了人们对于原有中断过程的认知，基于该理论，中断过程不再是多个"孤立"任务的开始与结束，而是由多个线程组成了一个"连续体"（Salvucci and Taatgen，2011）。转换加工理论中关于转换成本的探讨为中断负面效应的研究做了有效的铺垫，即成本可能源于执行控制的时间花费、决策者的任务准备以及转换加工的抑制效用。前瞻记忆与自我中断之间的关系密切，它既可以是中断的原因，也可能是中断发生的结果。

第四章 折中效应的文献探讨

第一节 折中效应的形成与界定

关于情境效应的研究指出，在选择集中移入或者移出一个新的选项时，会对原有选项的偏好和选择产生系统性作用（Hedgcock and Rao, 2009; Huber, Payne and Puto, 1982; Pettibone and Wedell, 2000; Prelec, Wernerfelt and Zettelmeyer, 1997）。例如，当消费者对选择集中各个选项的价值不确定时，他们更倾向于使用情境线索来帮助决策（Simonson and Tversky, 1992）。

折中效应（compromise effect），国内有的研究将其翻译为"折衷效应"，属于一种典型的情境效应（context effect）。关于折中效应的研究始于 1989 年，Simonson（1989）在研究中最早将折中效应从吸引效应（Simonson, 1989）中分离出来后，并对该效应进行了详细的描述，自此以后，折中效应才不断受到学者们的关注。如图 4-1 所示，在消费者初始选择集（选项 T 和 C）中加入一个"极端"选项 D，且 D 位于 T、C 等效线的延长段（D 在属性 1 上优于选项 T 和 C，在属性 2 上表现较差），即三者比较不存在绝对优势选项；选项 D 的加入使得 T 在新选择集中处于中间位置，从而增加消费者对于中间选项 T 的吸引力感知，使得该折中项被人们选择的可能性增大（Sheng, Parker and Nakamoto, 2005; Simonson, 1989）。因为在通常情况下，选择折中选项被认为是消费者系统权衡了多个属性之后的慎重决定，特别是当他们无法确定产品属性的重要程度时，折中选项显得更加的稳妥和保险（Simonson，1989）。

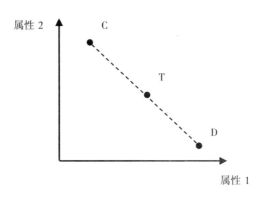

图4-1　折中效应

资料来源：本书整理。

首先，折中效应对理性选择理论（theory of rational choice）提出了挑战。当消费者评价一个产品时，倾向于从记忆中检索自己稳定的、一致的偏好，计算它相应的效用（Slovic，1995），最后决策不受其他产品的影响。而在面对多个选项时，人们对这些选项产生偏好排序，最终选择那个排名最靠前的选项（Tversky and Simonson，1993）。其中的常规性原则（regularity principle）指出，新选项的加入不会增加原始选择集中任何一个选项被选择的可能性（Luce，1977）；类似地，Tversky 和 Simonson（1993）的研究中也有所提及理性选择理论的观点，消费者的决策会独立于无关选项（independence of irrelevant alternatives），且在选项间的偏好不会受到其他选项出现或者消失的影响。但是，由于商品市场的信息不对称性和人们有限的信息处理能力，消费者在购买前往往没有确定偏好（Ku，Kuo，Fang，et al.，2014），最终决策的制定依赖于对"购买时"情境线索选择性的构建和加工（Bettman，Luce and Payne，1998；Payne，Bettman and Johnson，1992；Slovic，1995），其购买决策更容易受情境效应的影响。

其次，折中效应还违反了价值最大化原则（principle of value maximization）

（Dhar，Nowlis and Sherman，2000；Tversky and Simonson，1993）。具体而言，如果在 x 和 y 构成的二元属性选择集中，消费者对于 x 的偏好强于 y，那么在多元选择集中，他们对于 x 的偏好依然会强于 y；如果 v 代表价值函数，则 $v_{(x)} \geq v_{(y)}$。此外，如果在选择集 S 中，消费者偏好 x（即对于任意 y，$y \in S$，均存在 $v_{(x)} \geq v_{(y)}$），那么针对子集 R（$R \subset S$ 且 $x \in R$），消费者依然会偏好 x。换句话说，一个没有受到青睐的选项，在选择集中加入新选项之后仍然不会得到消费者的偏好。由此可见，消费者决策遵从与价值最大化的原则，也是基于"独立于无关选项"这一观点提出的。针对图 4-1 而言，二元选择集中 T 和 C 位于等效线上，即消费者在二者之中不会有明显的偏好（T 并不优于 C）；那么根据价值最大化原则，D 的加入也不会使 T 和 C 在人们的比较中更受欢迎。

再次，折中效应与相似性假设（similarity hypothesis）的推论也存在矛盾之处。设想一下，当选项 D 与折中选项 T 距离较近时，则会得到与相似性假设相反的结论。因为相似性假设认为，在 Q 和 P 组成的选择集中加入一个选项 q（与 Q 相似），将更多地"侵占"Q 的市场份额，因为两者高度相似而引发替代效应（substitution effect）（Tversky，1972）；为了最小化"选项同质"带来的"自相蚕食（cannibalization）"，制造商努力提升新产品设计开发的创新性，以实现与现有产品区分的目的，即 q 的加入只会削减现有选项 P 和 Q 的市场份额，而不可能增加原有选项被选择的可能性。Huber 和 Puto（1983）也指出，当加入一个相邻的、不存在占优关系的选项时，会产生替代效应，即该效应与折中效应相反。

关于折中效应的衡量，现有研究给出了统一的计算方法（Chernev，2006；Mourali，Bockenholt and Laroche，2007）。以式（4-1）为例，两个选项 T 和 C 组成初始的核心选择集 $\{T, C\}$，引入选项 D 后，构成了新的扩展选择集 $\{T, C, D\}$。其中，$P(T; C, D)$ 表示选项 T 在扩展集中被选择的份额，$P(C; T, D)$ 表示选项 C 在扩展集 $\{T, C, D\}$ 中被选择的份额，$P_D(T; C)$ 表示在扩展集 $\{T, C, D\}$ 中选项 T 被选择的份额与选项 T 和 C 被选择的总份额的比值，即：

$$P_D(T;\ C) = \frac{P(T;\ C,\ D)}{P(T;\ C,\ D) + P(C;\ T,\ D)}\ ;\qquad(4-1)$$

而 $P(T;\ C)$ 表示核心选择集 $\{T,\ C\}$ 中选项 T 的份额；折中效应的大小 $\Delta P_T = P_D(T;\ C) - P(T;\ C)$，表示选项 T 在扩展选择集和核心选择集中相对份额的差值。

现有文献对折中效应的研究主要涵盖三个方面内容：①在不同情境下对于折中效应稳健性的验证；②探索折中效应的内在机制；③发掘折中效应的影响因素。在接下去的第二节和第三节我们将回顾折中效应内在机制和影响因素的研究。

第二节　折中效应的内在机制

Bettman，Luce 和 Payne（1998）曾总结了消费者想要通过决策达到的四个目的：最小化努力、最大化正确性、最小化负面情绪、最大化可辩解性。但是，就折中效应而言，我们不能简单地认为决策者做出如此选择是为了最小化决策努力（decision effort）或者最小化思考成本（cost of thinking）（Simonson and Tversky，1992）。具体来说，在决策过程中消费者体现出的"极端厌恶""损失厌恶"等都是面对复杂决策情境时需要花费很多努力之后做出的选择。从一般意义上来说，在该情境效应下，消费者需要认真审视并比较选项特征（属性）之间的差异后做出选择，而选项在属性间相差不大的表现也从根源上提升了选择的难度。由此可以推断，折中选择的过程主要受"获得更好的解决方案"和"识别出最优选项"的驱动，而并非受"简化任务倾向"的影响（Simonson and Tversky，1992）。

一、最小化后悔和决策风险

最小化后悔可以有效地解释折中选项效应。基于后悔理论（Loomes and

Sugden，1982），后悔受到选项本身的结果和与其他选项结果间比较的影响，折中选项满足了人们追求预期后悔最小化的需要。消费者对最终决策的心理体验不仅依赖于所选择项的结果表现，更依赖于其他选项的潜在结果。如果其他的更好，他们会体验到后悔。如果消费者不确定选择集中的哪个属性更为重要时，选择中间选项将被认为是最安全的选择，因为该选项可以看作综合考虑了所有的属性，可以达到最小化潜在后悔的目的（Simonson，1989）。研究指出，决策的不确定性通过感知风险来影响消费者选择，而为了降低风险感知，消费者倾向于选择预期损失最小的选项（Sheng，Parker and Naka-moto，2005）。另外，选择折中选项可以让人们避免困难的取舍（Dhar and Simonson，2003；Yoon and Simonson，2008）。

二、极端厌恶

Simonson 和 Tversky（1992）对折中效应的形成给予了更加详细的解释，并提出"极端厌恶"（extremeness aversion）是折中效应的内在驱动机制。具体表现为，消费者在做选择时排斥选择集里的极端选项；相反，中间选项往往对他们更具吸引力。这是因为，消费者会将某一选项和选择集内其他的选项进行比较，进而形成该选项在特定属性上的优劣势的认知；但是相比获得（优势）带来的积极效应，损失（劣势）所引发的负面效果影响更大，即人们看重损失胜于看重获得，最终在心理上表现为损失厌恶（loss aversion）（Kahneman，Knetsch，and Thaler，1991；Tversky and Kahneman，1991）。极端选项通常存在于三元及三元以上的选择集中，因为对于由两个选项构成的二元选择集来说，并不存在极端选项（Chuang，Cheng，Chang，et al.，2013）。如图 4-1 所示，在选择集 $\{T, C, D\}$ 中，三个选项在不同属性上的表现如下：在属性 1 上 $D_1 > T_1 > C_1$，在属性 2 上 $D_2 < T_2 < C_2$；相比极端选项 C 和 D，折中选项 T 在两个属性上分别表现出较小的优势和较小的劣势，但是与此相对，极端选项 C 和 D 则分别在属性 1 和属性 2 上相对彼此存在较大优势和较大劣势。总的来说，折中选项 T 的属性价值位于两个极端选项之间，既没有多么卓越也没有很大的缺陷（Chernev，2006）。因此，由于折中

选项与其他选项相比属性劣势最小，在损失厌恶的驱使下，选项 T 受到了更多消费者的偏好，并在行为上表现出"极端厌恶"的倾向。

三、预期损失最小化

Sheng，Parker 和 Nakamoto（2005）的研究进一步探索了引发折中效应的机制和决定性因素；他们在文章中明确指出，在不确定性决策情境下，预期损失最小化（expected-loss minimization）可能是折中效应的内在驱动机制。研究发现，决策情境中，消费者会追求最大化预期收益，同样也希望将预期损失降到最低，两者高度关联，如同硬币的两面。根据前景理论（prospect theory），相比获得，人们对损失更加敏感（Kahneman and Tversky，1979）。因此，预期损失作为购买决策情境中的风险的衡量手段，也成了决策情境下重要的选择依据。

Sheng，Parker 和 Nakamoto（2005）在研究中采用数学公式推导的方法证实了当消费者并不知道哪个选项会带来最大化价值时，他们更可能选择折中选项来追求最小化预期损失。通常，预期损失的计算依赖于某一选项与参考选项的比较，而在选择集中，任何一个可能价值最大的选项都可能成为参照点。研究给出了决策最小化预期损失的计算方法，$EL_i = \sum_i P_i(V_i - V_s)$，$\sum_i P_i = 1$，$i = T，C，D$。其中，$P_i = 1$，$i = T，C，D$ 代表"通过事后比较发现，选项 i 为最优选项的概率"；V_i 表示第 i 个选项的价值；V_s 为消费者最终所选选项的价值，如果第 j 个选项为选择，则 $V_s = V_j (j = T，C，D)$。当消费者并不确定选择集中哪一个才是最优选项时，作者假定三个选项成为最优选项的概率相同，服从均匀的分布（uniform distribution），此时 $P_T = P_C = P_D = 1/3$。同时，为了便于计算，作者假设选项 C、T、D 在等效线上的距离相同，那么从参考点选项（事后比较的最优选项）到所选选项之间的距离可能为 0、1、2 个单位距离。参照图 4-1 中所示，选择 C、T、D 选项的预期损失如下：

$$EL_C = P_C(V_C - V_C) + P_T(V_T - V_C) + P_D(V_D - V_C) = 1/3 * 0 + 1/3 * 1 + 1/3 * 2 = 1$$

$$EL_T = P_C(V_C - V_T) + P_T(V_T - V_T) + P_D(V_D - V_T) = 1/3 * 1 + 1/3 * 0 + 1/3 * 1 = 2/3$$

$$EL_D = P_C(V_C - V_D) + P_T(V_T - V_D) + P_D(V_D - V_D) = 1/3 * 2 + 1/3 * 1 + 1/3 * 0 = 1$$

通过上述计算可知，当选择选项 T 时，预期损失最小。当然，在极端情况下，当消费者明确地知道选项 T 会为其带来最大的价值收益时（ $P_T = 1$ ），此时选择 T 所引发的预期损失达到了最小（ $EL_T = 0$ ）。与此相对，随着决策不确定性的增加，表现为 P_i 的分布更加均匀，消费者就更可能通过选择折中项来达到最小化预期损失的目的。

四、合理性的决策理由

Simonson（1989）对于折中效应的解释得到了后续大多数学者的认可。该研究指出，当偏好不确定时，人们更倾向于选择拥有最合适"理由"支持的选项。上述研究结论也获得了社会心理学领域相关文献的支持：在不确定情境下（包括决策未来结果的不确定性和偏好的不确定性）（March，1978；Savage，1954），人们拥有多种强烈的动机向自己和他人证明决策的正确性，主要表现为替自己的选择寻找理由，并在"证据"足够充分后做出决策；其目的在于强化自我尊重（self-esteem）（Hall and Lindzey，1978）、规避预期后悔的可能性（Bell，1982）、降低认知失调的需要（Festinger，1957）。在购买情境中，"不确定"主要涉及不同属性下产品的真实价值、产品属性的重要性权重和个体偏好。具体到折中效应的情境中，当消费者不太确定产品的两个属性中哪一个更为重要时（如图 4-1 所示），选择折中选项被认为是综合考量了两种属性之后的结果（在两个属性上的表现都处于中等水平），该决策结果的合理性是很容易被他人所接受的（Simonson，1989）。

Hedgcock，Rao 和 Chen（2009）认为，选择折中产品不太容易受到他人的质疑和批评，因为从产品的各个属性来衡量，折中产品都不算是一个糟糕选择。从更加积极的角度来看，折中选项降低了消费者选择时两种属性的冲突，即有效地规避了为了关注一个属性而放弃或者忽视另外一个属性表现的极端行为（Simonson，1989）。

再则，借用前景理论的观点（Kahneman and Tversky，1979），如果折中选项作为决策的参考点，人们的选择从该折中选项转移至极端选项将被认为是不够合理的，这是因为在一个属性上表现降低所引发的负面效果要远大于他们在另一个选项上获得的效用。

进一步来看，如果被试者主观上想要向他人证明自身选择的合理性，或关心他人对于自己决策的评价，决策理由就会越发重要，折中效应的作用则更加凸显（Simonson，1989）。

结合情境效应的研究，诱导选项信息的呈现可以构建选项间的折中关系，即折中产品为消费者决策提供了理由，降低了选项间的取舍难度，并对消费者的选择产生诱导，规避购买延迟。

五、基于选择集的理性推断

关于情境效应的绝大多数研究都认为，折中效应是违背规律性原则而做出的选择，那么该选择同样应该是违反理性的。然而，Wernerfelt（1995）却提出了不一样的观点，他尝试从理性的视角对折中效应给出新的解释，并指出折中效应源于消费者的理性推断，情境效应的存在也不应该否定传统的理性选择理论，两者是可以共存的，而非前者取代后者。消费者使用市场数据对产品效用做出的推断基于等级次序决策规则（rank-order decision rule），而折中效应下的选择与理性消费者对市场中的产品的效用推断是一致的。

Wernerfelt（1995）提出的等级次序决策规则是一种基于推断的选择规则（inference-based choice rule），该规则认为，很多时候，消费者并不知道自己绝对的偏好，只是知道自己相对的偏好，并以此作为推测正确选择的依据。决策者的需要很多时候是在相对于别人的需求基础上做出的，这就是等级次序决策规则背后的直觉反应。假设你想开始学习小提琴，此时你对市场上由"质量—价格"两维度构成的产品集并不知该如何取舍，但是你可以确定的是其中一些小提琴肯定是值得买的；最终你可能选择一个最便宜的产品，如此决策是因为你觉得"相比那些有经验的演奏家，乐器质量对于你的意义不大"。基于上述假设前提，当消费者在面对多属性排序的选择集时，最终的选择可能依靠他们对应的相对偏好位置。该决策规则基于如下两个前提：①选择集反映了市场上人们对产品需求的分布（消费者知道他们的绝对偏好，而企业则根据消费者的需求偏好进行合理的产品设计）；②消费者会根据自己的偏好排序选择效用最大的产品实施购买行为。

等级次序决策规则如何产生折中效应？以一个普通美国人来举例，红酒可能在美国人当中只是一个"平均水平"；当你走进商店看到红酒的价格在4~30美元，当前陈列的两瓶酒分别是14美元和20美元。如果你认为自己的品位很一般，无法欣赏平均水平以上的红酒，那么你可能会选择14美元的酒。如果加入了另外一瓶26美元的红酒，此时20元的红酒成为中间选项，你可能会增加对该产品的选择。

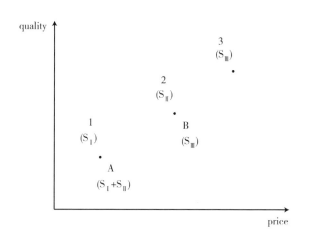

图 4-2　全选择集和受限选择集

资料来源：本书整理。

Wernerfelt（1995）通过更精准的数学推理验证了上述结论。在研究中假设存在三个消费者细分市场，分别为 Ⅰ、Ⅱ、Ⅲ，S_I、S_{II}、S_{III} 分别代表各细分市场上消费者的比例，且 $S_I + S_{II} + S_{III} = 1$。三个细分市场上的消费者愿意为追求产品质量所支付的价格存在差异。另外，市场上还存在三种产品，分别标记为1、2、3。细分市场Ⅰ中，消费者对三个产品的偏好 $p_1 > p_2 > p_3$；细分市场Ⅱ中，消费者对三个产品的偏好 $p_2 > p_1 > p_3$；细分市场Ⅲ中，消费者对三个产品的偏好 $p_3 > p_2 > p_1$。如果用 $U_i(j)$ 表示目标市场 i 上的消费者选择产品 j 的效用，其中，$i \in \{ Ⅰ，Ⅱ，Ⅲ \}$，$j \in \{1，2，3\}$，则：

$$U_Ⅰ(1) > U_Ⅰ(2) > U_Ⅰ(3) ，$$
$$U_Ⅱ(2) > U_Ⅱ(1) > U_Ⅱ(3) ， \qquad (4-2)$$
$$U_Ⅲ(3) > U_Ⅲ(2) > U_Ⅲ(1)$$

如果此刻只呈现两个产品A和B，B比A质量更好，但需要支付更高的价钱。研究假设消费者并无法评价产品的绝对价值，那么消费者就不能够确定（A，B）是属于（1，2）、（2，3）还是（1，3）的哪种组合类型，因此假定三种类型的概率均等。基于预期效用最大化的原则，通过计算，细分市场Ⅱ的消费者也将选择产品A，原因如下：

$$当选择A时，EU_Ⅱ(A) = \frac{1}{3}U_Ⅱ(1) + \frac{1}{3}U_Ⅱ(2) + \frac{1}{3}U_Ⅱ(1)$$

$$= \frac{2}{3}U_Ⅱ(1) + \frac{1}{3}U_Ⅱ(2) \qquad (4-3)$$

$$当选择B时，EU_Ⅱ(B) = \frac{1}{3}U_Ⅱ(2) + \frac{1}{3}U_Ⅱ(3) \qquad (4-4)$$

结合公式（4-3）可知，$EU_Ⅱ(A) > EU_Ⅱ(B)$，即细分市场Ⅱ的消费者将选择产品A。类似地，对于Ⅰ和Ⅲ两个细分市场的消费者而言，他们会选择产品A和产品B。此时产品A的市场份额为 $S_Ⅰ + S_Ⅱ$，产品B的市场份额为 $S_Ⅲ$。

但是，如果再加入一个选项C，C比B拥有更好的质量/更高的价格，原本选择产品B的细分市场Ⅲ的消费者将选择产品C，原本选择产品A的细分市场Ⅱ的消费者将选择产品B。根据前面介绍的折中效应的计算公式 $\Delta P_T = P_D(T; C) - P(T; C)$，$\Delta P_B = \frac{S_Ⅱ}{S_Ⅰ + S_Ⅱ} - S_Ⅲ$，当细分市场Ⅱ较大时，$\Delta P > 0$，折中效应存在。

第三节 折中效应的影响因素

本节我们将归纳总结现有文献中关于折中效应调节因素的研究，并将这些因素划归为三类：消费者个体因素、选项因素和情境因素。

一、消费者个体因素

（一）调节定向与折中效应

Mourali，Bockenholt 和 Laroche（2007）探讨了调节定向对折中效应的影响。之前的研究指出，个体为达到特定目标会努力改变或控制自己的思想、反应，这一过程被称为自我调节（Geers，Weiland，Kosbab，et al.，2005）。个体在实现目标的自我调节过程中会表现出特定的方式或倾向，即调节定向（姚琦和乐国安，2009）。Higgins（1997）和 Higgins（1998）将两种目标类型（理想和责任）与调节定向相结合，提出了促进定向（更关注进取和成就）和预防定向（更关注防护和安全）。Mourali，Bockenholt 和 Laroche（2007）认为相比促进定向，预防定向的消费者对于折中效应更加敏感。具体而言，促进型定向的消费者更加关注收益实现和机会捕捉；他们会对积极正向的结果更加敏感，偏好于采取激进的目标追求策略（Crowe and Higgins，1997），他们显示出对选择集中某些属性上表现突出的极端选项更加敏感和偏爱，并把这些极端选项看作一种"搏一搏"获取突破的机会（陈峻松，符国群和邬金涛，2011），因为该类型的消费者在面对可能获利的机会时倾向于选择"把握"而不是"错过"。相反，预防定向的消费者则关心如何防止错误，避免损失，因此，他们对负面结果更加敏感，在目标追求中偏好谨慎策略，避免选择极端选项（在某些属性上表现突出，在其他属性上表现较差）。这是因为极端选项增加了决策错误的可能性风险（类似于赌博式的选择）；在最小化决策风险这一目标驱动下，消费者更可能选择折中选项，因为该选项在所有属性上均处于中等水平，可以有效地避免在选择上出现大的错误（Mourali，Bockenholt and Laroche，2007）。

Levav，Kivetz 和 Cho（2008）探讨了不同调节定向（目标导向）与选项属性类型的匹配效应对折中效应的影响：研究发现，随着两者匹配度的增加，折中效应的效果也会被相应地放大。以笔记本电脑为例，在面对提升型属性的描述时（处理速度和内存容量），促进型定向的消费者（vs. 预防型定向消费者）会更倾向于选择折中选项；同样地，面对保障型属性的描述时（保修期和重量），预防型定向的消费者（vs. 促进型定向的消费者）更可能选择中间选项。研究还进一步探索了上述效应背后的心理机制：具体来说，目标导向和属性的匹配，让被试者在决策过程中感受到了冲突和决策困难，减少了对极端产品的选择。另外，以双属性维度构成的选择集为例，如果两个属性的组合为混合型（一个为提升型、另一个为保障型），不同调节定向的消费者会在决策时增加与其目标导向相匹配的属性的评价权重（例如促进型定向的消费者更加重视产品在提升型属性上的表现），在此情境下，折中效应的效果将被削弱。

（二）产品熟悉程度和折中效应

产品熟悉程度（product familiarity）对于情境效应的调节作用已经得到广泛的论证（Sheng，Parker and Nakamoto，2005）。熟悉度和专门知识是消费者知识的两个重要组成部分（Alba and Hutchinson，1987）。消费者拥有较为丰富的知识时，他们就更容易区分特定属性的相近和相邻层次，依托不同属性水平来做决策时较少依赖情境的影响（Park and Lessig，1981）。现有的研究在探讨消费者知识对情境效应的影响时，很少考虑专业知识的作用，更多地将消费者知识等同于熟悉度来进行研究。

熟悉度被定义为消费者所积累的与产品相关的经验数。消费者对产品或者品牌的熟悉度在信息加工和品牌评价中发挥着重要作用。然而，在缺少知识和购买经验的情境下，消费者更倾向于依靠各种情境线索去构建他们对于其他可得选项的偏好（Bettman, Luce and Payne, 1998）。相反，当消费者对产品比较熟悉或掌握了足够的知识时，他们则习惯从购物环境和记忆中提取信息以做出更加全面的决策（Sheng, Parker and Nakamoto, 2005；陈峻松，符国群和邬金涛，2011），或者遵循价值最大化的原则（Mishra, Umesh and Stem, 1993）。在上述情境下，消费者并不依赖外部线索来做出推断，降低了他们做出折中选择的可能性。

产品熟悉程度对折中效应的影响可以分为两个层面（Sheng, Parker and Nakamoto, 2005）。一方面，熟悉度可能影响消费者信息处理。先前的产品知识在促进新信息获取的同时还提高了信息搜索的效率（Brucks, 1985），因此，具有高产品熟悉度的消费者能够从外部环境和个体记忆中获取更多的信息。随着用于任务决策信息的增加，消费者可以对备择选项进行全面的评估，此时受到折中效应的影响较小。另一方面，产品熟悉度可以促进评价标准或者决策规则的发展。对产品熟悉的消费者往往具有完善的知识结构（Marks and Olson, 1981），包括偏好结构和评价标准。这些都将便于消费者对选择集中的某一特定产品的优势形成判断，最终导致偏好的形成。因此，在高产品熟悉度情境下，不能仅仅因为某一选项在选择集中处于中间位置，而将其作为最优的选择的依据。

（三）属性重要性偏好与折中效应

有不少学者将属性重要性这一调节变量归入选项特性中。而本书认为，在决策过程中，属性重要性的影响更多体现在决策者对于属性重要性的感知和评价上，该评价具有一定的主观性，因此我们将其纳入消费特性的类别。

为了简化研究，现有文献大多探讨产品在两个维度上的选择问题。Sheng, Parker 和 Nakamoto（2005）认为选择集中属性重要程度差异越小，折中方案也就会显得越有吸引力，折中效应也随之增强。因为当产品属性的重要性呈现"对称式"结构时，该产品在一个属性上的相对优势会被另一个属性的劣势所抵消，这种情况下消费者往往面临决策困难。这也就意味着选择集内属性重要性越均衡，决策的难度也就越大，折中选项对消费者的吸引力也就越强。当属性的重要性不对称时，在更加重要的属性上具有最高赋值的产品将占据优势地位，也将降低情境效应发生的概率。例如，在由价格和质量两个维度构建的选择集中，即便诱导选项的加入使得原选择集中的低价格产品处于中间位置，消费者仍然可能选择质量相对较好的竞争产品，因为消费者更为看重产品的质量，且后者可能会得到他人更加积极的评价（Simonson，1989）。

进一步研究发现，产品熟悉程度是属性重要性偏好的一个前置因素，即属性重要性偏好将中介产品熟悉度对折中效应的调节作用（Sheng，Parker and Nakamoto，2005）。如果消费者对产品较为熟悉，他们就会对产品属性的重要性程度有明确的区分，即对其产生非对称的偏好；反之，当消费者不熟悉时，他们会在决策中将属性的重要性赋以相同的权重（Coupey，Irwin and Payne，1998）。因此，对称的属性重要性结构会强化折中效应，而明显的属性偏好则会削弱折中效应的效果。

（四）自信与折中效应

Chuang，Cheng，Chang 等（2013）探讨了自信对折中效应的影响及其内在中介机制。研究发现，拥有较高（低）自信水平的消费者在决策时体验到更低（高）的不确定性，最终选择折中产品的可能性越小（大）。在很多研究中，自信往往和不确定性相关，例如，不确定性的降低可以让人们更加自信（Koehler，1991），自信也可以有效地抵御不确定环境下的市场压力（Luce，1994）。折中效应也经常发生在不确定的环境中，它是消费者出于降低风险的需要而做出的选择（Sheng，Parker and Nakamoto，2005）。具有高自信水平的决策者往往更加懂得自我尊重，通常拥有一个好的自我形象，对自己有较高的自我评价，在绝大多数情况下都持有乐观的态度。从自信对决策的影响来看，更强的自信心通常促使决策者更坚定对自己的选择；换句话说，拥有高水平自信的个体在决策时会体验更少不确定性。那么，高自信（vs. 低自信）的个体在决策时不易受到风险的影响，并且更可能做出有风险的选择，对于风险有着较强的偏好；同样，在不确定情境下，消费者将选择那些他们真正喜欢的产品，而不一定是折中选项（Chuang, Cheng, Chang, et al., 2013）。

结合前面"预期损失最小化"的研究（Sheng, Parker and Nakamoto, 2005），也可以有效地解释高自信水平的个体减少对于中间选项的选择这一推论。设想一下，如果消费者确定或者有很强的信心认为选项 C 能够给自己带来最大的价值（如图 4-1 所示），即选择选项 C 时预期损失最小，此时选项 C 为最优选项的概率 $P_C = 1$，那么各选项的预期损失分别为 $EL_C = 0$，$EL_T = 1$，$EL_D = 2$。

同样，也从"极端厌恶"的机制来阐释，高自信的个体具有风险偏好（即追求风险）会降低极端厌恶的影响机制，减少消费者对于折中选项的选择；反之，低风险的个体则会强化极端厌恶的作用机制，使折中效应更加凸显。

此外，Chuang, Cheng, Chang 等（2013）在研究中验证了风险环境和特定自信（specific self-confidence）在自信对折中效应影响中的调节作用。具体来说，在有风险的情况下，相比高自信的消费者，低自信消费者更倾向于折中选项；反之，在不存在风险的情况下，高/低两种自信水平的消费者在折中选项的选择上没有差异。这是因为，高自信的个体对于风险环境具有更好的承受度；另外，无风险情境也促使那些低自信的消费者在决策时更加遵从于自己内心的选择。当被试者拥有比较高的特定自信时，不论他们一般自信的水平如何，最终对折中效应的影响均不存在差异；相反，对于低特定自信水平而言，一般自信水平较低的被试者（vs. 较高）在决策时会表现出更强烈的折中效应。特定自信意味着消费者对于拥有解决特定问题所需的特定知识和背景；在现实购买决策中，消费者更多地处于低特定自信的水平。

二、选项因素

现有的研究已经表明，新引入的选项会系统性地影响消费者对于原核心选择集中产品的偏好，该诱导效应在很大程度上也受新选项本身性质的影响。

（一）诱导选项的位置与折中效应

当新加入选择集的诱导选项离折中选项的距离较近时，折中效应将会被削弱（Sheng，Parker and Nakamoto，2005）。结合前面提到的"预期损失"中介机制的阐述，同时针对图 4-1 中涉及的具体情况，研究发现，随着选项 D 的位置逐渐向 T 靠拢，选择 T 和 D 之间的预期损失差异将相应缩小。Sheng，Parker 和 Nakamoto（2005）假设在原核心选择集中引入另外一个选项 D′，D′的位置与 T 非常接近，其他条件不变。在上述情境下，$V_{D'} \approx V_T$ 在新选择集中挑选 C、T、D′所对应的预期损失分别如下所示。

$$EL_C = P_C(V_C - V_C) + P_T(V_T - V_C) + P_{D'}(V_{D'} - V_C) \approx 1/3 * 0 + 1/3 * 1 + 1/3 * 1 \approx 2/3$$

$$EL_T = P_C(V_C - V_T) + P_T(V_T - V_T) + P_{D'}(V_{D'} - V_T) \approx 1/3 * 1 + 1/3 * 0 + 1/3 * 0 \approx 1/3$$

$$EL_{D'} = P_C(V_C - V_{D'}) + P_T(V_T - V_{D'}) + P_{D'}(V_{D'} - V_{D'}) \approx 1/3 * 1 + 1/3 * 0 + 1/3 * 0 \approx 1/3$$

由上面的计算可知，$EL_T \approx EL_{D'}$，处于最小化预期损失的角度，当选项 D′距离选项 T 的距离越近，消费者通过选择 T 来降低预期损失的动机就越低；与经典的折中效应相比，D′的出现"抢夺"了 T 的份额，即折中效应得到了抑制。

（二）属性特征与折中效应

在关于折中效应稳定性的研究中，现有研究普遍采用由两个单调属性构成比较简单的选择集。但是在现实的购买决策中，消费者经常需要使用选项类别和定量的属性来做出判断。例如在选择手机时，品牌（例如，苹果 vs. 三星）和手机类型（触屏 vs. 按键）就属于类别属性，而屏幕的尺寸、手机的重量则属于定量属性。如果该分类属性比较重要或者能够起到较强的诊断性（diagnostic），它将在决策中扮演关键作用，特别方便于那些基于类别的选择过程（Fox，Ratner and Lieb，2005）。

Ha，Park 和 Ahn（2009）探讨了分类属性的引入对折中效应的影响。总的来说，该情境下消费者的选择受到分类属性引发的基于类别的加工和情境效应的共同作用。类别属性的影响是基于这样一条核心的假设：包含两个或者两个以上特征的类别属性将导致消费者在选择加工的初始阶段对产品进行"自动化"（或者直觉式加工）的分类（Hogarth，2001），这种分类是快速的、低努力程度的，甚至是和当前选择目标无关的（Kahneman and Frederick，2002）。Ha，Park 和 Ahn（2009）通过实验证实，如果一个带有独特类别特征的极端竞争选项的加入，消费者对位于定量属性中间位置的选项的偏好未受到该独特性属性的影响，折中效应依然显著。这是因为在决策开始阶段，消费者依据类别进行分组时并未排除任何选项，特别是当人们对选项的偏好不确定之时。当消费者不确定自己对所给定的类别属性的偏好时，选择在定量属性上的中间项是明智的决策。另外，进一步研究发现，决策阶段是否存在初始的筛选和排除对折中效应起到了调节的效果。这是因为当消费者被强制要求就类别属性进行筛选时，他们习惯性地就类别进行直接比较，而较少地去考虑选项在定量属性上的位置关系（Sood，Rottenstreich and Brenner，2004）。

（三）产品原产地与折中效应

产品原产地（country-of-origin）信息的效价会对折中效应产生影响（Chuang and Yen，2007）。产品原产地会影响消费者判断，影响他们对于产品的评价；在消费者无法识别陌生产品的真实质量时，消费者常将"原产地"视为产品外部线索，以此来推断产品的质量（Peterson，1995；Verlegh and Steenkamp，1999）。Chuang 和 Yen（2007）通过前测在六个国家信息中挑选了两个具有代表性的原产国（德国和中国），并将原产地信息引入"质量—价格"构成的两属性选择集中，研究发现，负面产品信息（中国）的呈现，促使消费者认为产品在质量和功能上可能会表现较差，因为它无法弥补原产地负面效价所带来的消极影响，此时折中选项看上去并没有那么安全和正确。为了"逃避"负面原产国形象的影响，消费者更可能放弃选择或者选择低价格的产品以降低潜在的风险。此外，如果消费者坚持选择折中选项或者高价格/高质量的选项则看上去与原产地的负面信息相冲突。因此，研究认为负向的原产国信息会降低折中效应。

但是，Chuang 和 Yen（2007）研究结论的可靠性和一般性依然值得商榷：在上述研究中消费者对于质量和价格的感知和原产国信息存在较强的关联性，如果选择中呈现的属性信息不再包含价格和质量，该研究结论是否成立也未可知。

（四）任务困难程度与折中效应

Lee，Chuang，Chiu 等（2016）通过四个实验，并采用多种方式对研究选择任务的困难方式加以操纵，探讨了在选择集内任务比较难度水平的增加会如何影响折中效应，相关统计结果证实，当难度增加时，折中效应的影响将被减弱。另外，任务困难程度对折中效应的调节作用还会受到认知负荷的影响，即在低认知负荷下，上述调节效应成立，而在高认知负荷下，任务的困难程度在折中效应上的表现无差异。

根据之前的相关研究，任务困难被定义为"因为任务的复杂性，和对较高的技巧水平、知识和认知能力的需要，所以在任务完成上具有一定的难度，且相比一般任务涉及更多的信息加工"（Brinkmann and Gendolla，2008；Harkins and Petty，1982；Huber，1985；Reinhard and Dickhauser，2009）。可见，任务困难并不等同于任务复杂性，后者并不总是能够产生困难或者高认知负荷（Lee，Chuang，Chiu，et al.，2016）。另外，Bettman，Luce 和 Payne（1998）认为问题的大小、时间压力、属性关联度、信息完整性、选择集中信息的形成和比较都会影响任务。

在关于情境效应的研究中，学者们普遍使用的是容易计算的选择情境（在实验中，被试者在选择任务中易于使用自己的数学技能进行属性间的比较），然而，现实购买环境与该理想情境存在差异。在真实中，消费者在很多时候会遇到各种不规则定价、包装或者属性的商品，这些都会给消费者带来困扰，因为无法用数学技巧对它们进行简单的比较，也无法确定每一个选项的最大价值（Lee，Chuang，Chiu，et al.，2016）。总之，研究发现，那些产品呈现出的简单的、清楚的信息将会促进消费者做出最终决定。

从动机的角度来看，困难的任务可能引发人们的外部归因（Frieze and Weiner，1971），因此相比简单任务，他们可能启动更低的动机和认知加工水平（Brinkmann and Gendolla 2008；Pelham and Neter 1995）。另外，资源匹配理论（resource-matching theory）可以有效地解释"如何利用认知资源来加工所给定的任务"这一问题（Anand and Sternthal，1989）：可用的信息加工资源（resource available，RA）和任务需要的资源（resource required，RR）两者之间的平衡共同影响着消费者的判断。进一步来看，当需要的资源超过了可利用的资源时，决策者就会面临困难，不适合进行逐个加工（piecemeal processing）。因此，决策者转而采用基于类别的信息加工（category-based information processing）（例如：启发式、刻板印象或者其他的简单方法），它的优点在于加工快速、需要较少的认知能力（Mackie and Worth，1990），但在加工过程中更多地依靠直觉和单属性的判断，决策反应时间更短。之前关于情境效应的研究指出，非对称的属性重要性权重会削弱折中效应，由此可以推测，任务困难触发的单属性判断的加工方式同样可能降低折中效应的影响。反之，当可用资源（RA）满足了所需要的资源（RR），决策加工将更加的复杂和有效率，因此决策者深思熟虑的时间更长、深度更深。

从内在机制的角度来看，任务困难程度通过影响消费者的信息加工方式，最终达到调节折中效应的效果。困难的任务不利于施展分析式的加工（analytical processing），决策者也不可能进行属性和属性间的（attribute-by-attribute）细致对比。对于折中效应而言，它的产生基于极端厌恶、预期损失最小化等目标动机，是涉及选项之间权衡比较之后得到的"合理化"决策。这种信息的加工方式与逐个加工不同，它需要大量的注意力关注，以便人们进行综合信息的处理和分析式的计算（Hadjimarcou and Hu，1999；Sujan，1985）。

三、情境因素

（一）情境诱导信息与折中效应

以往的实验中，受试者在回答有关决策问题的过程中，处于一种中性的信息条件下。受试者在面对客观描述的选项进行选择时，没有受到诱导性信息的影响。但是，在真实的世界里，消费者不可能总是处于完全中性的信息环境，决策时总是会面对不同性质的诱导性信息。过分强调某一维度效用诱导性信息会削弱折中效应的力度。

现有研究探讨了折中效应的心理机制和影响因素，但这些研究结论的得出更多地局限于中性的决策环境中（只对产品在不同属性上的表现加以客观描述），这与现实中充满诸多诱导性信息的真实购买情境存在较大差异。陈峻松、符国群和邬金涛（2011）指出，在现实购买决策中，消费者不可能总是面对完全中性的信息环境，各种不同性质的诱导性信息总是会干扰到我们的决策结果。

例如，被试者被告知"你的男（女）朋友要过生日了，你很想送他（她）一台音乐播放器作为礼物（诱导性信息）"，有三款产品 T、C、A（已脱销），如图 4-1 所示，和 C 相比，T 拥有更先进的音效技术（属性1），但是价格也更高（属性2）。此时，诱导性信息是否会影响决策的折中效应？如何影响？是否存在边界条件和阈值？陈峻松、符国群和邬金涛（2011）从折中效应的角度做了初步的探索后指出，无诱导信息下的选择结果（折中选项）会成为后续决策的参照，诱导信息的出现使得原有选择发生偏移；相反，当消费者直接面对诱导信息时，折中效应则依然如故。

（二）解释水平与折中效应

Khan，Zhu 和 Kalra（2011）发现，相比低解释水平，高解释水平显著地降低了折中效应的影响。选择折中选项是一种复杂的认知行为，因为它的价值体现在通过调和矛盾的标准，而非单纯依赖一种标准（Dhar and Simonson，2003）。因此，对可得选项间属性的权衡比较会产生折中效应（Dhar，Nowlis and Sherman，2000）。研究认为，折中效应源于人们对于选项间关联属性的过度关注，折中选择的做出体现了决策者更加仔细、深层次的思考；而高解释水平则通过从将人们的注意力从底层的细节比较中转移出来，减少他们在补偿性比较和属性水平上的权衡。由此引发的结果就是，消费者在面对决策冲突时，更可能选择极端选项，减少对于折中选项的青睐。因此相比低解释水平，高解释水平能够减少消费者在不同属性间补偿性的取舍（Khan，Zhu and Kalra，2011）。

在同等重要属性间权衡的困难导致了折中效应，但是当这种折中效应削弱时，人们会如何在两个极端选项中做出取舍仍有待考察。

（三）时间压力与折中效应

Dhar，Nowlis 和 Sherman（2000）通过三个实验验证了时间压力对折中效应的调节作用，即更大强度的时间压力可能会削弱折中效应的效果。一方面，时间压力的相关研究认为，时间限制的增加会降低认知加工的深度和水平（Edland and Svenson，1993）；另一方面，消费者在极端选项之间的权衡会引发决策困难的感知，而选择中间选项则正是决策困难的结果。在时间压力下，消费者对备择项更倾向于进行整体性评价，他们不易卷入"补偿性"权衡决策中，因此，在该情境下消费者更可能降低对于折中选项的选择（Dhar，Nowlis and Sherman，2000）。此外，时间压力削弱折中效应可能还基于如下两个深层次原因：①在时间压力下，消费者决策时更倾向于使用非补偿性的判断规则（Payne，Bettman and Johnson，1988），这将使选择变得更加容易，从而弱化折中效应。②在使用非补偿性规则时，消费者不太可能去选择一个在任何属性维度上都不是最佳的选项，例如，在时间压力下，消费者可能去挑选一个在最重要属性上具有优势的选项（Svenson，Edland and Slovic，1990）。也就是说，时间压力促使消费者在决策时将注意力从底层的属性比较层面移出，更多地关注在一些属性上表现突出的选项。

另外，Dhar，Nowlis 和 Sherman（2000）的研究排除了关于折中效应的另外一种可能性解释：消费者选择折中选项可能是出于最小化决策努力的需要，在消费者面对的选择集增大时（有的选项加入），选择中间选项被认为是一种决策简单化的尝试。在面临时间压力时，时间压力会增加消费者寻求简化决策的倾向，消费者可能会更多地使用启发式的加工方式，最终导致中间选项的增加。但实验结果并未支持上面的推论。

（四）他人评价与折中效应

当消费者的决策需要接受别人的评价时，折中效应可能会得到进一步的强化（Simonson，1989）。首先，当消费者对于他人的偏好不了解时，选择中间的选项可能是解决这个问题最好的办法，因为该选项被认为是"最安全"的选择，它可以最小化最大错误（smallest maximum error）。其次，折中选项影响消费者对于选择正确性辩护的能力。一方面来说，决策者可以声称折中选项是在综合考虑两种属性之后的决定；另一方面，折中选项在任何一个属性上的表现都不是最好的，因此很难判断如此选择是值得的。总之，当我们并不知道评价者的偏好时，选择折中选项无疑是最安全的；也就是说，如果消费者认为自己的选择可能要被别人评价时，他们在决策时会表现出更加明显的折中效应。

Sheng，Parker 和 Nakamoto（2005）从最小化预期损失的视角也对上述调节效应做出了有力的支持。研究认为，当决策者意识到自己的选择需要接受外部评价时，往往决策者预先并不知道评价者的偏好，即 T、C、D 均可能成为评价者眼中的最优选项，且概率相等，$P_T = P_C = P_D = 1/3$（以图4-1为例）。借鉴上文中关于"预期损失最小化"的论述，当考虑到评价者可能的反应时，选择折中选项 T 是一个比较明智的决定。

（五）归因与折中效应

通过回顾现有折中效应内在机制的相关文献，我们知道遭遇"决策困难"是消费者青睐折中选项的重要原因之一。此时，消费者可能会从差异化的视角对决策困难加以解读（Gilbert，1988）。国内学者丁瑛、徐菁和张影（2012）在研究中发现，消费者在面对选择困难时的不同归因方式会影响他们的最终选择偏好，并对折中效应产生调节作用。具体而言，将决策困难归因于选择本身重要性时，消费者会进一步思考哪些属性对自己来说更加重要，最终他们会更倾向于选择那些在某一属性上很突出、在其他属性上表现一般的极端选项，即削弱了折中效应。然而，如果将决策困难归因于产品各属性重要性（即属性的重要程度无法取舍），出于规避损失的考虑，他们更可能选择在各个属性上处于中间位置的折中选项，即提升了折中效应。这是因为，在前者"选择重要性"的归因下，强烈的动机（做出正确的选择）会更容易促使消费者启动系统性的加工方式（Chaiken，1987），他们愿意花费更多的努力去做深入的鉴别，找出最为重要的属性；相对地，在后者"属性重要性"的归因下，消费者会因为属性重要程度相近而表现出在属性间的取舍困难，在决策中表现出顾此失彼的心态，而折中选项因为在各个属性上表现都不差则有效地迎合了人们的需要，为决策提供了合理的依据。

第五章　研究假设

本章将从理论上深入分析决策中断与折中效应的关系。本书在以往文献的基础上推测，不同的中断时刻可能会为决策中断与折中效应的关系带来差异化影响，并在此基础上阐述了好奇和熟悉度作为上述影响中可能的中介机制。最后，本书为两条中介机制分别提出了一些调节因素，具体而言，一类是调节好奇（熟悉度）作为中介机制的变量，例如信息呈现方式、自我建构和决策对象；另一类是被好奇（熟悉度）中介的调节变量，例如认知需要、决策环境变化。

第一节　决策中断与折中效应

现有研究并没有涉及决策中断和折中效应之间关系的探讨。决策中断究竟会对折中效应起到何种影响？究竟是强化还是削弱也未可知。下面，本书将通过对折中效应、中断情境下的信息加工和决策的相关文献研究结论的梳理，构建出两者之间的关系脉络，并最终提出研究假设。

就折中效应而言，因为与人们日常生活中的决策行为关系密切，所以自从 1989 年被 Simonson 提出至今，学者们先后对其开展了卓有成效的研究。总的来说涵盖了如下三个方面：对于折中效应在各种情境下稳定性的验证、从不同视角对折中效应的内在驱动机制加以解释、发掘影响折中效应的调节因素。

基于第四章关于折中效应的文献探讨，我们已经知道折中效应表现为：向初始的核心选择集中引入一个极端选项，在选项间不存在绝对占优关系的情况下，中间选项对消费者的吸引力会增加，最终该选项的市场份额也会得到相应的提高（Sheng, Parker and Nakamoto, 2005；Simonson, 1989）。从内在驱动机制的角度，折中选项的选择是消费者系统权衡了多个属性之后的慎重决定（Simonson, 1989）；消费者致力于最小化预期损失（Sheng, Parker and Nakamoto, 2005），且在损失厌恶的驱使下，排斥极端选项。因此，选择折中选项是一种复杂的认知行为，而非为了满足简单化决策需要而做出的"草率"选择（Khan, Zhu and Kalra, 2011），因为在偏好不确定情境下，消费者常常会感受到决策的冲突，而折中选项的价值体现在通过调和矛盾的标准（而非单纯依赖一种标准）来做出合理的选择（Dhar and Simonson, 2003）。

在谈及某一变量（因素）对折中效应的影响时，不外乎最终出现如下三种结果：该变量（因素）强化了折中效应的效果、削弱了折中效应的效果，以及不存在显著影响。目前我们所能检索到的研究绝大多数都是呈现"阳性"结果，同时，本书也是为了揭示决策中断和折中效应之间的确定关系，并加以验证。基于这样的考虑，我们需要重要归纳总结一下前面的两种"阳性"结果，并以此寻找与中断研究的理论连接。

什么因素或者变量会强化消费者选择的折中效应？从动机的角度看，预防型定向的消费者聚焦于如何防止决策错误、规避损失，对负面结果更加敏感，在目标追求中偏好谨慎策略，在最小化决策风险这一目标驱动下，更加青睐折中选项（Mourali, Bockenholt and Laroche, 2007）。另外，选择集内属性重要性越均衡，即属性重要程度差异越小，相应地，决策的难度也就越大，折中方案的吸引力越强，折中效应也就更加凸显（Sheng, Parker and Naka-moto, 2005）。类似地，Simonson（1989）也指出，当消费者无法确定产品属性的重要程度时，折中选项显得更加稳妥和保险。如果消费者得知自己的选择需要被他人评价时，折中选项的吸引力将更大，因为它可以最小化可能的最大错误，并拥有为"选择正确性"辩护的能力。

哪些因素或者变量会削弱消费者选择的折中效应？与预防型定向相反，促进型定向的消费者会对积极正向的结果更加敏感，偏好于采取激进的目标追求策略（Crowe and Higgins，1997）。在他们偏好不确定的情况下，更加倾向于"赌博式"地选择极端选项，面对可能获利的机会时倾向于选择"把握"而不是"错过"，以期望满足他们注重收益实现、积极捕捉机会的诉求（Mourali，Bockenholt and Laroche，2007）。当消费者对产品比较熟悉或掌握足够的知识时，他们则习惯从购物环境和记忆中提取信息以做出更加全面的决策，而很少依赖情境线索的"指引"（Sheng，Parker and Nakamoto，2005）。另外，消费者自信会削弱折中效应，因为高自信的消费者对于自己的决策有信心，不易受到外界线索的影响，他们对于决策风险的承受能力较强，相比一般消费者会感知到更少的风险，这就促使他们在选择时更加遵从自己内心的意愿，坚定自己的想法，较少考虑折中选项（Chuang，Cheng，Chang，et al.，2013）。再则，高解释水平对折中效应的弱化作用可以从信息加工方式的视角加以解释：高解释水平情境下，人们的注意力从底层的细节比较中转移出来，从而降低他们在属性间进行补偿性比较和权衡。由此引发的结果就是，消费者在面对决策冲突时，更可能选择极端选项（Khan，Zhu and Kalra，2011）。

综上所述，当消费者拥有更强的动机需要规避损失、防止决策失误，或者面对属性重要性程度更为均匀、决策结果需要接受他人评价、需要证实自身选择的正确性时，更可能促使他们更加坚定地选择折中选项；相反，当消费者更加重视"获得"而非"损失"、拥有更强应对风险的能力、更强的风险偏好、对产品更加熟悉（更多知识和经验）、在信息加工中更少涉及属性层面的权衡和比较时，他们更倾向于降低对于折中产品的选择。

在本书的第二章，我们对当前关于中断的研究进行了详细的回顾。最早关于中断的心理学研究要追溯到 1927 年 Zeigarnik 提出的蔡格尼克记忆效应，虽然中断研究开始的时间较早，但是决策中断的研究在绝大多数时间里一直局限在心理学领域，且更多地从任务完成时间、任务完成的准确性、主任务恢复延迟等角度来探讨中断对主任务绩效的影响（Altmann and Trafton，

2004；Trafton，Altmann，Brock，et al.，2003；Speier，Vessey and Valacich，2003；Xia and Sudharshan，2002）。这些研究重视对结果的解释，而缺乏对内在机制的挖掘。近年来，决策中断在市场营销和消费者行为研究领域逐渐得到重视，陆续有一些研究成果刊出。本书致力于探讨决策中断对折中效应的影响，一方面，折中效应是消费者选择的一个结果表征，它的产生源于消费者在决策中的选择；另一方面，中断打破了原有决策的连续性，改变了决策的环境，在这一情境因素出现时，原决策任务的过程、信息加工方式、消费者动机、偏好等是否也会发生相应的改变？如果会，那么我们自然可以顺利地建构起决策中断和折中效应的理论连接。

围绕上面的思路，我们对决策中断下的信息加工、心理和动机做如下简要的回顾梳理。

决策中断影响信息加工方式的相关研究。在消费者决策模型中，Bettman（1979）将信息的获得和评价设定为决策的中心，同时，个人动机和注意系统扮演着早期的作用，且和学习、满意度相互作用。这个模型允许决策制定的过程被打断，并且进一步发现，信息的处理在打断之后会发生改变。Liu（2008）的研究则具体指出，中断通过改变人们的信息加工方式进而影响了他们的选择倾向。在发生中断之后，信息加工方式可能由中断之前自下而上、数据驱动转变为中断后自上向下、目标导向的加工模式。特别是在面对期望性和可行性的决策冲突时，中断就使得人们更加关注目标的期望性，而不是可行性，因为相比可行性，期望性是消费者更高级别的目标。类似地，国内学者郑毓煌和董春艳（2011）在 Liu（2008）研究结论的基础上，发现了决策中断对消费者自我控制的影响；决策中断促使他们更加愿意遵从内心的真实偏好，降低了他们的自我控制，转而追求目标的期望性，减少了选项之间的权衡，从而更多地选择能够给他们带来更大快乐的享乐品（而不是重要性更高的实用品）。结合文献综述部分对于信息加工模式的研究回顾，自下而上的处理往往发生在默认的情境下：人们无意识的注意力会被新奇的刺激物所唤起；消费者经常会对产品信息中的具体表现特征比较敏感。这意味着在面对一个新的决策情境时往往是自下而上的信息加工在起作用。

为了进一步说明中断对折中效应的影响，我们先考虑消费者正在思考该如何选择产品这样的一般性情境。通常，消费者在做出决定之前会去了解很多关于购买和评价产品的有用信息，就如前面我们提到的那样，如果这是一个相对新颖的情境，信息的加工过程可能是自下而上的基于数据驱动的，因为消费者会努力去读懂这些信息。因此，消费者希望数据尽可能详细，并且关注任何重要的信息。在未发生中断的情境下，消费者在信息加工之后，更可能继续思考并最终做出决策。这整个过程是基于自下而上的信息加工来驱动的。然而，如果决策过程中出现中断的情况又当如何？根据 Liu 等学者的研究，当消费者在中断之后重新回到决策任务时，此时的信息加工方式就可能发生改变。在自上而下信息加工方式的驱动下，消费者不再聚焦于信息的学习，注意力的"投放"也更加具有选择性和主观故意性；尤其是当决策涉及目标的冲突时，消费者固有的目标将指导他们对于不同信息的加工。如果上述决策选择是面对两个极端选项和一个中间选项构成的选择集时，中断对消费者选择的影响又当如何？折中效应在很多时候表现为人们在遭遇选择困难或者涉及目标的冲突时（选择高质量高价格的产品，还是选择质量一般价格更便宜的产品），通过自下而上对选项属性间的细致比较，最终更可能倾向于选择保险稳妥的中间选项。那么，在中断之后，消费者固有的目标将指导他们对于不同信息的加工。出于对高水平目标的追求，反而会使得选项更加极端。换句话来说，在中断之后，根据他们对目标的诠释（而不是数据驱动），注意力变得更加自上而下，并且更具选择性，最终导致偏好的系统性偏移。因此，决策之前的中断导致了信息加工模式的改变，在该情境下更易追求极端选项，反而削弱了折中效应的影响。

但是，从决策中断影响消费者心理和动机的视角又得出了不一样的推论。

中断可以增强消费者在决策中承担风险的能力。冒险意味着人们要实施一个不确定结果的行为，而这个行为本身可能带给我们损失或者收益（Byrnes, Miller and Schafer, 1999）。当消费者在考虑是否冒风险时，他们并不是简单地面对"冷冰冰"的两组数字（风险发生的可能性以及风险带来的潜在严重后果）来做出决策；相反，他们对风险产品的情感反应可能会"引导"他们对风险的评估，并最终影响消费者做出冒险性选择的可能性（Loewenstein，Weber，Hsee，et al.，2001）。例如，风险环境可能会激发人们的恐惧和焦虑感，而这些负面情绪又将减少他们的冒险行为（Loewenstein，Weber，Hsee，et al.，2001；Lopes，1987）。此外，人们在决策过程和情境中产生的体验也同样可以影响冒险行为（Loewenstein，Weber，Hsee，et al.，2001）。尤其是，对于一个"风险"的熟悉感会提升消费者实施风险决策的可能性（Ladouceur，Tourigny and Mayrand，1986）。"熟悉"是一种伴随着信息加工的元认知体验（Hawkins and Hoch，1992）。已经有研究发现，这种熟悉的体验能够产生积极的情感（Winkielman and Cacioppo，2001），增加接近的反应，降低回避的反应（Zajonc，2001），这些都是熟悉对冒险行为产生影响的可能路径。例如，积极的情绪会对消费者风险决策的评价产生"光环效应"，即对决策的收益持有更加乐观的态度，而潜在损失也不是那么令人不安。然而，当回避动机和恐惧感不断减小，消费者对于决策潜在负面结果的关注也随之降低（Hamamura，Meijer，Heine，et al.，2009；Aarts，Ruys，Veling，et al.，2010）。反过来看，接近动机的强化也将放大消费者对于潜在收益的关注，并且激发他们对于未来获益的兴奋感（Cavallo，Fitzsimons and Holmes，2009；Kuhnen and Knutson，2005；Knutson，Wimmer，Kuhnen，et al.，2008）。最后，接近动机的加强或者回避动机的削弱都会影响决策者对于客观概率的主观估计（Rottenstreich and Hsee，2001），即主观地认为决策成功的概率更大或者决策失败的概率更小。鉴于以上分析，我们可以推断更强烈熟悉感的体验，更可能促使消费者做出冒险性的决策。

我们假定，在中断之后当消费者恢复到原先具有风险的决策时，他们之前对于决策的考虑在此时就让他们感到对决策更加熟悉。研究表明，当人们重新面对之前已经见过的刺激物时，因为可以轻易地识别出该刺激，他们会体验到熟悉和感知到流畅性（Bornstein and D'Agostino，1992；1994）。在消费者决策情境中，当中断之后重新面对决策时，他们同样会体验到熟悉感。

需要指出的是，这种熟悉感产生于他们重新面对刺激之时，但并不会伴随整个刺激过程。换句话来说，中断导致了消费者需要再次面对决策，并由此引发了对于决策的熟悉感知。结合前面的论述，这种熟悉度的体验会增大他们做出冒险性决策的可能。

中断可以产生闭合需要。有研究表明，人们有动机去完成那些他们已经开始的任务，而中断的存在，恰恰增加了人们完成被中断任务的动机（Klinger，1975；Lewin，1935；Martin and Tesser，1996）。即使当人们被永久性地制止完成某一项任务时，上述被增强的动机依然可以存在（Carver and Sheier，1998；Martin and Tesser，1996），即该中断强化了该不满意状态下心理闭合需要的程度。特别是，在任务"高潮"时出现的中断会引发更大程度的未能够被满足的心理闭合需要（Kupor，Reich and Shiv，2015）。这是因为，此时被中断阻止人们去体验即将到来的高潮可能带来的激动、兴奋的结果，反而感到自己被"晾"在一边，因此增强了他们想要获得认知闭合的需要（Beike and Wirth-Beaumont，2005）

当目标任务未能完成就遭遇中断时，人们会产生闭合需要，这一结论是具有一定普遍性的。但是，针对本书中，不同决策阶段发生的中断可能又会引出差异性的闭合需要。具体而言，如果中断发生在决策之前，此时消费者已经阅读了全部的决策内容，并形成了初步的选择意向，中断的发生只是推后了他们做出选择的时间。在这种时候，决策者会产生想要"赶快完成决策"的闭合需要。大量研究已经指出，人们想要完成目标任务的动机关键取决于他离想要结束点的时间距离（Henderson，Beck and Palmatier，2011；Kivetz，Urminsky and Zheng，2006；Touré-Tillery and Fishbach，2011）。当消费者在中断任务之后再次回到目标决策任务时，在完成任务闭合需要的作用下，他们将做出快速的决策（例如，可能采用启发式的决策、自上而下的信息加工等），以达到完成这种"闭合"状态的目的。相反，针对本书而言，如果中断的时机"放置"于呈现产品详细信息之前（即在告知被试者需要完成一个产品选择任务，在被要求看详细的产品信息时遭遇中断），此刻消费者的闭合需要主要体现在"想要了解详细的产品信息"以满足激发出的好奇心，该中断的出现只是阻碍了决策者及时了解产品的详细信息。另外，因为远离目标的完成点，所以决策者此时并未形成尽快完成任务的决策需要（在未了解产品信息的状况下，他们对决策的难易、复杂程度，可能需要花费的时间并不知晓）。

Kupor，Liu 和 Amir（2013）指出，如果在消费者被中断之前没有看完全部的决策信息，即在完成中断任务后、重新回到主任务之时还需要面对新的信息，那么上面提及的由熟悉度驱动的影响机制就会消失。因此，在这种情境下中断便不会导致消费者对于风险决策的偏好。我们也可以由此推断，中断强化消费者选择极端选项、削弱折中效应的效果是要建立在消费者被中断之前已经了解了主任务全部决策内容的基础之上。那么，如果中断的时机发生改变（中断的时间向前推移），上述效应可能会不复存在。

针对阅读信息前中断而言，中断临时的阻碍信息的处理，会使得信息的完成更具吸引力。在目标追求（goal pursuit）的作用下，之前想要完成目标的人，会好奇接下去的决策信息是什么，并拥有更强的动机去完成该任务（Jhang and Lynch，2015），并强化了信息处理的深度。相比临近结束时的中断，中断发生在开始阶段可供处理的重要信息很多。另外，Simonson（1989）曾追踪了消费者进行决策的过程，发现那些选择折中选项的被试者的决策记录要比选择极端选项的更长。做出折中选择是最困难的，因为人们需要试图协调冲突的标准，而不是单独依赖于一个决策过程。可见，消费者选择所表现出的折中效应是基于更长时间、更复杂以及更精细的思考过程。据此，我们提出假设1。

H1：中断发生时间会对折中效应产生差异化的效果。当中断发生在阅读选项信息前时（vs. 无中断），决策中断将强化折中效应，促使消费者更多地选择中间选项；当中断发生在决策之前时（vs. 无中断），决策中断将削弱折中效应，促使消费者更多地选择极端选项。

第二节　好奇和熟悉度的中介作用

一、好奇的中介作用

（一）好奇

好奇（curiosity）是个体探求新知识或新信息的倾向，它被描述为一种想知道、想看到、想体验到的动机。一直以来，好奇被认为是影响人类行为的重要驱动因素，其影响范围涵盖人的整个生命周期（Berlyne，1954；Litman and Jimerson，2004；Litman and Spielberger，2003；Loewenstein，1994）。学术界关于好奇的探讨出现了两次研究热潮：第一次出现在 20 世纪 60 年代，当时的研究主要聚焦于好奇的心理学基础；第二次出现在 20 世纪 70 年代中期至 80 年代，那时的研究致力于探讨好奇的测量以及多维度的评估（Loewenstein，1994）。好奇被认为是科学发现背后重要的推动力，它的影响效果甚至可以使得经济利益的驱动作用黯然失色。另外，好奇在商业领域也得到了广泛的应用：广告商往往将产品的识别信息放置在广告的最后，通过制造广告的“神秘感”来激发消费者的好奇心（Loewenstein，1994）。与此相对，人们的好奇心还可能诱发很多负面的行为，例如吸毒、酗酒、过早的性体验、纵火等（Cullari and Mikus，1990；Green，1990；Kolko and Kazdin，1989）。好奇与很多心理学变量类似，可以分为状态好奇（state curiosity）和特质好奇（trait curiosity）：状态好奇一般表现为短暂的、变化不定的动机特性，状态好奇有时受注意力的前移而变化，也可能被更强烈的心理动机所覆盖；特质好奇则表现为一种稳定的、持久的人格特质，它受环境的影响较小（Kashdan and Roberts，2004）。本书关注的是决策情境下的好奇感，该感觉具有较强的情境性、暂时性和可激发性，因此状态好奇是我们关注的重点，在下文中统一称为"好奇",而具有个人长期特性的特质好奇不是我们探讨的重点。

为有效阐述好奇在决策中断和折中效应之间的中介作用,我们需要简要地回顾好奇的产生机制及其后续的影响。关于好奇的产生机制,学术界众说纷纭,并未达成相对一致的观点。回顾以往的研究,对于好奇的解释大概基于如下六种观点。

(1)本能论。持有本能论观点的学者认为,好奇如同饥饿一样,属于人类与生俱来的本能(Day,1971):感到饥饿,人们会寻找食物;体验好奇,便会增加探索性行为。这种动物的本能都存在其共同的特点:被满足与否会产生积极或者消极的情绪反应。作为人类的天性,人的很多思索性倾向和科学探索都植根于好奇心之中。本能论的引入并不能有效地解释我们在现实生活中观察和体验的各种好奇;再则,本能论制造了好奇的"神奇感",更加"难以捉摸",因为其不易得到准确的测量,另外也忽视了外部刺激对其产生的干扰和影响。因此,随着学者们研究的推进,本能论的研究观点越发值得商榷。

(2)内驱力理论(drive theory)。20世纪上半叶,学者们认为好奇可以作为一种驱动力来对现象和行为加以解释。例如,好奇所产生的不好感觉(或者唤起)可以被一些探索性的行为所降低。好奇表现为一种内衡驱力(homeostatic drive),由内部刺激产生,类似饥饿和口渴;同样也可以由外部刺激引起,如害怕等;如果平衡的需要长时间未得到满足,驱力的强度将会增加。好奇也可以被认为是渴望了解信息的强烈内在动机。例如,亚里士多德认为"人们对于科学的探索不应带有任何的功利色彩,而全凭内在的动机驱使";西塞罗(古罗马政治家)认为"好奇体现为人们对学习和知识具有着与生俱来的喜爱,且不受任何利益的诱惑"。好奇还被视为一种热情(passion),西塞罗把好奇称为"学习的热情"。虽然人们对信息的渴望还存在一些外部动机,但是之前的学者将它们与好奇作了明确的区分(Loewenstein,1994)。

(3)不协调理论(incongruity theory)。20世纪50年代,Hebb,Piaget和

hunt 对于好奇给出了不一样的解释，概括来说，他们的解释可以概括成下面三条基本观点：①好奇反映了一个自然人想要搞清楚世界的意愿；②这种需要并非一成不变，它可以在预期不一致时被激发出来；③好奇与预期不一致之间呈现倒"U"形的关系。另外，不协调论体现了人们的一种直觉反应：当事件的发生出乎意料或者发生他们无法做出解释的事件时，人们就会对此产生好奇；当他们试图对这种不一致进行归因时，就可能为了给出解释而做出更多的信息搜索行为（Loewenstein，1994）。

（4）胜任动机理论（competence motivation theory）。根据 White（1959）的研究，人们想要掌控环境的动机也会诱发好奇，通常被称为"胜任动机"或者"生效动机"。White 对之前学者的一些观点给予了反驳：他认为好奇和生理内驱力（例如，饥饿）是不同的，好奇并不体现为身体组织的需要或者不足；他还指出，不能认为好奇是"可以导致任何完成的反应"，好奇感获得的满足并不等同于任务的完成，因为在有些时候仅仅是获得信息（表明有能力完成任务）就可以引起好奇感的"骤然下降"。胜任动机论认为，人们通常对自己或者他人拥有的能力很好奇。对于那些对公司不了解的人而言，他们在面试中往往被问及更多诊断性的问题（对好奇的衡量）（Swann, Stephenson and Pittman，1981）。但是，胜任力和好奇并不可以等同：一方面，我们为学会打篮球而付出努力是出于我们掌控动机的需要，而不是好奇心；另一方面，我们在饭店吃饭时想要听一听旁边人谈论的话题是出于好奇心的驱使，绝大多数情况下也并非为了证明拥有掌控力（Loewenstein，1994）。

（5）信息缺口理论（information-gap theory）。Loewenstein（1994）在前人研究的基础上提出了该理论，它整合了格式塔心理学、社会心理学和行为决策的相关理论，并试图对更大范围内的"好奇"现象给予解释说明。信息缺口理论认为，当人们的注意力聚焦于知识的缺口时，好奇心就将产生。这种因为知识或者理解缺口而产生的"剥夺感"（feeling of deprivation）就称作"好奇"。作为个体而言，为了降低或者消除这种剥夺感，他们拥有很强的动机去获得那些失去的信息。通常对于信息缺口的界定受到下面两方面内容的影响："一个人所知道的"（what one knows），即现有知识，以及"一个想知道的"（what one wants to know），即想要获得的知识。前者更为客观（虽然人们也会在很多领域错误地估计自己的知识水平），后者虽然相对更加主观，但是在决策理论中"想要知道"往往成为信息的参考点。这也就意味着，当人们在某个领域中信息参考点高于他当前的知识水平，好奇感就会被激发出来。换句话来说，对于同样知识水平的个体，好奇感产生与否取决于他们的参照点水平。在信息缺口这一观点带给我们的启示中，有两点是最根本性的：①人们对特定信息的好奇心强度与解决这种不确定（即消除信息缺口）能力呈现正相关。因为好奇体现了人们愿意消除信息缺口的意愿，所以就可以很自然地假定，在临近任务完成时，人们对信息的好奇才更强烈。另外，消除信息缺口的能力还取决于信息本身的特质，例如，个体往往对那些顿悟的问题（insight problem）怀有更强烈的好奇心。②在某些特定情境下，好奇与个体的知识正相关。有如下两个理由可以对此作出解释：首先，当个体获得了某个主题的信息，他们对自己不了解（vs. 已知晓）的领域的关注仍然还有不断增长的可能性，而这种对于丢失信息的关注是形成好奇的必备条件。其次，当个体获取的信息接近参考点时，他们的动机表现得更加强烈（因为临近达到目标），在这个过程中，信息获取的不断递增甚至可以引发好奇感的突然增加（信息的边际价值增加）。因此，我们认为好奇心受作用于个体的信息参照点，同时也是反映个体渴望弥补知识缺口的意愿程度。

（6）兴趣—剥夺理论（interest - deprivation theory）/需要—喜欢理论（wanting-liking theory）。Litman（2005）最早提出了以"兴趣—剥夺"模型来解释好奇的产生。如表 5-1 所示，为了有效地阐述好奇背后的复杂特性，该模型将"需要"和"喜欢"共同纳入模型中。其中，"需要"体现了动机在引发好奇中的作用，而"喜欢"则代表了情感体验在好奇产生中的效果。具体来说，当个体对某件事既有强烈的需要，同时又十分喜欢时，人们往往表现出贪婪的欲望，此时好奇是由剥夺感引发的。当个体具有很高的需要水平，但是只体验到较低的喜欢时，这是一种非理性的需要，致使他们表现出冲动的目标导向行为，该情境下有可能产生一种病态的好奇，因为它并不能带给我们情感上的愉悦，更多的可能是希望缓解不确定性（例如，行为上瘾)。当个体对某件事具有较高水平的喜欢，但是需要水平较低时，这种事情能带来愉悦感但不算实用，例如美学欣赏，此时的好奇通常是由兴趣所导致的。当个体对某件事的喜欢程度和需要水平都比较低时，通常表现为漠不关心/冷漠，因为想要寻求新鲜事物的刺激，该情境下的好奇通常是由无聊导致的。

表 5-1 产生好奇的"兴趣-剥夺"模型

喜欢	需要	
	低水平	高水平
高水平	兴趣 （美学欣赏）	剥夺 （感知/概念流畅）
低水平	无聊 （自发转换；追求新颖）	不确定性降低 （认知闭合需要；病态的好奇）

资料来源：本书整理。

（二）中断与好奇

如果中断发生在呈现详细的产品信息前，此时折中任务已经完成了对于决策情境和决策目标的描述。随着决策任务的进行，消费者已经形成了完成任务，做出选择的预期。借鉴上文关于好奇产生的六种理论，我们对中断和好奇的关系简要论述如下：协调理论认为当事件的发生出乎意料或者他们无法做出解释的事件时，人们就会对此产生好奇；当他们试图对这种不一致进行归因时，就可能为了给出解释而做更多的信息搜索行为（Loewenstein，1994）。决策中断出乎消费者的意料，根据不协调理论，决策中断将会诱发消费者好奇。另外，信息缺口理论也可以对此做出解释，决策中断使得消费者聚焦于产品信息的"缺口"（引发"为什么会中断""如果不发生中断，下面的信息应该是什么"），因为知识或者理解缺口而产生的"剥夺感"（feeling of deprivation）就称作"好奇"。作为个体而言，为了降低或者消除这种剥夺感，他们拥有很强的动机去获得那些失去的信息。

（三）好奇与折中效应

现有研究表明，自下而上的加工往往作为默认的情况发生：例如，在视觉处理中，无意的注意会被新奇的刺激物所唤起（Berlyne，1960；Kahneman，1973）。消费者研究认为，人们经常会对产品信息中的具体特征表现得比较敏感（Bettman and Kakkar，1977；Bettman，Luce and Payne，1998），这意味着自下而上的信息加工在起作用。另外，根据 Kupor 和 Tormala（2015）的研究，发生在信息开始阶段的暂时性中断会增加信息的说服效果，但是临近结束时的中断不存在该效应。在决策任务刚开始时中断，受好奇心的驱使，人们想要知道接下去的信息，在重新回到任务时，更加深入地处理决策信息。细致的信息加工使得被试者能够对决策信息中各选项的优劣充分对比分析，据此，人们更可能选择折中选项这一稳妥的策略，而非简单根据自己的偏好进行选择。因此，在好奇心的推动下，中断强化了折中效应。

H2：阅读选项信息前中断（呈现与否）对折中效应的强化作用受到好奇的中介。

二、熟悉度的中介作用

（一）中断与熟悉度

在记忆和学习领域的研究认为，如果向一个已经确定好日程的报告会中插入延迟，会让这个报告会被更好地回忆起；这可能是因为在延迟期间，已经展示的东西容易让人感到熟悉，而这种熟悉感将增加他们"写入"长时记忆的可能性（Glenberg，1976）。因此，我们可以推测，在决策前中断（信息呈现后中断）相当于在原来完整的决策任务中插入了延迟；在延迟阶段，消费者重新回到原来的决策任务时，因为之前已经了解全部信息，因此他们将体验到熟悉度。这种熟悉度的产生更可能是依赖于长期记忆，而不是短期记忆或者是外部刺激（Kupor，Liu and Amir，2013）。

Liu（2008）研究发现，决策中断将导致个体信息加工方式发生改变：由中断之前自下而上、数据驱动的加工模式转变为中断后自上而下、目标导向的加工模式；但是在研究中并没有进一步揭示究竟是什么导致了加工方式的转变。对信息的熟悉度可能就是信息加工模式转变的内在驱动机制（Kupor, Liu and Amir, 2013）。当决策前发生中断，在重新回到任务时，信息的加工方式就可能发生改变，即这种转变由决策中断而起，其真正的原因却是消费者在中断发生前已经了解了一些有用的任务信息，但是在认真考虑选择时被中断了。

（二）熟悉度与折中效应

熟悉度会增加控制感、自我效能和决策信心。具体来看，对于任务的熟悉会增加消费者对控制感的主观认知，带来的结果就是，能够承担更高程度的风险（Ladoucer, Tourigny and Mayrand, 1986）。根据 Bandura（1977）提出的自我效能理论，对任务的熟悉会增加个体的自我效能感，这是由于决策者的自信程度提升了。在面对风险决策时，对于决策熟悉感的增加会降低他们风险规避的动机，同时增加他们对选择成功概率的主观性估计（Kupor, Liu and Amir, 2013）。

熟悉度如何影响折中效应。决策前的中断使得消费者在重新返回主任务时已经能够对之前的信息有了了解，这些数据对他而言新颖程度有所下降，更少能够吸引他们无意识的注意力（unconscious ateention）。此外，因为人们已经零散地了解了一些产品的信息，他就不太可能对相同的信息再去重新学习。当人们不再聚焦于信息的学习时，他们注意力的"投放"就会更加具有选择性和主观故意性。他们的内在结构（internal structures）就会更加凸显，并且发挥更大的作用。尤其是，因为决策涉及目标的冲突，消费者固有的目标将指导他们对于不同信息的加工。再则，因为决策控制感、自我效能和决策信心的增加，他们此时能够承担更大程度的决策风险，所以极端选项对于消费者而言已经没有那么"可怕"。因此，我们推测熟悉度会对折中选项的份额产生负面的影响。由此，我们做出如下假设：

H3：决策前中断（呈现与否）对折中效应的削弱作用受到熟悉度的中介。

第三节　好奇：有调节的中介

一、认知需求的调节作用

（一）认知需求

"认知需求"（Need for Cognition，NFC）属于一种人格特征，这一概念是 Cohen 和他的同事在 20 世纪 50 年代研究认知动机中的个体差异时提出的。他们将"认知需求"描述为"用有意义的、综合的方法去构建一个相关情境的需求；它被当作是一种理解并合理化经验世界的需求"（Cohen，Stotland and Wolfe，1955）。Cohen，Stotland 和 Wolfe（1955）在实验中要求 57 名来自密西根大学的本科生对两份关于学生面试的故事（模棱两可的故事 vs. 结构清晰的故事）进行评价打分（例如，"是否喜欢这个故事""这个故事是否难以理解""理解故事所花费的努力"）。结果发现，高认知需求的被试者对模棱两可的故事评价更差（更没兴趣、更不喜欢），但是中等和低认知需求的被试者在两则故事的评价中表现得没有差异；另外，研究未能发现不同类型的被试者在理解故事的过程中花费的努力存在差异。Cohen，Stotland 和 Wolfe（1955）认为，高认知偏好的个体往往具有更强的认知清晰度的需要，这也就致使该类人群在面对一个结构相对清晰的情境时仍然将其界定为模糊不清。他们对于认知需求的如此定义过分强调"对模棱两可的不可容忍性"，所表达的含义与"结构需要"（need for structure）和"模糊容忍度"（tolerance of ambiguity）的概念颇为相近，因此，该定义未能得到后续研究的采纳（Cacioppo，Petty，Feinstein，et al，1996）。

目前现有研究基本上沿用了 Cacioppo 和 Petty（1982）在《认知需求》一文中的定义："认知需求是个体参与并且享受思考活动的趋向。"由此可见，认知需求并不是个体真实的"需要"，也不是描述了个体的"需求差异"（不能简单地从字面上理解），它反映的是个体内在的、稳定的认知动机的不同，当然该动机也并非一成不变，它可以被发展和改变（Cacioppo，Petty，Feinstein，et al.，1996）。

认知需求的差异将如何影响消费者的信息加工？Cacioppo 和 Petty（1982）在研究中指出，认知需求会对个体组织、提炼和评价信息产生深远影响。相对于高认知需求者，低认知需求的个体更不愿意付出不必要的认知努力，具体表现为：他们倾向于回避认知思考活动，躲避深层次的信息加工，他们在信息加工过程中精细化程度较差，较少对信息进行仔细的咀嚼和思考，面对复杂的认知活动时往往产生游离状态，并容易忽略信息；另外，外部线索信息会对他们的态度形成产生较大影响（例如，依赖于名人或者专家的意见或态度）。与此相对，高认知需求者愿意花费更多的认知努力，他们倾向于去广泛搜集，深入地了解和加工信息，对信息进行深入思考和精细加工，挖掘彼此之间的逻辑关系，他们喜欢复杂的任务，并且享受认知思考过程（Cacioppo and Petty，1982；Cacioppo，Petty and Morris，1983；Cacioppo，Petty，Kao，et al.，1986；Verplanken，Hazenberg and Palenéwen，1992）。

（二）认知需求和折中效应

探讨认知需求在决策中断对折中效应影响中的调节作用，需要从认知需求能否改变决策中断带来的加工方式的变化为切入点加以论述。

精细加工可能性模型（Elaboration Likelyhood Model，ELM）最早由心理学家 Petty 和 Cacioppo（1986）提出。该模型作为一种说服模式被广泛应用于态度、社会传播和消费者行为的研究，它是消费者信息加工中最有影响的理论模型。该模型认为说服有两种基本路径——中心路径（central routes）和边缘路径（peripheral routes）。两种路径的"取舍"取决于精细加工可能性的高低：中心路径表现为一种努力的信息加工模式，该路径下个体会根据之前的经验和知识进行仔细的考虑和评估，它体现了信息的精细化加工；而边缘路径则被视为一种不努力的加工方式，因为不想付出太多的认知努力和心智资源，他们反而会选择借助启发式的线索对信息进行简单的加工处理，其态度的改变主要受情境下简单提示的影响，对于事件的特性往往不主动进行思考（Petty and Cacioppo，1986）。

影响 ELM 模型路径选择的两个重要因素分别是：分析信息的动机和分析信息的能力。当动机和能力都较高时，消费者更可趋向于遵从中心路径；当其中之一较低时，便趋向于遵从边缘路径。另外，Petty 和 Cacioppo（1986）发现，认知需求作为人们相对稳定的特质也会对路径的选择产生影响：高认知需求的消费者更倾向于选择中心路径，而低认知需求的消费者更倾向于选择边缘路径。两种动机在精细加工上的差异明显：对于一个拥有很高认知需求的个体而言，他们会经常性地、更加享受地处于努力加工信息的状态；而对于低认知需要的个体，他们通常表现为认知的"吝啬鬼"，总是尽可能地规避那些需要付出努力的认知加工（Cacioppo，Petty，Feinstein，et al.，1996）。

根据前面对于折中效应的研究回顾，我们知道折中效应产生于人们对信息的深度加工，是在权衡取舍之后做出的较为理性、合理的选择。由此本书推断，对于高认知需求的个体来说，不论是否面临中断情境，他们都会采取有意识的、分析式的、基于逻辑的、努力的加工方式在选择集中做出取舍，因此决策中断对于最后折中效应的影响不显著；相反，对于低认知需求的消费者，在一般情况下习惯于采用启发式的、基于感性的、少付出努力的加工方式来处理信息。此时，决策中断的发生反而可以提升他们信息加工的精细化水平，促进他们对于中间选项的青睐，最终达到强化折中效应的目的。据此，我们提出假设 4。

H4：认知需求调节了决策中断对折中效应的影响。具体而言，当消费者的认知需求水平较低时，信息呈现之前的中断（vs. 无中断）可以强化折中效应；当消费者的认知需求水平较高时，信息呈现之前的中断（vs. 无中断）对折中效应的影响不显著。

（三）认知需求与好奇

开始阶段中断对信息加工深度和折中效应的强化得益于好奇心驱动下的精细化加工方式，换句话说，这种中断效应更可能发生在原本消费者精细加工的水平不是最大的时候。假想一下，如果人们对信息处理、加工的精细化程度已经很高，那么受限于天花板效应（ceiling effect）的影响，可供打断提升的"精细化"空间是有限的（Petty, Cacioppo and Heesacker, 1981；Priester and Petty 1995）。

基于上面的逻辑分析，我们推测：对于高认知需求的消费者而言，中断的发生并不会引起强烈的好奇感的提升，因为消费者固有的高认知需求特性会促使他们进行深度加工，且该内在驱动机制不受情境因素（例如，中断与否）的影响；相反，对于低认知需求的消费者来说，中断将增加消费者的好奇感，提升他们精细化加工的水平，最终达到强化折中效应的效果。换句话来说，中断可以增加被试者对于剩余决策信息的好奇感，同时提升信息加工的层次，最终强化折中效应的结果。但上述效应只针对那些低认知需要的消费者，因为他们不具备很强的动机去深层次加工信息，并且他们好奇心和深度加工信息的动机还有可以提升的空间。据此，我们提出假设5。

H5：认知需求在决策中断对折中效应影响中的调节作用被好奇所中介；好奇是被调节的中介，而认知需求是被中介的调节。具体而言，当消费者的认知需求水平较低时，好奇的中介效应成立；当消费者的认知需求水平较高时，好奇的中介效应不存在。

二、信息呈现方式的调节作用

（一）信息呈现方式

日常生活中的消费者决策不仅受到决策目的的影响，还可能受到信息呈现方式的作用（Bettman, Johnson and Payne, 1991）。研究发现，差异化信息呈现方式会改变个体决策努力的需求以及决策准确性，最终影响产品评价（Coulter and Coulter 2005；Kleinmuntz and Schkade，1993）。信息呈现方式包括图片的格式、信息呈现的尺寸等，其中具有代表性的一组呈现方式就是：图形信息（graphical information）vs. 数字信息（numerical information）。图形信息是可视化信息的一种，这种可视化的呈现包括了图表的一般组件（线条、形状等）以及其他可视化的符号；而数字信息则包含"分数、小数以及科学计数法等"（Kleinmuntz and Schkade，1993）。之前的研究从不同的视角解释了人们对图形信息和数字信息表现出的差异化处理方式。例如，Childers 和 Houston（1984）指出，图形信息通常会唤起人们更多的注意力，它相比数字信息更容易被记忆，也更容易被处理。例如，以图示形式描述的广告更容易被消费者所回忆起。相比于数字呈现方式，产品属性信息的差异在图形呈现方式下将更加凸显。例如，产品质量维度上的 3 分和 7 分，如果通过柱状图显示，看起来会觉得差异更大（Kim，2017）。也有研究认为，那些最为重要的产品属性信息通过数字形式呈现会更加突出。Townsend 和 Kahn（2014）的研究揭示了两种模式差异化的影响背后的内在机制：个体通常存在"视觉偏好启发式"，这就使得他们更加偏好于图形信息，因为在这种情境下，消费者可以使用一种独特的、格式塔式的快速加工策略，最终达到提升决策速度的目的。还有学者发现，图形式的信息将促进个体形成同步的、整体性的信息加工。基于上述研究，我们推测：相比于数字呈现方式，消费者在面对图形式的信息时，更容易发现产品属性间的关联（Kim，2017）。

（二）信息呈现方式与折中效应

基于前面对于折中效应内在解释机制的回顾，我们知道，消费者选择折中产品时主要出于损失规避、极端规避或者获得合理性理由的需要；折中效应的发生是建立在决策者已经了解选项间的内在关联以及各自在属性上的表现之后做出的慎重决定。另外，前面关于信息呈现方式对决策影响的相关研究已经指出，图形式的信息呈现对于产品间关系的描述有着独特的优势。当决策者面对图形信息时，他可以很轻易地识别出产品间的相对位置，无须花费太多努力就可以发现产品间形成的折中关系。由此，我们可以推测，以图形方式呈现的选择集信息（vs. 数字形式）更能诱发消费者的折中选择。

（三）决策中断与信息呈现方式

前面关于决策中断对折中效应影响的理论推演中，我们已经知道，信息呈现前中断对折中效应的强化作用是因为引发了决策者的好奇，折中好奇感会促使人们进行更加详细的加工；具体表现为在决策中自发地调集更多的认知资源和注意力参与决策。换句话说，决策中断的积极影响对于那些在正常情况下（未发生决策中断的情境）无法/不容易识别出折中关系的决策者有比较明显的提升效果。针对本书研究，如果在选择集中产品的属性关系以图形的方式呈现，即决策者在无须太多认知资源和注意力的情况下已经可以明确产品间的关系，那么，此时决策中断对于折中效应的提升作用将不再凸显。相反，如果产品信息以数字的形式出现，对于该类型信息的解读和分析则需要决策者花费更大的努力，因此，决策中断对以数字型信息呈现的折中决策有更好的促进作用。由此，我们提出假设6。

H6：信息呈现方式（图形呈现 vs. 数字呈现）调节了决策中断对折中效应的影响。具体而言，当选择集中的产品信息以数字形式呈现时，信息呈现之前的中断（vs. 无中断）可以强化折中效应；当选择集中的产品信息以图形形式呈现时，信息呈现之前的中断（vs. 无中断）对折中效应的影响不显著。

另外，需要指出的是，在好奇驱动下心理机制建立在中断发生于信息呈现之前，即不论是图形呈现还是数字呈现的信息，决策者都需在处理完中断任务之后才会阅读到。因此信息呈现方式并不会对好奇产生直接影响，而是将调节好奇对折中选择的影响。由此，我们提出假设7。

H7：好奇在决策中断对折中效应影响中的中介作用受到信息呈现方式的调节。当选择集中的产品信息以数字形式呈现时，好奇中介了决策中断对折中效应的影响；当选择集中的产品信息以图形形式呈现时，好奇在决策中断对折中效应影响中的中介效应不显著。

研究模型一：呈现产品信息前中断（是 vs. 否）对折中效应影响的概念模型见图5-1。

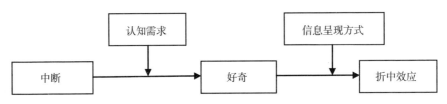

图5-1　研究模型一：呈现产品信息前中断（是 vs. 否）对折中效应影响的概念模型

资料来源：本书整理。

第四节　熟悉度：有调节的中介

一、决策环境改变的调节作用

熟悉程度是人们在中断之后再次回到决策任务中的直观感受。当被试者在中断之后再次面对之前的决策时，熟悉感就会产生；因为在中断之前，他们已经对决策任务的具体内容、信息有所了解，只是没有做出最终选择。但是这种熟悉感的产生是基于消费者可以比较容易地识别出决策环境的情况下（Kupor，Liu and Amir，2013）。反之，如果消费者在中断后回到原任务时，发现决策任务的环境发生了改变（例如，改变了任务文字的格式、字体、背景颜色或者在任务中加入了新的信息），他们就需要对新的决策环境进行重新认识和观察，先前的信息阅读中的熟悉感将大幅降低（不复存在），即决策环境的改变致使决策者无法感知到熟悉性，那么因熟悉性而驱动的中断对折中效应的影响就会消失。

对于消费者而言，他们预期在中断结束后重新回到任务之时会面对与之前相同的信息。当面对变化的决策环境时，他们会有"看着和感觉"都不同的体验。在现实生活中，这样的情况也十分常见，通常在现场表演和互联网等一些更新较频繁的场景中出现。据此，我们提出假设 8。

H8：熟悉度在决策中断对折中效应影响中的中介作用受到决策环境变化的调节：当决策环境不发生变化时，熟悉度中介了决策中断对折中效应的影响；当决策环境发生变化时，熟悉度在决策中断对折中效应影响中的中介效应不显著。

二、自我建构和决策对象的调节作用

自我建构（self-construal），又称自我构念，是指个体对自己与他人关系的认知，即认为自己多大程度上与他人相关或者分离，它是理解和认识自我的一种方式。Markus 等（1999）将自我建构划分为两类：在西方个人主义文化影响下的独立型自我建构（independent self-construal）和东方集体主义文化影响下的依存型自我建构（interdependent self-construal）。在跨文化的研究中，学者们认为自我建构属于个体受文化影响而形成的一种特质，具有习得性和稳定性。

不同的自我建构类型会诱发差异化的消费者目标和社会取向，并对他们的心理和决策产生影响。独立型自我建构者注重自身独立性和独特性，关注自我的感受和利益，渴望自主权和个人成就，追求自己与他人的差异性，优先考虑个人的权利和偏好；依存型自我建构者致力于寻求归属感，强调人的社会属性，将自己视作社会网络中的一员，渴望获得良好人际关系，重视与他人的一致与和谐，认为个体需要努力适应并归属到相应的社会群体中，并愿意为群体履行自己的责任和义务（Singelis, 1994; Heine, Lehman, Markus, et al., 1999）。不同自我建构类型的个体会对风险产生差异化判断：被启动为独立型自我建构的人更关注"获得收益"，而依存型自我建构的人则聚焦于"阻止损失"（Lee, Aaker, and Gardner, 2000）。在很长一段时间内，学者们认为依存型自我建构占主导的人更多地表现出风险规避。然而，将风险进一步细分后发现，相对于独立型自我，依存型自我占主导的个体在经济选择中更愿意承担风险，而在社会选择中则倾向于规避风险（Madndel，2003）。不同自我建构类型的个体在追求独特性/一致性方面同样存在差异：个人主义的文化背景下，人们会试图选择能够使自己区别于他人的品牌；相反，集体主义影响下的人更可能选择一些大众品牌，保持与他人的一致性（Aaker and Schmitt，2001）。独立型自我的个体听从自己内心的召唤，追求独特性体验，更加关注自己和他人的差异性；依存型自我的个体受到群体规范的影响，注意保持自己和他人的一致性，在行为上表现出趋同效应。因此，相比依存型自我的人，独立型自我倾向的人更愿意去接受能够给他们带来独特性效用的产品（Ma，Yang and Mourali，2014），因为高独特性的产品更能够帮助消费者实现"异化目标"。

总之，相较于独立型自我建构的个体，依存型自我建构的个体致力于和社会需求的融合，有时为了遵守群体规范、增加群体归属感，他们更倾向于依赖别人的信念做决策，从而规避风险（Torelli，2006）；在决策之前更多地考虑社会规范而非自我态度（Kim and Markus，1999），更可能启动自我监控（Zhang and Shrum，2009），更少地依靠内在感受来指引他们的行为。

因此，独立型自我的人，因为遵从自我内心的召唤，决策中不易受到他人的影响，他们更可能采用"从上而下、目标导向"的信息加工方式；相反，依存型自我的人，在决策时更多地考虑别人的感受，渴望与他人保持一致，在社会选择中更愿意规避风险，因此，他们更倾向于选择折中项，削弱原先熟悉度驱动下的折中抑制效应。

另外，根据决策对象的不同，可以分为为自己决策和为他人决策。当人们为自己决策时，自我建构对熟悉度中介效应的调节依然成立；当为他人决策时，在很多时候决策者并不清楚地知道他人的偏好或者真实想法，那么出于"保守"考虑，会选择那些最容易被证明是正确的选项，或者最少被他人批评的选项。此时，两种自我建构类型的个体都会更倾向于选择折中选项，即自我建构的调节作用不存在。

综上所述，我们提出假设 9 和假设 10。

H9：熟悉程度在决策中断对折中效应负面影响的中介作用被自我建构调节。具体来说，对于依存型自我建构的消费者，决策之前的中断（vs. 无中断）可以削弱折中效应，即降低选择折中选项，且上述负向效应将被熟悉度中介；而对于独立型自我建构的消费者而言，决策中断的上述削弱效应不显著，即熟悉度的中介效应也不成立。

H10：熟悉程度在中断对折中效应负面影响的中介作用被自我建构调节，且该调节效应受到决策对象的再次调节。具体来说，当消费者为自己做决策时，熟悉度在决策中断对折中效应负面影响的中介作用被自我建构调节；当消费者为他人做决策时，自我建构对熟悉度中介作用的调节效果不显著。

研究模型二：决策前中断（是 vs. 否）对折中效应影响的概念模型见图 5-2。

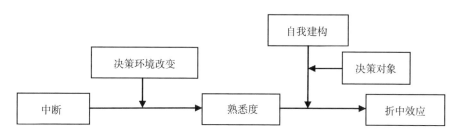

图 5-2 研究模型二：决策前中断（是 vs. 否）对折中效应影响的概念模型

资料来源：本书整理。

第六章 研究设计与研究结果

第一节 实验一：中断时机
对折中效应的影响

一、实验设计及过程

实验一是为了验证假设 1，即决策中断发生的不同时机会对折中效应产生差异化影响。具体而言，发生在阅读（呈现）选项信息前的决策中断会强化最后的折中效应；而发生在选择之前的决策中断反而会削弱原有的折中效应。

实验一选用数码相机作为刺激物，分别选取像素和光学变焦倍数作为选择集建构的两个属性维度。在每一种情境下，被试者都将面对两部或三部数码相机的信息。实验采取 3（中断情况：无中断/信息呈现前中断/决策前中断）× 3（选择集：BC/ABC/BCD）的组间实验设计。另外，关于决策环境中的选择集安排：BC 表示选择集中只安排了 B 和 C 两个产品；ABC 表示选择集中存在三种产品，且 B 为折中选项；同样，BCD 表示选择集中存在三种产品，且 C 为折中选项。9 个实验组中涉及的四个产品（数码相机）的信息如表6-1所示，其中 B、C 构成了核心/初始选择集。

表 6-1　实验一刺激物（数码相机）属性信息

产品	像素	数码变焦倍数	选项说明
A	1200 万像素	20 倍	新加入的极端选项
B	1600 万像素	16 倍	核心/初始选择集
C	1800 万像素	12 倍	
D	2000 万像素	8 倍	新加入的极端选项

资料来源：本书整理。

中断任务的设置借鉴 Nelson 和 Meyvis（2008）在研究中让被试者听一段 20 秒钢琴声的安排，本实验选取一首经典吉他曲（John Fahey 的作品 Orinda-Moraga）作为中断任务的素材。该曲目属于纯音乐，没有歌词，整首曲子平缓无波澜，通过前测得知，不会引起被试者强烈的情绪反应。我们用音频编辑软件截取了 20 秒的片段供正式实验使用。图 6-1 简要描述了中断任务的插入的位置，如此进行任务安排保证了两种情境（有无中断任务）下，被试者都会面对同样的两个任务，最小化了组间差异。被安排到中断组的被试者将在实验过程中被告知需要进行任务转换，即暂停当下的选择任务，转而完成一个填充（中断）任务，在中断任务完成之后，他们将被要求继续原来的选择任务。对于无中断情境组的被试者而言，他们被要求完成同样的任务，填充任务被安排在了选择任务之前，待完成填充任务后，被试者被要求开始执行主任务。

中断情境下的任务安排：

主任务（未完成）	填充任务（中断任务）	主任务（中断后恢复）

未发生中断的情境安排：

填充任务	主任务

图 6-1　中断情境的实验设计

资料来源：本书整理。

实验一主任务的设计是"数码相机的决策购买任务"，决策开始阶段，被试者将阅读到如下信息："想象一下，春天来了，校园里花坛中的各种花草，为校园增添了新的色彩；远处道路上随风摇曳的柳树，仿佛将要脱去那灰暗的外套，换上一身漂亮的春装，不停地梳理那满头柔软的长发；校园的建筑物在花草的映衬下显得更加壮美。于是，你想要购买一台数码相机用于记录这美丽的风景，并将照片与远方的家人和朋友们分享。你来到市区的一家数码商城，经过筛选，有两/三部相机符合你的要求，价格也在预算之内。相机的具体信息如下表所示。"接着，无中断组的被试者将直接阅读几部相机的全部属性信息，并最终提交自己的选择结果；信息呈现前中断组的被试者将被告知"需要完成一个音乐欣赏的任务，在该任务结束之后将重新回到相机购买任务"；决策前中断组中的被试者还将继续阅读产品的详细介绍（表6-1中的部分信息），并被要求考虑一下自己的选择决策，但是被试者此刻并不能真正做出选择（无法提交选择结果），在下一页中，被试者将被要求完成一个音乐欣赏的决策，并被告知在该任务完成之后，将重新回到相机购买任务（提交选择结果）。

操纵检验。中断情境下（信息呈现前中断和决策前中断），在中断任务正式开始之前，为了检验被试者是否认真阅读了购买决策中的情景信息，我们让被试者回忆一下，"通过阅读刚才购买（数码相机）任务中的全部材料，下列哪一项未在材料中提及？"（单选题：数码相机、春天、校园、像素、数码变焦倍数、花草、柳树、操场）。

实验一中因变量的测量，参照折中效应研究的惯例，在数码相机购买任务的最后，被试者最终被要求填写他们的决策结果"对于上述两/三部数码相机，你更愿意选择哪一部？"（Khan, Zhu and Kalra, 2011；Mourali, Bockenholt and Laroche, 2007）。实验结束前，被试者被要求猜想一下本实验的研究目的，并要求填写性别和年龄。

二、实验结果

北方某综合类高校 270 名本科生参加实验，所有实验被试者被随机分为

9组，每组30人，每名被试者在实验结束后将获得一个小礼品作为报酬。

在全部270份问卷中，无效问卷8份，对应的被试者未能通过操作检验（未能通过购买情境的回忆测试）；262名有效被试者中，男生80人，平均年龄19.71岁（SD=1.01），所有有效被试者均未能准确地猜测出本实验的目的。

首先，考察被试者在面对不同中断情境（无中断/呈现信息前中断/决策前中断）下，如何对核心选择集（BC）进行决策。此时，自变量和因变量均为类别变量，因此采用卡方检验。各实验组中被试者的选择情况如表6-2所示，以产品B为例，无中断组的选择概率为60%，信息呈现前中断组的选择概率为48.3%，决策前中断组的选择概率为43.3%；经检验，Pearson卡方值 $\chi 2_{(2)} = 1.757$，且 $p = 0.415 > 0.05$，表明被试者在三种中断情境下的选择不存在显著差异，即针对中断对消费者在核心选择集中的决策没有显著影响（见表6-2）。

表6-2　不同中断情境下，核心选择集的决策情况

选择	中断情境			合计
	无中断	信息呈现前中断	决策前中断	
产品B	18	14	13	45
产品C	12	15	17	44
选择产品B的概率	60%	48.3%	43.3%	50.6%

资料来源：本书整理。

其次，考察在无中断发生的情境下，极端选项（A或D）的加入，是否引发了折中效应。该部分的验证有两个目的：①检验本书的设计是否合理（能否产生预期的折中效应），②为下面进一步验证中断对折中效应的影响做好铺垫。

本书对于折中效应的计算依然沿袭现有研究方法（详见本书第四章第一节的相关内容），折中效应的大小 $\Delta P_T = P_D(T; C) - P(T; C)$，表示选项T在扩展选择集和核心选择集中相对份额的差值。

表 6-3　中断情境下，核心选择集和扩展选择集的决策情况

选择	核心选择集（BC）	扩展选择集（ABC）	扩展选择集（BCD）
产品 A	—	2（7.14%）	—
产品 B	18（60%）	20（71.43%）	8（28.57%）
产品 C	12（40%）	6（21.43%）	17（60.71%）
产品 D	—	—	3（10.72%）

资料来源：本书整理。

从核心选择集 BC 到扩展选择集 ABC，产品 B 为中间选项，此时，折中效应的计算应该为 $\Delta P_B = P_A(B；C) - P(B；C)$，其中 $P(B；C) = 60\%$，$P_A(B；C) = \dfrac{71.43\%}{71.43\% + 21.43\%} = 76.92\%$，因此 $\Delta P_B = 16.92\%$。由卡方检验的结果可知，$\chi 2_{(1)} = 1.829$，$p = 0.176 > 0.1$，即选项 A 的引入并未能带来中间选项 B 的份额发生显著性的增长。

从核心选择集 BC 到扩展选择集 BCD，产品 C 为中间选项，此时，折中效应的计算应该为 $\Delta P_C = P_D(C；B) - P(C；B)$，其中 $P(C；B) = 40\%$，$P_D(C；B) = \dfrac{60.71\%}{60.71\% + 28.57\%} = 68\%$，因此，$\Delta P_C = 28\%$。由卡方检验的结果可知，$\chi 2_{(1)} = 4.289$，$p = 0.038 < 0.05$，即选项 D 的引入能够带来中间选项 C 的份额发生显著性的增长。折中效应的结果得到了验证。

在上面的计算中，有一个折中效应未能得到验证，其原因可能是因为在核心选择集中，选项 B 的份额已经达到了 60%；因为存在"天花板效应"，因此 A 的加入也只能够引发 B 的份额有限的增长。我们借鉴 Khan，Zhu 和 Kalra（2011）在 JMR 上的关于折中效应的计算方法（针对两个扩展选择集），

$$\Delta P_B = P_A(B；C) - P_D(B；C) = \frac{71.43\%}{71.43\% + 21.43\%} - \frac{28.57\%}{28.57\% + 60.71\%}$$
$$= 44.92\%$$

由卡方检验的结果可知，$\chi 2_{(1)} = 10.388$，$p < 0.001$，即折中效应得到验证。综上所述，我们认为在未发生中断的情境下，折中效应是显著的，研究

的设计也是合理的。

再者，我们考察决策中断对折中效应的影响。在中断情境下，被试者针对各个选择集的决策结果如表6-4所示。

表6-4　中断情境下，核心选择集和扩展选择集的决策情况

选项	选择集					
	呈现信息前中断			决策前中断		
	BC	ABC	BCD	BC	ABC	BCD
A	—	0 （0）	—	—	5 （16.67%）	—
B	14 （48.28%）	26 （89.66%）	2 （6.9%）	13 （43.3%）	14 （46.67%）	7 （24.14%）
C	15 （51.72%）	3 （10.34%）	25 （86.2%）	17 （56.7%）	11 （36.66%）	11 （37.93%）
D	—	—	2 （6.9%）	—	—	11 （37.93%）

资料来源：本书整理。

在呈现信息前中断的情境下，相对于核心选择集 BC 而言，扩展选项集 ABC 和 BCD 的折中效应依然成立，且折中效应的大小如下所示。

$\Delta P_B = P_A(B; C) - P(B; C) = 89.66\% - 48.28\% = 41.38\%$，由卡方检验的结果可知，$\chi2_{(1)} = 11.6$，$p = 0.001 < 0.01$。

$\Delta P_C = P_D(C; B) - P(C; B) = \dfrac{86.2\%}{86.2\% + 6.9\%} - 51.72\% = 40.87\%$，由卡方检验的结果可知，$\chi2_{(1)} = 11.443$，$p = 0.001 < 0.01$。

接下来，我们验证和未发生中断的情境相比，呈现信息之前中断是否强化了消费者对选择集 ABC 和 BCD 内中间选项的选择。

针对选择集 ABC 而言，其目标折中选项为产品 B，根据现有研究的操纵办法（Khan、Zhu and Kalra，2011；丁瑛、徐菁和张影，2012），我们对被试者的选择进行转化，如果被试者选择了折中选项（数码相机 B）则将结果记

为 1，如果被试者选择了极端选项（数码相机 A 或数码相机 C），则记作 0。我们以这个重新定义的决策变量为因变量，决策中断为自变量（无中断 vs. 呈现信息前中断）进行二元 Logistic 回归分析。分析结果显示，不同决策中断情境下，被试者对折中选项的选择比率存在（边缘）显著性差异（71.34% vs. 89.66%，Waldχ^2 = 2.827，b = 1.243，SE = 0.739，p = 0.093<0.1），呈现信息前中断对折中效应的强化作用得到验证。同理，针对 BCD 而言，其目标折中选项为 C，同样，如果我们选择了该折中选项（数码相机 C）则将结果记为 1，如果被试者选择了极端选项（数码相机 B 或数码相机 D），则记作 0。二元 Logistic 回归分析的结果显示，和未发生中断相比，决策前中断情境下被试者对折中选项的选择比率存在显著性差异（60.71% vs. 86.2%，Waldχ^2 = 2.827，b = 1.397，SE = 0.663，p = 0.035<0.05），相关假设再次得到验证。

在决策前中断的情境下，相较于核心选择集 BC 而言，扩展选项集 ABC 和 BCD 的折中效应未能得到有效验证，具体计算数据如下所示。

$$\Delta P_B = P_A(B；C) - P(B；C) = \frac{46.67\%}{46.67\% + 36.66\%} - 43.3\% = 12.7\%，由$$

卡方检验的结果可知，$\chi 2_{(1)}$ = 0.875，p = 0.349>0.1。

$$\Delta P_C = P_D(C；B) - P(C；B) = \frac{37.93\%}{37.93\% + 24.14\%} - 56.7\% = 4.28\%，由$$

卡方检验的结果可知，$\chi 2_{(1)}$ = 0.091，p = 0.762>0.1。

接下来，我们验证和未发生中断的情境相比，决策前中断是否强化了消费者对选择集 ABC 和 BCD 内中间选项的选择。

针对选择集 ABC 而言，其目标折中选项为产品 B，对被试者的选择进行转化的方法与前面一致，如果被试者选择了折中选项（数码相机 B）则将结果记为 1，如果被试者选择了极端选项（数码相机 A 或数码相机 C），则记作 0。我们以这个重新定义的决策变量为因变量，决策中断为自变量（无中断 vs. 决策前中断）进行二元 Logistic 回归分析。分析结果显示，不同决策中断情境下，被试者对折中选项的选择比率存在（边缘）显著性差异（71.43% vs. 46.67%，Waldχ^2 = 3.568，b = -1.05，SE = 0.556，p = 0.059<0.1），呈现

信息前中断对折中效应的强化作用得到验证。

同理，针对 BCD 而言，其目标折中选项为 C，同样，如果我们选择了该折中选项（数码相机 C）则将结果记为 1，如果被试者选择了极端选项（数码相机 B 或数码相机 D），则记作 0。二元 Logistic 回归分析的结果显示，和未发生中断相比，决策前中断情境下，被试者对折中选项的选择比率存在（边缘）显著性差异（60.71% vs. 37.93%，Waldχ^2 = 2.906，b = -0.928，SE = 0.544，p = 0.088<0.1），相关假设再次得到验证。

综上所述，实验一的结果支持了假设 1，即中断发生时间会对折中效应产生差异化的效果。阅读选项信息前中断将强化折中效应，而决策之前的中断将削弱折中效应。

三、讨论

实验一以数码相机为刺激物，通过对决策中断的操控，验证了本书的假设 1，即决策中断会对折中效应产生差异化的影响（强化 vs. 削弱）。但是仍有几方面问题有待深入探讨：①实验一中的数据所显示的折中效应强化或者削弱的结论有些地方存在边缘显著，结论的稳定性有待进一步验证。②实验一只是以单一的刺激物（数码相机）验证了研究的主效应，对于其他产品而言，该研究结论是否依然成立？③实验一只是揭示了一个折中效应的变化现象，那么该现象背后的机制是什么？有待深入挖掘。④实验一中只是从两个维度（像素和数码变焦）对刺激物数码相机进行的描述，而现实购买决策中，人们将面对更多的产品信息，在多维度产品信息的呈现下，研究结论是否还能成立？⑤实验一中，中断任务的设置是要求被试者听 20 秒的纯音乐，在执行中断任务过程中，被试者是否按照要求认真完成任务并不可知，因为此刻被试者的认知资源并没有被占用，如果被试者在这过程中对被中断的决策任务进行回忆和梳理，那么就可能对最终的选择结果产生作用和干扰。因此，在后续的实验中，对于中断任务的设定，我们将规避这个潜在的影响。

第二节 实验二：好奇和熟悉度的中介作用

一、实验设计及过程

实验二是为了验证假设2和假设3，即相比未发生中断的情境，发生在阅读选项信息前的决策中断对折中效应的强化作用受到好奇心的中介；而发生在选择之前的决策中断对折中效应的削弱作用受到熟悉度的中介。

实验二选取大学生样本比较熟悉的笔记本电脑作为实验刺激物，和实验一不同的是，实验二对于刺激物的描述不再局限于两个属性，而是涉及更多属性：电脑CPU、内存、硬盘容量、电池容量、价格等。实验共分为三种情境（中断情况：无中断/信息呈现前中断/决策前中断），组间设计。在每一种情境下，被试者都将面对三台笔记本电脑的信息，且该信息在情境间无差异。为了尽可能保证实验的真实性，刺激物详细信息的设定参照了京东、苏宁易购等网络电商网站上关于（大学生用）笔记本电脑的报价和参数标准。

实验二主任务的设计是"笔记本电脑市场调研任务"，决策开始阶段，被试者将阅读到如下信息："同学你好。欢迎你参与我们针对大学生的笔记本电脑的市场调研。我们想要了解你对下面几款笔记本电脑的偏好。下面是三款笔记本电脑的详细属性介绍，这三款笔记本售价均为5699元，但在CPU、内存、硬盘容量和电池这四个属性上有不同的表现。"

表6-5 实验二刺激物（笔记本电脑）属性信息

笔记本电脑	A	B	C
CPU	i7	i5	i3
内存	4G	2G	1G
硬盘	160G	320G	500G

资料来源：本书整理。

关于中断任务的选择和设定。中断任务的设计借鉴 Liu（2008）的研究，采用让被试者完成"倒着数"（count backward）任务来保持被试者认知资源的占用（Carlyon，Plack，Fantini，et al.，2003）。在实验中，被试者被要求在心里默默地从 175 倒数到 105，并写下中间所有可以被 7 整除的数字（7 的倍数）。选择这个任务是因为它比较简单，且需要集中精力，可以保证被试者在此过程中不去考虑其他的事情（Liu，2008），和实验一听纯音乐的中断任务相比，避免了被试者可以利用中断的时间对之前决策信息的"回顾、整理和反思"，排除了其对最终选择的可能性影响。对于不同中断情境的设定（中断任务的插入位置）依然参照实验一的安排：无中断组的情境下，被试者将被要求完成"倒着数"任务，然后再完成笔记本电脑的调查任务；而信息呈现前中断的情境下，被试者在了解笔记本电脑的详细参数信息之前被告知需要完成一个"倒着数"任务，在该任务结束之后将重新回到之前的任务，并最终做出选择；决策前中断情境下，被试者可以阅读完全部的任务信息，在做出最终选择之前，被试者将被要求完成一个"倒着数"任务，并被告知在该任务完成之后，将重新回到之前的任务（可以阅读到全部决策信息）并提交选择结果。

操纵检验。中断情境下（信息呈现前中断和决策前中断），在中断任务正式开始之前，为了检验被试者是否认真阅读了主任务中的情景信息，我们让被试者回忆一下，"上一页中的新电脑选择情境中提及三款电脑在四种属性上表现不同，下列哪一项属性不属于这四种属性？（单选题：CPU、内存、价格、硬盘容量、电池）。"

因变量和中介变量的测量。实验二中因变量的测量，与实验一相似，主任务的最后阶段，被试者被要求回答"在上述三款电脑中，你更愿意选择哪一款？"中介变量"好奇"的测量借鉴 Kupor 和 Tormala（2015）在 Journal of Consumer Research 上的成熟量表，一共 4 个问项，7 点量表。但是，在不同中断情境下，好奇量表引导语的陈述上存在些许差异：在中断情境的实验组中，被试者被要求回忆在填写问卷开始阶段，新产品选择任务未能完成即被要求进行"倒着数"任务时的好奇感；而控制组被试者在完成新产品调查选择时未发生中断，因此该部分被试者被要求回忆一下在笔记本选择任务过程中最好奇的时刻。所有实验组的被试者都将回答相同的好奇量表（"在当时，你对新产品选择任务具体内容的好奇程度如何？"，1＝非常不好奇，7＝非常好奇；"在当时，你想要了解新产品选择任务剩下内容的程度如何？"，1＝非常不想了解，7＝非常想了解；"在当时，你希望知道选择任务剩下的内容的程度如何？"，1＝非常不希望，7＝非常希望；"在当时，你有多大程度想要知道每款电脑的详细信息？"，1＝非常不想知道，7＝非常想知道）。另外，熟悉度的量表借鉴 Kupor，Liu 和 Amir（2013）的研究，共两个问项，7 点量表（"你对上述选择情境的熟悉程度如何？""你对上述选择情境中产品信息的描述是否熟悉？"，1＝非常不熟悉，7＝非常熟悉）。

实验结束前，被试者被要求猜想一下本实验的研究目的，并要求填写性别和年龄。

二、实验结果

北方某综合类高校 150 名本科生参加实验，所有实验被试者被随机分到 3 组，每组 50 人，每名被试者在实验结束后将获得一个小礼品作为报酬。

在全部 150 份问卷中，无效问卷 16 份，对应的被试者未能通过操作检验（未能通过决策情境的回忆测试）；134 名有效被试者中，男生 61 人，平均年龄 20.34 岁（SD＝1.104），所有有效被试者均未能准确猜测出本实验的目的。其中，无决策中断组 43 名被试者，呈现产品信息前中断组 45 名被试者，决策前中断组 46 名被试者。

首先，进行好奇和熟悉度的量表信度分析。

信度分析结果显示，好奇（Cronbach's α＝0.901）的四个问项是高度相关的，熟悉度（Cronbach's α＝0.842）的两个问项的相关度也较高，量表的测量效果均达到了可以接受的水平。因此，在本实验后续的计算中，好奇量表四个问项的平均值作为描述好奇的具体数值，同样，熟悉度两个问项的平均值作为描述熟悉度的具体数值。

其次，验证好奇在中断对折中效应强化影响中的中介作用。

与实验一的方法一致，对于因变量产品选择进行转换，如果被试者选择了折中选项（笔记本电脑 B）则将结果记为 1，如果被试者选择了极端选项（笔记本电脑 A 或笔记本电脑 C），则记作 0。对于中介效应的验证，我们采取经典的"逐步检验法"（Baron and Kenny，1986）：①验证决策中断对折中效应的影响。我们以这个重新定义的决策变量为因变量，决策中断为自变量（无中断 vs. 呈现信息前中断），同时将性别、年龄纳入模型中，进行二元 Logistic 回归分析。结果表明，决策中断和折中选项选择的关系显著，Waldχ^2 = 4.542，b = 0.979，SE = 0.459，p = 0.033<0.05；性别和折中选择的关系不显著 Waldχ^2 = 0.045，b = 0.118，SE = 0.557，p = 0.832>0.1；年龄和折中选择的关系也不显著 Waldχ^2 = 0.052，b = -0.057，SE = 0.25，p = 0.82>0.1。因此，在后续实验计算中，不再考虑这两个因素的可能影响。②对好奇进行中心化，以决策中断为自变量，中心化的好奇为因变量进行回归分析，分析结果表明决策中断和好奇的关系显著，t = 2.257，β = 0.596，SE = 0.264，p = 0.027<0.05。③以中心化的好奇为自变量，重新定义的决策变量为因变量，进行二元 Logistic 回归分析，分析结果表明，好奇和折中选项选择的关系显著，Waldχ^2 = 5.761，b = 0.565，SE = 0.235，p = 0.016<0.05。④以决策中断、中心化的好奇为自变量，重新定义的决策变量为因变量，进行二元 Logistic 回归分析，分析结果表明，好奇和折中选项选择的关系依然显著，Waldχ^2 = 6.773，b = 0.517，SE = 0.199，p = 0.009<0.01，但是，决策中断和折中选项选择的关系不再显著，Waldχ^2 = 2.317，b = 0.73，SE = 0.479，p = 0.128>0.1。上述结果表明，决策中断对折中效应的强化作用被好奇完全中介。

本书进一步使用 bootstrapping 方法检验好奇在决策中断对折中效应影响中的中介作用。自变量（决策中断）到因变量（重新定义的决策变量：是否选择折中选项）的间接效应和间接效应的标准差通过 bias-corrected bootstrap 方法进行估计，选择模型 4，选择 5000 次取样，设置 95% 的置信区间（Preacher，Rucker and Hayes，2007）。数据处理结果显示，决策中断通过好奇进而影响折中选项选择的间接效应显著（95%CI：LLCI = 0.0233，ULCI = 0.8533，不包含 0），作用大小为 0.3082；而决策中断对折中选项选择的直接效应不显著（95%CI：LLCI = -0.2099，ULCI = 1.669，包含 0）。因此，好奇的中介作用得到验证。

最后，验证熟悉度在中断对折中效应削弱影响中的中介作用。

对于中介效应的验证，采取和前面好奇中介效应检验同样的方法：①验证决策中断对折中效应的影响。我们以这个重新定义的决策变量为因变量，决策中断为自变量（无中断 vs. 决策前中断），进行二元 Logistic 回归分析。结果表明，决策中断和折中选项选择的关系显著，WaldX^2 = 3.895，b = -0.873，SE = 0.442，p = 0.048<0.05。②对熟悉度进行中心化，以决策中断为自变量，中心化的熟悉度为因变量进行回归分析，分析结果表明决策中断和熟悉度的关系显著，t = 8.937，β = 0.692，SE = 0.253，p<0.001。③以中心化的熟悉度为自变量，重新定义的决策变量为因变量，进行二元 Logistic 回归分析，分析结果表明，熟悉度和折中选项选择的关系显著，WaldX^2 = 9.749，b = -0.469，SE = 0.15，p = 0.002<0.01。④以决策中断、中心化的熟悉度为自变量，重新定义的决策变量为因变量，进行二元 Logistic 回归分析，分析结果表明，熟悉度和折中选项选择的关系依然显著，WaldX^2 = 6.64，b = -0.525，SE = 0.204，p = 0.01<0.05，但是，决策中断和折中选项选择的关系不再显著，WaldX^2 = 0.169，b = 0.256，SE = 0.624，p = 0.158>0.1。上述结果表明，决策中断对折中效应的削弱作用被熟悉度完全中介。

同样，我们再次使用 bootstrapping 方法检验熟悉度在决策中断对折中效应影响中的中介作用。自变量（决策中断）到因变量（重新定义的决策变量：是否选择折中选项）的间接效应和间接效应的标准差通过 bias-corrected bootstrap 方法进行估计，选择模型 4，选择 5000 次取样，设置 95%的置信区间（Preacher，Rucker and Hayes，2007）。数据处理结果显示，决策中断通过熟悉度进而影响折中选项选择的间接效应显著（95%CI：LLCI = -2.2662，ULCI = -0.2662，不包含 0），作用大小为-1.1855；而决策中断对折中选项选择的直接效应不显著（95%CI：LLCI = -0.966，ULCI = 1.4782，包含 0）。因此，熟悉度的中介作用再次得到验证。

三、讨论

相比实验一，实验二使用了新的实验刺激物，并对中断任务的设置加以完善，数据分析的结果再次验证了假设1。同时，实验二采用传统的逐步检验法和bootstrapping两种方式对中介效应加以验证，实证结果支持了假设2和假设3，即当中断发生在阅读选项信息前，决策中断（呈现与否）对折中效应的强化作用受到好奇的中介；当中断发生在最终选择之前，决策中断（呈现与否）对折中效应的削弱作用受到熟悉度的中介。

本书对于中介机制的探讨，是否还存在其他的解释。对于决策前中断的情境而言，折中效应的削弱是因为熟悉度的增加导致的，那么是否也可能是由于好奇的降低引发的呢？因为被试者已经了解了决策的相关内容，所以好奇感低，进而导致再次面对决策任务时，更少使用精细的加工？同样地，对于产品信息呈现前的中断来说，也面临着类似的补充解释，即是否可能因为对决策熟悉度较低而引发的强度更高的自下而上的信息加工？为了排除上述可能补充解释，借鉴现有研究关于共同中介（同时存在正向和负向两种中介路径）的处理方式（李东进，张成虎和李研，2015），利用bootstrapping检验共同中介效果。将好奇和熟悉度同时作为中介变量纳入决策前中断对折中选项选择的模型中，统计结果显示，熟悉度的间接效应依然成立（95%CI：LLCI = -3.1424，ULCI = -0.4814，不包含0），作用大小为 -1.5656；但是，好奇的间接效应不成立（95%CI：LLCI = -0.4788，ULCI = 0.1244，包含0）。同样地，将两个中介变量纳入信息呈现前中断对折中选项选择的影响模型中，统计结果显示，好奇的间接效应依然成立（95%CI：LLCI = 0.0579，ULCI = 1.0317，不包含0），作用大小为0.3953；但是，熟悉度的间接效应不成立（95%CI：LLCI = -0.8244，ULCI = 0.0047，包含0）。因此，排除了共同中介的解释。

在下面的实验研究中，我们将分别验证影响好奇和熟悉度中介效应的相关调节变量。

第三节　实验三：认知需求的调节作用

一、实验设计及过程

实验三是为了验证假设 4 和假设 5：认知需求调节了决策中断对折中效应的影响。具体来说，当消费者的认知需求水平较低时，信息呈现之前的中断（vs. 无中断）可以强化折中效应；当消费者的认知需求水平较高时，信息呈现之前的中断（vs. 无中断）对折中效应的影响不显著。另外，认知需求在决策中断对折中效应影响中的调节作用被好奇所中介；好奇是被调节的中介，而认知需求是被中介的调节。当消费者的认知需求水平较低时，好奇的中介效应成立；当消费者的认知需求水平较高时，好奇的中介效应不存在。

实验采取 2（中断情况：无中断/信息呈现前中断）×2（认知需求水平：高/低）的混合实验设计。其中，中断情况是组间设计，而认知需求水平是组内设计；且前者通过实验的操纵完成，后者通过每个被试者填答具有个人特质的认知需求量表，然后根据量表的结果加以分类处理。

刺激物选取。实验三选用手机作为刺激物，出于增强实验购买决策模拟效果的需要，相比实验一和实验二，我们将真实的品牌作为其中的一个选项属性。因此，刺激物的描述分别选取品牌、摄像头像素和手机屏幕作为选择集建构的三个属性维度，其中品牌为类别属性，摄像头像素和手机屏幕为量差属性，前者无法进行数值上的比较，而后者可以直接比较，并快速形成优劣判断。在每一种情境下，被试者都将面对三部手机的信息，如表 6-6 所示。在情境效应的研究中，通常使用虚拟品牌以排除被试者固有的品牌偏好可能对情境效应产生的干扰。本实验中，如果我们需要引入真实的品牌，就需要保证被试者对所挑选的三个品牌无明显的偏好差异，具体的操作办法借鉴李东进、张成虎和马明龙（2016）的研究。为确定适合实验使用的三种手机品牌，我们开展了一个简单的前测，前测分为两个部分：第一步，通过对与主实验被试者同质的五名大学生进行访谈，了解当前他们及身边同学使用的手机品牌，访谈最终圈定了如下 7 个（苹果、三星、华为、小米、魅族、vivo、OPPO）；第二步，再组织 30 名本科生（与主实验同质）对上述 7 个品牌进行评价打分；均值检验的结果显示，被试者在小米、魅族和 OPPO 三种品牌上偏好不存在显著的差异，$p>0.1$。

表 6-6 实验三刺激物（手机）属性信息

手机品牌	摄像头像素	手机屏幕
魅族	800 万像素	5.5 英寸
小米	1200 万像素	4.7 英寸
OPPO	1600 万像素	4 英寸

资料来源：本书整理。

实验三的主任务是让被试者完成"新手机购买决策"，在该任务开始阶段，被试者将阅读到如下信息："请想象一下：新学期，你打算购买一部新手机，于是你来到市区的一家电子数码城。经过反复筛选，有三款产品的功能、外形、颜色、手感等都符合你的要求，且价格也在你能承受的范围之内，一时之间你也有些难以取舍。但是经过仔细比较，这三款产品在下面三个属性中有明显差异，具体信息如下表所示。"在阅读完产品的信息后，被试者被要求作出选择。

关于中断任务的选择和设定。中断任务的设计类似实验二，采用让被试者完成"单词拼写"任务来保持被试者认知资源的占用。在实验中，被试者被要求写出五个以字母"C"开头的单词，并将最后的答案填写在问卷中。选择这个任务是因为，它比较简单，且需要集中精力，可以保证被试者在此过程中不去考虑其他的事情。对于不同中断情境的设定（中断任务的插入位置）依然参照实验一和实验二的安排。

操纵检验。为了检验被试者是否认真阅读了主任务中的情景信息，类似实验一和实验二，我们将询问被试者"之前手机购买情境中提及，'三款产品在下面三个属性中有明显差异'，下列哪一项属性不属于这三种属性？（单选题：价格、品牌、摄像头像素、屏幕）"。另外，被试者是否正确且按照要求完成了中断任务（拼写出五个以 C 开头的单词）也作为问卷有效性的筛选依据。

变量的测量。实验三中因变量的测量，与实验一和实验二相似，主任务的最后阶段，被试者被要求回答"对于上述三部手机，你更愿意选择哪一部?"中介变量"好奇"的测量同实验二，借鉴 Kupor 和 Tormala（2015）研究中的量表。认知需求的测量采用 Cacioppo，Petty 和 Kao（1984）完善后的 7 级量表，18 个问项，具体问项如表 6-7 所示，1=完全不符合，7=完全符合。

问卷的最后部分需要被试者填写个人基本信息（性别和年龄）。

表 6-7　认知需求量表

（1）相比简单的任务，我更喜欢复杂的任务
（2）我喜欢负责处理一些需要做很多思考的事情
（3）思考对我来说不是有趣的事（反向计分）
（4）我宁愿做那些不用怎么动脑的事情，而不愿意做肯定会挑战我思考能力的事情（反向计分）
（5）我尽量去预见并避免那些有可能使我不得不对某事做深入思考的情形（反向计分）
（6）我会从长时间的仔细思考中获得满足感
（7）我只会在迫不得已的情况下才努力思考某个问题（反向计分）
（8）我愿意去想一些小事情的日常计划，而不喜欢做长远的规划（反向计分）
（9）我喜欢干那些一旦学会了就不用再动脑子的事情（反向计分）
（10）依靠思考使自己成为最优秀的，这种想法很吸引我
（11）我真的很喜欢那些要想出新方法来解决问题的任务
（12）学习思考的新方法并不能使我很兴奋（反向计分）
（13）我喜欢我的生活充满了必须解决的难题
（14）对抽象问题的思考很吸引我
（15）我喜欢那种考验智力的、困难的而且重要的任务胜于那种有点重要但不需要进行很多思考的任务
（16）在完成一项需要耗费很多脑力劳动的任务后，我觉得如释重负而不是感到满足（反向计分）

（17）对我来说，只要工作完成了就足够了，我并不关心完成的方式或原因（反向计分）
（18）我通常在事情完结以后还在思考，即使这些事情并不对我个人构成影响

注：表格中加粗的问项为反向计分。

资料来源：Cacioppo J T, Petty R E, Kao C F. The efficient assessment of need for cognition [J]. Journal of Personality Assessment, 1984, 48 (3)：306-307.

二、实验结果

北方某综合类高校 160 名本科生参加实验，所有实验被试者被随机分到 2 组，每组 80 人，每名被试者在实验结束后将获得一个小礼品作为报酬。

在全部 160 份问卷中，无效问卷 20 份，其中，有 9 名被试者未能通过决策情境的回忆测试，有 7 名被试者未能正确完成英语单词的拼写任务，有 4 名被试者未能通过量表的检验；140 名有效被试者中，男生 65 人，平均年龄 19.21 岁（SD＝0.925），上述有效被试者均未能准确猜测出本实验的目的。

首先，进行好奇和认知需求的量表信度分析。

信度分析结果显示，好奇（Cronbach's α＝0.887）的四个问项的相关程度较高；对认知需求量表的第 3、4、5、7、8、9、12、16、17 这 9 个问项的反向评分进行数据处理后，认知需求（Cronbach's α＝0.754）的 18 个问项的相关度也达到了可以接受的水平。因此，在本实验后续的计算中，好奇量表 4 个问项的平均值作为描述好奇的具体数值，同样，认知需求 18 个问项的平均值作为描述认知需求的具体数值。接着，我们根据每个被试者在认知需求上的得分，采用中位数分类法，将其分为两组（高认知需求组 vs. 低认知需求组）。其中，高认知资源组（70 人）认知需求的得分区间为 [4.78, 6.67]，低认知资源组（70 人）认知需求的得分区间为 [3.27, 4.72]，所有被试者在认知需求上的平均得分为 4.72。由此，全部被试者被划分为四个实验组：无中断—低认知需求组 32 人，无中断—高认知需求组 38 人，中断—低认知需求组 38 人，中断—高认知需求组 32 人。

其次，我们检验认知需求水平在中断对折中选项选择影响中的调节作用。

对于因变量产品选择进行转换的方法与实验一和实验二的方法一致：如果被试者选择了折中选项（小米手机）则将结果记为1，如果被试者选择了极端选项（魅族手机或OPPO手机），则记作0。我们以这个重新定义的决策变量为因变量，决策中断（无中断 vs. 呈现信息前中断）、认知需求水平（高 vs. 低）以及决策中断和认知需求水平的乘积项为自变量，进行二元Logistic回归分析。结果表明，决策中断和折中选项选择的关系显著，Waldχ^2 = 7.412，b = 1.421，SE = 0.522，p = 0.006<0.01；认知需求水平和折中选择的关系也显著 Waldχ^2 = 8.673，b = 1.573，SE = 0.534，p = 0.003<0.01；决策中断和认知需求水平的乘积项与折中选择的关系同样显著 Waldχ^2 = 3.522，b = -1.47，SE = 0.783，p = 0.061<0.1。分析结果显示，决策中断和认知需求水平的交互作用达到了（边缘）显著；具体来看，当被试者认知需求水平较低时，呈现信息前中断情境下被试者选择折中选项的比例（76.32%）显著的高于无中断情境下被试者选择折中选项的比例（43.75%），Waldχ^2 = 7.412，b = 1.421，SE = 0.522，p = 0.006<0.01；当被试者认知需求水平较高时，中断与否对被试者选择折中选项的比例没有显著差异（78.95% vs. 78.13%），如图6-2所示。

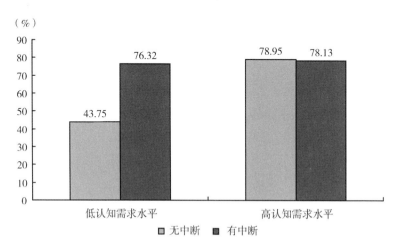

图6-2　决策中断和认知需求水平对折中选项选择比例的影响

资料来源：本书整理。

前面对于认知需求调节效应的验证是基于将该连续变量做二分类处理，最终得到了交互项边缘显著的结果。我们知道，将数据做如此转换在方便处理的同时，也造成了数据"信息"的丢失。为此，我们将未经转换的认知需求、决策中断以及两者的交互项作为自变量再次进行二元 Logistic 回归分析，结果显示，决策中断和认知需求的影响显著，另外，交互项的影响也同样显著（Waldχ^2=4.025，b=-1.354，SE=0.675，p=0.045<0.05）。综上所述，假设 4 得到验证。

接下来，我们验证好奇对认知需求调节效应产生的中介作用。

根据 Muller，Judd 和 Yzerbyt（2005）在研究中关于有调节的中介的检验步骤。首先将认知需求和好奇这两个连续变量中心化，然后完成下面三个回归运算。①以决策中断、中心化的认知需求以及两者交互项为自变量，折中选项选择为因变量进行回归分析，交互项对因变量的影响达到显著性水平（Waldχ^2=4.025，p=0.045<0.05）；②以决策中断、认知需求以及两者交互项为自变量，好奇为因变量进行回归分析，交互项对好奇的影响显著（β=-0.227，p<0.05）；③以决策中断、中心化的认知需求、决策中断与认知需求的交互项、好奇、好奇与认知需求的交互项为自变量，折中选项的选择为因变量进行回归分析，交互项对于因变量的直接影响不显著（Waldχ^2=2.743，p=0.098>0.05），另外，好奇对因变量的直接影响显著（p<0.001）。由此可见，因为好奇的存在，使得决策中断和认知需求的交互项对折中选择的直接影响消失，所以我们认为，该交互项的影响被好奇中介，即认知需求是一个有中介的调节变量。因此，假设 5 得到了支持。

本书还通过 Bootstrap 方法检验有调节的中介变量的间接影响，自变量到因变量的间接效应和间接效应的标准差通过 bias-corrected bootstrap 方法进行估计，选择模型 7，样本量设定为 5000，95% 的置信区间（Preacher，Rucker and Hayes，2007）。条件间接效应的结果显示：对于低认知需求水平的被试者（低于均值），决策中断通过好奇对折中选项选择的条件间接效应显著（95%CI：LLCI=0.0481，ULCI=1.2223，不包含 0），作用大小为 0.4604；对于高认知需求水平的被试者（高于均值），决策中断通过好奇对折中选项选择的条件间接效应不显著（95%CI：LLCI = -0.6425，ULCI = 0.4389，包含0），作用大小为 -0.0782。因此，好奇在决策中断对折中选项选择中的中介作用受到认知需求水平的调节，再次验证了假设 5。

三、讨论

实验三通过对决策中断的操纵，同时测量被试者的认知需求水平，证实了认知需求对决策中断与折中效应关系的调节作用。具体来说，当消费者的认知需求水平较低时，信息呈现之前的中断（vs. 无中断）可以促使人们更多地选择折中选项，即强化折中效应；当消费者的认知需求水平较高时，上述中断对折中效应的影响不显著。另外，研究还证实了认知需求在决策中断对折中效应影响中的调节作用被好奇所中介，好奇是被调节的中介，而认知需求是被中介的调节。当消费者的认知需求水平较低时，好奇的中介效应成立；当消费者的认知需求水平较高时，好奇的中介效应不存在。

综上所述，实验三再次验证了假设 2 中关于好奇中介机制的推断，并且发现了该中介机制的边界条件（认知需求水平）。另外，和前面两个实验设计相比，实验三采取不同的中断任务设计，并将品牌纳入刺激物的属性中，使其更加符合决策购买实际。在下面实验四的研究中，我们将继续探讨其他可能的调节因素；另外，前面三个实验的主任务决策均选择了大学生样本相对熟悉的数码产品进行决策，在后面实验的刺激物设计中，我们将选择非实物的产品，即服务，以进一步丰富本书的实验设计。

第四节　实验四：信息呈现方式的调节作用

一、实验设计及过程

实验四是为了验证假设 6 和假设 7。具体来说，信息呈现方式（图形呈现 vs. 数字呈现）调节了决策中断对折中效应的影响：当选择集中的产品信息以数字形式呈现时，信息呈现之前的中断（vs. 无中断）可以强化折中效应；当选择集中的产品信息以图形形式呈现时，信息呈现之前的中断（vs. 无中断）对折中效应的影响不显著。另外，好奇在决策中断对折中效应影响中的中介作用受到信息呈现方式的调节。当选择集中的产品信息以数字形式呈现时，好奇中介了决策中断对折中效应的影响；当选择集中的产品信息以图形形式呈现时，好奇在决策中断对折中效应影响中的中介效应不显著。

实验采取 2（中断情况：无中断/信息呈现前中断）×2（信息呈现方式：图形/数字）的组间实验设计。其中，中断情况信息呈现方式均通过实验的操纵完成：决策中断的操纵参照实验三；信息呈现方式的操纵借鉴 Kim（2007）的研究，分别使用图表和数字的形式呈现选择集中各选项在属性上的表现。

刺激物的选取以及刺激呈现方式的操纵。实验四选用与旅游相关的度假胜地作为实验刺激物。这个度假胜地描述涵盖如下两条属性：气候和海滩（0~10 评分）、酒店（1~5 评分）。四个情境组的被试者都将面临同样的 3 个旅游胜地信息，只是信息呈现的方式有所区别：数字型信息的呈现依托列表来实现（见表 6-8）；图形化信息则依靠二维坐标轴；其中 X 轴表示酒店质量，Y 轴表示气候和海滩（见图 6-2）。

表 6-8　实验四刺激物（旅游地）属性信息数字型

属性	旅游地 A	旅游地 B	旅游地 C
气候和海滩 （0=最差，10=最好）	8	5	2
酒店质量 （0=最差，5=最好）	1.5	3.0	4.5

资料来源：本书整理。

实验四的主任务是让被试者完成"旅游目的地选择"任务。在该任务开始阶段，被试者将阅读到如下信息："请想象一下：你大学毕业后进入了一

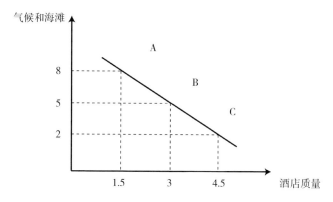

图 6-2　实验四刺激物（旅游地）属性信息—图形化

家喜欢的单位工作。正巧马上要到五一小长假，你计划用一周左右的时间外出旅游一趟，给自己放松一下，同时你也认为自己现在有这个经济实力。于是，你到旅行社去咨询相关的旅游线路，通过比较你发现，有三个旅游目的地符合你的要求，具体参照下表。"（中断组在此处转到中断任务，无中断组将继续阅读全部决策信息）在阅读完产品的信息后，被试者被要求做出选择。

中断任务的选择和设定。中断任务的设计思路区别于前面三个实验，采用让被试者完成"找不同"任务来保持被试者认知资源的占用。在实验中，被试者被要求仔细比较两幅相似的图片，并找出两幅图中所有的不同之处，并将最后的答案（共有几处不同）填写在问卷中。另外，决策中断时机的设置依然和前面的实验一致（无中断组先完成中断任务，再完成主任务；中断组在阅读旅游地详细信息之前转至中断任务，待中断任务完成后继续回到主任务中进行决策）。

操纵检验。为了检验被试者是否认真阅读了主任务中的情景信息，我们将询问被试者"之前旅游地选择情境中，下面关于旅游地哪一项信息未在情境中提及？"（单选题：气候、海滩、人均消费、酒店）。另外，被试者是否正确且按照要求完成了中断任务（找出了两幅图片中所有的不同）也作为问卷有效性的筛选依据。

因变量和中介变量的测量。实验四因变量的测量，与之前实验相似，主任务的最后阶段，被试者被要求回答"上述三个旅游地，你更愿意选择哪一个去度假？"中介变量"好奇"的测量同实验二，借鉴 Kupor 和 Tormala（2015）研究中的量表。最后，被试者需要填写自己的性别和年龄。

二、实验结果

北方某综合类高校 180 名本科生参加实验，所有实验被试者被随机分到四组，每组 45 人，每名被试者在实验结束后将获得一个小礼品作为报酬。

在全部 180 份问卷中，无效问卷 21 份，其中，有 9 名被试者未能通过决策情境的回忆测试，另有 12 名被试者未能正确完成"找不同"任务；159 名有效被试者中，男生 79 人，平均年龄 20.11 岁（SD = 1.02），上述有效被试者均未能准确猜测出本实验的目的。

首先，进行好奇量表信度分析。经检验，好奇（Cronbach's α = 0.863）量表的信度良好，4 个问项具有较好的相关性，以 4 个问项得分的平均值作为好奇的评价值。

其次，我们检验信息呈现方式在中断对折中选项选择影响中的调节作用。

对于因变量产品选择进行转换：如果被试者选择了折中选项（旅游地 B）则将结果记为 1，如果被试者选择了极端选项（旅游地 A 或旅游地 C），则记作 0。我们以这个重新定义的决策变量为因变量，决策中断（无中断 vs. 呈现信息前中断）、信息呈现方式（图形赋值为 1，数字赋值为 0）以及决策中断和信息呈现方式的乘积项为自变量，进行二元 Logistic 回归分析。结果表明，决策中断和折中选项选择的关系显著，WaldX^2 = 11.241，b = 1.622，SE = 0.484，p = 0.001 < 0.01；信息呈现方式和折中选择的关系也显著，WaldX^2 = 6.395，b = 1.215，SE = 0.48，p = 0.011 < 0.05；决策中断和信息呈现方式的乘积项与折中选择的关系同样（边缘）显著，WaldX^2 = 3.917，b = −0.986，SE = 0.678，p = 0.074 < 0.1。具体来看，当信息以数字的形式呈现时，呈现信息前中断情境下被试者选择折中选项的比例（65.00%）显著高于无中断情境下被试者选择折中选项的比例（34.15%），WaldX^2 = 11.241，b = 1.622，SE = 0.484，p = 0.01 < 0.05；当信息以图形的形式呈现时，中断与否对被试者选择

折中选项的比例没有显著差异（70.00% vs. 55.26%），WaldX^2=1.794，b=0.636，SE=0.475，p=0.18>0.1，如图6-3所示。假设6得到验证。

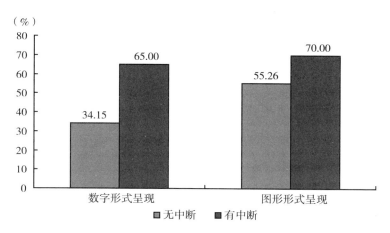

图6-3 决策中断和信息呈现方式对折中选项选择比例的影响

资料来源：本书整理。

通过Bootstrap方法检验有调节的中介变量的间接影响，自变量到因变量的间接效应和间接效应的标准差通过bias-corrected bootstrap方法进行估计，选择模型14，样本量设定为5000，95%的置信区间（Preacher，Rucker and Hayes，2007）。条件间接效应的结果显示：当以数字形式呈现信息时，决策中断通过好奇对折中选项选择的条件间接效应显著（95%CI：LLCI=0.0301，ULCI=1.3152，不包含0），作用大小为0.478；当以图形形式呈现信息时，决策中断通过好奇对折中选项选择的条件间接效应不显著（95%CI：LLCI=-0.4373，ULCI=0.0607，包含0），作用大小为-0.0902。因此，好奇在决策中断对折中选项选择中的中介作用受到信息呈现方式的调节，验证了假设7。

三、讨论

实验四通过操控信息呈现方式（图形呈现 vs. 数字呈现）和决策中断，证明假设6和假设7：信息呈现方式调节了决策中断对折中效应的影响。好奇在决策中断对折中效应影响中的中介作用受到信息呈现方式的调节。当选择集中的产品信息以数字形式呈现时，好奇中介了决策中断对折中效应的影响；当选择集中的产品信息以图形形式呈现时，好奇在决策中断对折中效应影响中的中介效应不显著。

第五节 实验五：决策环境改变的调节作用

一、实验设计及过程

实验五是为了验证假设 8：熟悉度在决策中断对折中效应影响中的中介作用受到决策环境变化的调节。具体来说，当决策环境不发生变化时，熟悉度中介了决策中断对折中效应的影响；当决策环境发生变化时，熟悉度在决策中断对折中效应影响中的中介效应不显著。

决策环境改变的操纵，借鉴 Kupor，Liu 和 Amir（2013）的研究，通过改变决策信息的字体（宋体变换为方正舒体）、段落格式（由原来的文字不分栏转换为信息分两栏）和背景颜色（由无色变为蓝色）完成。

实验共划分为四个情境组，分别是"无中断 1 组、有中断（决策前中断）、有中断—决策环境变化组和无中断 2 组"；其中无中断 1 组和无中断 2 组的决策环境存在差异，且无中断 1 组和有中断组的决策环境相同，而有中断—决策环境变化组在中断后呈现的信息样式和无中断 2 组相同。

实验五的刺激物选取类似于实验一，但是和之前双属性的选择集不同，实验五在原来的基础上加入了数码相机品牌（佳能、尼康和索尼）、数码相机价格（1479 元、1489 元、1499 元）。另外，实验刺激物属性的设定参考了国内某大型电商网站的信息。

实验五主任务是让被试者完成"数码相机购买决策"，在该任务开始阶段，被试者将阅读到如下信息："想象一下，你大学毕业后进入了一家喜欢的单位工作。正巧马上要到五一小长假，你计划出去旅游，放松一下。为了外出旅游，你打算购买一台数码相机用于记录美丽的风景，于是你来到离单位不远的一家百货大楼。经过筛选，有三部相机符合你的要求，具体信息如下表所示。三部相机在价格上差异不大，且分属国际主流品牌。另外，售货员还告诉你：对于数码相机而言，像素越高，表示照片的分辨率也越高，图像的质量就越好；而变焦倍数越高，表示可以更真真实实地拍摄到更远的物体或景色，不会导致'可望而不可即'的情况。"在中断情境组，被试者被要求"考虑一下，你打算如何选择"；而无中断组的被试者则直接完成选择。

表 6-9　实验五刺激物（数码相机）属性信息

数码相机品牌	佳能	尼康	索尼
像素	1600 万像素	1800 万像素	2000 万像素
数码变焦倍数	16 倍	12 倍	8 倍
价格	1479 元	1489 元	1499 元

资料来源：本书整理。

关于中断任务的选择和设定。中断任务的设计借鉴 Liu（2008）的研究，采用让被试者完成"倒着数（count backward）"任务来保持被试者认知资源的占用。在实验中，被试者被要求在心里默默地从 175 倒数到 105，并写下中间所有可以被 7 整除的数字（7 的倍数）。

操纵检验。为了检验被试者是否认真阅读了主任务中的情景信息，我们将询问被试者"之前数码相机购买情境中，下列哪一项属性未在材料中提及?"（单选题：价格、品牌、数码变焦倍数、像素、屏幕）。

因变量和中介变量的测量。在主任务的最后阶段，安排因变量的测量："在上述三部数码相机中，你更愿意选择哪一部?"另外，中介变量熟悉度的测量同实验二，借鉴 Kupor，Liu 和 Amir（2013）的研究中的量表，在问卷的最后一部分，被试者需要填写自己的性别和年龄。

二、实验结果

北方某综合类高校 168 名本科生参加实验，所有实验被试者被随机分到

4 组，每组 42 人，每名被试者在实验结束后将获得一个小礼品作为报酬。

在全部 168 份问卷中，无效问卷 10 份，有 7 名被试者未能通过决策情境的回忆测试（其中 3 人未能正确完成"倒着数"任务），另有 3 名被试者未能正确完成"倒着数"任务；158 名有效被试者中，男生 62 人，平均年龄 20.45 岁（SD = 0.907），上述有效被试者均未能准确地猜测出本实验的目的。

首先，完成信度分析和自我建构的操控检验。经检验，熟悉度（Cronbach's α = 0.896）的信度良好，两个问项具有较好的相关性，以两个问项得分的平均值作为熟悉度的评价值。

其次，探讨不同情境组在选择折中选项上的差异。与之前的实验分析一致，对因变量产品选择进行转换：如果被试者选择了折中选项（尼康相机）则将结果记为 1；如果被试者选择了极端选项（佳能相机或索尼相机），则记作 0。

在未发生中断的情境下，比较两种不同决策情境中的被试者在产品选择上是否存在差异：无中断 1 组选择折中选项的份额为 60%（24/40），无中断 2 组选择折中选项的份额为 57.5%（23/40），经检验，Pearson 卡方值 $\chi2_{(1)} = 0.052$，且 $p = 0.82 > 0.1$，表明被试者在无中断情境下的这两种决策环境中，最终的选择不存在显著差异，即针对无中断情境下，决策环境的差异对折中选项份额的影响不显著。进一步来看，决策情境的差异对熟悉度的感知也无差异，$F(1, 78) = 0.313$，$p = 0.577 > 0.1$

当未发生决策环境变化时，考察中断对于熟悉度和折中选择的影响。首先，以决策中断为自变量，转换后的决策变量为因变量进行二元 Logistic 回归分析。结果表明，决策中断和折中选项选择的关系显著，$Wald\chi^2 = 4.903$，$b = -1.025$，$SE = 0.463$，$p = 0.027 < 0.05$。其次，以决策中断为自变量，熟悉度为因变量进行回归分析。结果表明，决策中断和熟悉度的关系显著，$\beta = 0.481$，$t = 4.847$，$p < 0.001$。最后，以决策中断和熟悉度为自变量，转换后的决策变量为因变量进行二元 Logistic 回归分析。结果表明，熟悉度和折中选项选择的关系显著，$Wald\chi^2 = 3.85$，$b = -0.439$，$SE = 0.463$，$p < 0.05$；但是决策中断和折中选项选择的关系不显著，$Wald\chi^2 = 3.85$，$p = 0.234 > 0.1$。由以上分析可知，在未发生决策环境变化时，熟悉度的中介作用仍然显著。

当决策的环境变化时，我们同样考察中断对熟悉度和折中选择的影响。首先，以决策中断为自变量，转换后的决策变量为因变量进行二元 Logistic 回归分析。结果表明，决策中断和折中选项选择的关系不显著，Waldχ^2 = 3.286，b = −0.841，SE = 0.464，p = 0.07 > 0.05。其次，以决策中断为自变量，熟悉度为因变量进行回归分析。结果表明，决策中断和熟悉度的关系不显著，t = 0.375，p = 0.709 > 0.1。因此，在决策环境变化时，熟悉度的中介作用不再显著。综上所述，假设 8 得到验证。

三、讨论

实验五通过操纵决策中断和决策环境改变，证实了在未发生决策环境变化时，熟悉度在决策中断对折中选择影响的中介作用显著；但是，当发生决策环境变化时，熟悉度在决策中断对折中选择影响的中介作用不再显著。具体而言，由于决策环境的改变，使得经历了中断再次回到原任务的被试者没有熟悉感（因为决策情境下的字体、背景、格式等发生了改变）。

第六节　实验六：自我建构的调节作用

一、实验设计及过程

实验六是为了验证假设 9：熟悉程度在决策中断对折中效应负面影响的中介作用被自我建构调节，熟悉度是有调节的中介变量。具体来说，对于依存型自我建构的消费者，决策之前的中断（vs. 无中断）可以削弱折中效应，即降低选择折中选项，且上述负向效应将被熟悉度中介。而对于独立型自我建构的消费者而言，决策中断的上述削弱效应不显著，即熟悉度的中介效应也不成立。

实验采取 2（中断情况：无中断/决策前中断）×2（自我建构：独立型自我/依存型自我）的组间设计。其中，决策中断的实验操纵方式与之前的实验类似，自我建构的操纵则采取情景启动的方式。

不同自我建构类型的操纵。在同一文化背景下，个体可以同时存在两种不同的自我建构类型，只是在强度上存在差异。大量的研究已经表明，情景启动的方式可以临时性地触发某一类自我建构占据主导地位。例如，被试者通过阅读特定的主题故事，就可以在接下去的一段时间/任务中表现出某种特定类型自我认知，这种暂时性的自我建构同样会对后续任务和刺激物的评价产生影响（Trafimow，Triandis and Goto，1991）。本书将借鉴 Ma，Yang 和 Mourali（2014）的研究，让被试者阅读一则关于网球运动员比赛的材料。为增强启动效果，还在材料中配了与描述相一致的两组比赛照片，不同自我建构类型的启动材料均以第一人称"我（我们）"来陈述。实验的第一部分为"圈词任务"，用以启动不同的自我建构类型，该任务在纸质问卷上完成。被试者被要求想象一下自己正在参加一场网球比赛，并用笔圈出下文中所有的人称代词"我""我的"（依存型自我建构组则被要求圈出"我们""我们的"）。

独立型自我建构组的情景材料："我正在参加一个网球比赛，并且已经进入决赛。现在是下午 4 点 26 分，头顶的烈日烤着我，我一次次地整理着拍子上的网球线，我不停地拍打着网球。这时候，我感觉到自己成为世界的中心，我在心里默默告诉自己：这是我的战斗，这是我的机会。如果我赢得这最后一场比赛，我将获得冠军头衔和巨大的奖杯。独立型自我建构组的两幅图片：网球单打比赛和个人获胜捧杯。依存型自我建构组的情景材料："我们的团队正在参加一个网球比赛，我将代表我们的团队参加决赛。现在是下午 4 点 26 分，头顶的烈日烤着我们，我一次次地数着拍子上的网球线，拍打着网球。这时候，团队的教练和队友注视着我，我在心里默默告诉自己：这是我们的战斗，这是我们的机会。如果我们赢得这最后一场比赛，我们团队将获得冠军头衔和巨大的奖杯。依存型自我建构组的两幅图片：比赛时团队加油鼓劲和团队获胜捧杯。

阅读完上述材料之后，被试者需要回答"共圈出了几个人称代词？"接着，在问卷第二部分，他们被告知需要完成造句任务（用"我是×××"造十个句子），该任务用于检验不同自我建构的操控效果（Kuhn and Mcpartland，1954）。

第三部分关于主任务和中断任务的内容需要在电脑上填答。主任务为"电饼铛购买决策"，被试者将阅读到如下信息：寒假回家，你打算购买一个电饼铛，你可以用它煎牛排、烤肉串、烙大饼、爆炒美食。于是你来到离家不远的一个家电商场。目前有三款产品可供你选择，具体属性信息如下表所示。下表中，烹饪的美味程度、使用的方便性、烹饪的速度这三个属性指标采用1至10分进行评价，分值越高代表着产品在该属性上的表现越好。

表6-10 实验六刺激物（电饼铛）属性信息

品牌	A	B	C
烹饪的美味程度	10	10	10
使用的方便性	8	7	6
烹饪的速度	6	7	8
价格	169元	169元	169元

资料来源：本书整理。

中断任务的选择和设定。中断任务的设计与实验四一致，采用让被试者完成"找不同"任务来保持被试者认知资源的占用。在实验中，被试者被要求仔细比较两幅相似的图片，并找出两幅图中所有的不同之处，并将最后的答案（共有几处不同）填写在横线中。另外，决策中断时机的设置依然和前面的实验五一致。

为了检验被试者是否认真阅读了主任务中的情景信息，为问卷有效性筛选提供依据，类似于前面的研究，我们将询问被试者"在之前电饼铛选择情境中，下列哪几项属性未在材料中提及？（单选题：品牌、价格、烹饪的美味程度、使用的方便性、烹饪的速度、保修期）"

第四部分安排因变量和中介变量的测量。关于购买决策的测量不同于之前的实验：被试者需要将"10分"根据自己的偏好分配给三个电饼铛产品，分配的分数越多，代表着越愿意选择该产品（每个产品分配的分数在0到10之间，只可以是整数，且三个数之和为10）；被试者在折中选项上分配的分数即为他们对折中选项的购买意愿。另外，中介变量熟悉度的测量同实验二，借鉴Kupor，Liu和Amir（2013）的研究中的量表。在问卷的最后一部分，被试者需要填写自己的性别和年龄。

二、实验结果

北方某综合类高校120名本科生参加实验，所有实验被试者被随机分到4组，每组30人，每名被试者在实验结束后将获得一个小礼品作为报酬。

在全部120份问卷中，无效问卷7份，有4名被试者未能通过决策情境的回忆测试（其中2人未能正确完成"找不同"任务），另有3名被试者未能正确完成"找不同"任务；113名有效被试者中，男生47人，平均年龄20.53岁（SD=1.025），上述有效被试者均未能准确猜测出本实验的目的。

首先，完成信度分析和自我建构的操控检验。经检验，熟悉度（Cronbach's α=0.812）的信度良好，两个问项具有较好的相关性，以两个问项得分的平均值作为熟悉度的评价值。另外，自我建构的操控有效：在启动独立型自我建构的情境下，被试者造了更多自我性格的句子（$M_{独立}$=3.87，$M_{依存}$=2.15），$F(1, 114)$=23.301，$p<0.001$；在启动依存型自我建构的情境下，被试者造了更多自我群体身份的句子（$M_{独立}$=2.38，$M_{依存}$=4.27），$F(1, 108)$=29.023，$p<0.001$。

其次，检验决策中断、自我建构对折中选项选择的交互效应。我们将决策前中断赋值为1，无中断情境赋值为0；将依存型自我建构赋值为1，独立型自我建构赋值为0；以决策中断和自我建构作为自变量，折中选项购买意愿为因变量进行方差分析。结果显示，决策中断的主效应显著（$M_{无中断}$=5.54，$M_{决策前中断}$=4.63），$F(1, 111)$=6.138，$p=0.015<0.05$，自我建构的主效应同样显著（$M_{独立}$=4.67，$M_{依存}$=5.53），$F(1, 111)$=5.27，$p=0.024<0.05$；更为重要的是，决策中断与自我建构的交互效应显著，$F(1,$

109）= 4.49，p<0.05，如图 6-4 所示。

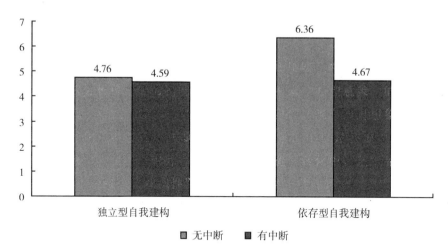

图 6-4 决策中断、自我建构对折中选项购买意愿的影响

资料来源：本书整理。

使用 SPSS 软件的 syntax 语句进行简单效应检验：在无决策中断的情境下，不同自我建构类型对折中选项的购买意愿差异显著，且依存型自我的被试者更愿意选择折中选项（6.36vs.4.76），F（1，109）= 10.051，p = 0.002< 0.01；在发生决策前中断的情境下，不同自我建构类型对折中选项的购买意愿无显著差异（4.59vs.4.67），F（1，109）= 0.025，p = 0.875>0.1。对于独立型自我建构的被试者，决策前中断发生与否对他们购买折中选项的意愿没有显著影响（4.76vs.4.59），F（1，109）= 0.119，p = 0.731>0.1；而对于依存型自我建构的被试者，发生决策前中断将显著降低他们对于折中选项的购买意愿（6.36vs.4.67），F（1，109）= 10.846，p=0.001<0.01。

最后，检验熟悉度被调节的中介效应。对于有调节的中介的验证，我们仍然采用多步回归和 bootstrapping 的方法对数据进行处理。

根据 Muller，Judd 和 Yzerbyt（2005）在研究中关于有调节的中介的检验步骤。先将熟悉度这个连续变量中心化，然后进行下面三个回归运算。①以决策中断、自我建构以及两者交互项为自变量，折中选项购买意愿为因变量进行回归分析，交互项对因变量的影响达到显著性水平（$\beta = -0.323$，$t = -2.119$，$p = 0.036 < 0.05$）；②以决策中断为自变量，熟悉度为因变量进行回归分析，决策中断对熟悉度的影响显著（$\beta = 0.429$，$t = 5.006$，$p < 0.001$）；③以决策中断、中心化的熟悉度、自我建构、决策中断与自我建构的交互项、中心化的熟悉度与自我建构的交互项为自变量，折中选项的购买意愿为因变量进行回归分析，决策中断和自我建构的交互项对于因变量的影响不显著（$\beta = -0.117$，$t = -0.745$，$p = 0.458 > 0.1$），但是，熟悉度和自我建构的交互项对因变量的影响显著（$\beta = -0.412$，$t = -3.061$，$p = 0.003 < 0.01$），另外自我建构对因变量的直接影响显著（$\beta = 0.257$，$t = 2.077$，$p = 0.04 < 0.05$）。由此可见，因为熟悉度的存在，使得决策中断和自我建构的交互项对折中选项购买意愿的影响消失，所以我们认为，熟悉度是一个有调节的中介变量。因此，假设 9 得到了支持。

本书还通过 Bootstrap 方法检验有调节的中介变量的间接影响，自变量到因变量的间接效应和间接效应的标准差通过 bias-corrected bootstrap 方法进行估计，选择模型 14，样本量设定为 5000，95% 的置信区间（Preacher，Rucker and Hayes，2007）。条件间接效应的结果显示：对于独立型自我建构的被试者，决策中断通过熟悉度对折中选项购买意愿的条件间接效应不显著（95%CI：LLCI = -0.4209，ULCI = 0.7047，包含 0），作用大小为 0.1074；对于依存型自我建构的被试者，决策中断通过熟悉度对折中选项购买意愿的条件间接效应显著（95%CI：LLCI = -1.5881，ULCI = -0.5296，不包含 0），作用大小为 -0.9736。因此，熟悉度在决策中断对折中选项购买意愿中的中介作用受到自我建构的调节，再次验证了假设 9。

三、讨论

实验六通过操纵决策中断、利用情景启动的发生操纵被试者的不同自我建构水平，证实了决策中断和自我建构对折中选项的选择所产生的交互效应，并深入探讨了熟悉度作为有调节的中介，在不同条件下的作用机制。具体而言，对于依存型自我建构的消费者，决策前中断（vs. 无中断）对于折中效应的削弱效果明显，且该负向作用受到熟悉度的中介；而对于独立型自我建构的消费者，决策前中断（vs. 无中断）对于折中效应的削弱效果未到达显著水平，且熟悉度的中介效应也不存在。这是因为，独立型自我的被试者（vs. 依存型自我）通常在决策时更加遵从于内心的需要、更加看重收益而不畏惧损失、在决策时更容易使用启发式的线索而非深层次的自下而上的加工，所以即使不存在决策中断，他们也会比依存型自我的初试者更愿意选择极端选项。受制于"天花板效应"，决策中断能够基于他们的强化作用十分有限。另外，实验六和之前的实验相比，在因变量的测量方法上有所调整，由"选择"测量改变为"购买意愿"的测量，也从侧面支持了研究假设的稳定性。在下面的实验中，我们将继续探讨，本实验中已经验证的有调节的中介效应是否还存在其他的边界条件，即在何种情境下，该有调节的中介效应成立（不成立）？

第七节　实验七：决策对象的再调节作用

一、实验设计及过程

实验七是为了验证假设 10：熟悉程度在决策中断对折中效应负面影响的中介作用被自我建构调节，且该调节效应受到决策对象的再次调节。具体来说，当消费者为自己做决策时，熟悉度在决策中断对折中效应负面影响的中介作用被自我建构调节；当消费者为他人做决策时，自我建构对熟悉度中介作用的调节效果不显著。

实验采取 2（中断情况：无中断/决策前中断）×2（自我建构：独立型自我/依存型自我）×2（决策对象：为自己/为他人）的混合实验设计。其中，决策中断情况、决策对象的操纵采用组间设计，而自我建构操纵是组内设计，每个被试者需要填答具有个体特质的自我建构量表（Singelis，1994）。

刺激物选取和主任务的描述。实验九的主任务是让被试者完成"房屋租赁选择"，在该任务开始阶段，被试者将阅读关于租房决策情境的描述。决策对象的操纵如下，"为自己决策"组的被试者将阅读到如下信息："想象一下，你大学毕业后进入了一家喜欢的单位工作，但是公司并不提供食宿。于是你打算在公司周边不算太远的地方租住一套房子，你花了周末两天的时间看了很多套房源，同时去附近的房屋中介也看了看，最后把范围缩小到了如下三套公寓上。三套公寓的租金基本相同，其他相关属性信息如下表所示。因为考虑到自己居住、做饭和方便上班，房屋面积和离单位的距离都是你需要考虑的因素。"在阅读完产品的信息后，被试者被要求做出选择。

"为他人决策"组的被试者将阅读到如下信息："想象一下，你大学毕业后进入了一家喜欢的单位工作，但是公司并不提供食宿。于是你和另外一个同事都打算在公司周边不算太远的地方租住一套房子，但是你的同事因为工作比较忙，没有时间看房子，同事请你顺便帮他/她寻找合适的房源。于是，你花了周末两天的时间看了很多套房源，同时去附近的房屋中介也看了看，最后把范围缩小到了如下三套公寓上。三套公寓的租金基本相同，其他相关属性信息如表6-11所示。因为你的同事考虑到自己居住、做饭和方便上班，房屋面积和离单位的距离都是他需要考虑的因素"。在阅读完产品的信息后，被试者被要求替同事做出选择。

表6-11 实验七刺激物（公寓）属性信息

属性	房屋面积（m²）	步行至公司的时间（分钟）
公寓A	40	8
公寓B	55	12
公寓C	70	18

资料来源：本书整理。

中断任务的选择和设定。中断任务的设计类似于实验三，采用让被试者完成"单词拼写"任务来保持被试者认知资源的占用。在实验中，被试者被要求写出五个以字母"S"开头的单词，并将最后的答案填写在横线中。对于不同中断情境的设定（中断任务的插入位置）依然参照实验六的安排。

操纵检验。为了检验被试者是否认真阅读了主任务中的情景信息，类似前面的研究，我们将询问被试者"在之前公寓租住选择情境中，下列哪几项属性未在材料中提及？（多选题：装修情况、住房面积、步行到公司的时间、具体的租金费用）"另外，被试者是否正确且按照要求完成了中断任务（拼写出五个以 S 开头的单词）也作为问卷有效性的筛选依据。

变量的测量。在主任务的最后阶段，安排因变量的测量："为自己决策"情境下的被试者需要回答"在上述三套公寓中，你更愿意选择租住哪一套？""为他人决策"情境下的被试者需要回答"如果你同事让你帮他/她做选择，你会替他/她挑选哪一套？"另外，中介变量熟悉度的测量同实验二，借鉴Kupor，Liu 和 Amir（2013）的研究中的量表，自我建构的测量采用 Singelis（1944）的 7 级量表（1＝非常不同意，7＝非常同意），共 26 个问项，独立型自我和依存型自我的描述各 13 个问项，具体如表 6-12 所示。在问卷的最后一部分，被试者需要填写自己的性别和年龄。

表 6-12 自我建构量表

（1）同伴的开心对我来说很重要
（2）拥有独立于他人的个性对我来说十分重要
（3）我会为同伴取得的成功而感到骄傲
（4）维持团队内部和谐是十分重要的
（5）我很享受在很多方面与众不同的感觉
（6）我是一个独特的个体
（7）我喜欢和周围的人分享一些小事
（8）在和别人合作时我感到很愉快
（9）我的幸福很大程度上取决于周围人的幸福
（10）我宁愿直接说"不"，也不愿意被他人误解
（11）一个人应该不依赖他人而生活
（12）我很喜欢在与他人竞争的环境下学习或工作
（13）如果我的家人反对我非常喜爱的活动，我会选择放弃

（14）我会做让家庭愉快的事，即使是不喜欢的事
（15）我常常为了集体利益而牺牲个人利益
（16）即使与团队成员产生较大分歧，我也尽量避免正面冲突
（17）学习或工作上比别人优秀对我来说比较重要
（18）胜利意味着一切
（19）竞争就是自然法则
（20）我会因为别人做得比我好而感到心烦
（21）如果我的团队需要我，即使相处不太愉快，我还是会留下来
（22）我经常感觉到，与我个人成就相比，和同伴的关系更为重要
（23）没有竞争就不会有美好的社会
（24）在和人们谈论事情时，我倾向于单刀直入
（25）尊重团队所做出的决定对我来说很重要
（26）拥有丰富的想象力对我来说很重要

注：表格中加粗的问项是对依存型自我的描述，剩下的问项是对独立型自我的描述。

资料来源：SINGELIS T M. The measurement of independent and interdependent self-construals ［J］. Personality and Social Psychology Bulletin. 1994，20（5）：580-591.

二、实验结果

北方某综合类高校352名被试者参加了实验，其中无效问卷25份，每名被试者在实验结束后将获得一个小礼品作为报酬。327名有效被试者中，男生171人，平均年龄20.34岁（SD=1.028）。

首先，进行熟悉度、独立型自我建构和依存型自我建构的量表信度分析。

信度分析结果显示，熟悉度（Cronbach's α=0.802）的两个问项的相关程度较高；独立型自我建构（Cronbach's α=0.745）和依存型自我建构（Cronbach's α=0.806）的测量达到了可以接受的水平，分别取两个量表题项的平均值作为相应维度的得分。借鉴国内外研究的做法，将独立型自我建构的得分与依存型自我建构相减，差值为正划入独立型自我建构组（M=0.66，SD=0.71，N=139），差值为负则划入依存型自我建构组（M=-0.89，

SD＝0.72，N＝188），且两组均值存在显著差异，F（1，325）＝319.65，p＜0.001，8个实验组的样本数分布如表6-13所示。

表6-13　实验七各实验组样本量分布

决策类型	为自己决策		为他人决策	
	依存型自我	独立型自我	依存型自我	独立型自我
无中断	32	42	36	57
中断	37	40	35	48

资料来源：本书整理。

其次，我们检验决策中断、自我建构和决策对象对折中选项选择的三重交互效应。

在下面的数据处理中，我们将决策前中断赋值为1，无中断情境赋值为0；将依存型自我建构赋值为1，独立型自我建构赋值为0；将为自己决策赋值为1，为他人决策赋值为0；将熟悉度进行中心化处理；将因变量产品选择进行转换，如果被试者选择了折中选项（公寓B）则将结果记为1，如果被试者选择了极端选项（公寓A或公寓C），则记作0。为了检验决策中断、自我建构和决策对象对折中选项选择的三重交互效应，我们以这个重新定义的决策变量为因变量，决策中断、自我建构、决策对象，以及上述三个变量中任意两个变量的乘积项和三个变量的乘积项为自变量纳入模型，进行二元Logistic回归分析。结果显示，该三重交互效应显著，$Wald\chi^2 = 4.162$，b＝-2.121，SE＝1.039，p＝0.041＜0.05；另外，决策对象对折中选择的效应也显著，$Wald\chi^2 = 4.162$，b＝-1.293，SE＝0.528，p＝0.014＜0.05。

为了更加清楚地看清决策中断、自我建构、决策对象的三重交互效应，我们分别考察在不同决策对象下，决策中断和自我建构对折中选择的影响。具体来说，在被试者进行自我决策的情境下（决策对象＝1），我们将决策中断、自我建构以及两者的交互项纳入模型进行二元Logistic回归分析，结果显示，决策中断和折中选项选择的关系不显著，$Wald\chi^2 = 3.308$，b＝-0.925，SE＝0.508，p＝0.069＞0.05；自我建构和折中选择的关系显著，$Wald\chi^2 = $

7.94，b = 1.545，SE = 0.548，p = 0.005 < 0.01；更为重要的是，决策中断和自我建构的乘积项与折中选择的关系同样显著 Waldχ^2 = 4.483，b = − 1.567，SE = 0.74，p = 0.034 < 0.05，交互效应的效果如图6-5所示。同样，我们再分析为他人决策的情境（决策对象 = 0），将决策中断、自我建构以及两者的交互项纳入模型进行二元 Logistic 回归分析，结果显示，决策中断和折中选项选择的关系显著，Waldχ^2 = 6.131，b = − 1.27，SE = 0.513，p = 0.013 < 0.05；自我建构和折中选择的关系不显著 Waldχ^2 = 2.42，b = 0.868，SE = 0.558，p = 0.12 > 0.1；更为重要的是，决策中断和自我建构的乘积项与折中选择的关系同样不显著，Waldχ^2 = 0.163，b = 0.295，SE = 0.729，p = 0.686 > 0.1。

最后，我们验证决策对象对有调节的中介模型的再调节作用。

根据 Muller，Judd 和 Yzerbyt（2005）在研究中关于有调节的中介的检验步骤。首先将熟悉度这个连续变量中心化，然后完成下面三个回归运算。①以决策中断、自我建构、决策对象，以及上述三个变量中任意两个变量的乘积项和三个变量的乘积项为自变量，折中选项选择为因变量进行回归分析，三重交互项对因变量的影响达到显著性水平（Waldχ^2 = 4.162，p = 0.041 < 0.05）；②以决策中断为自变量，熟悉度为因变量进行回归分析，决策中断对熟悉度的影响显著（β = − 0.307，t = − 5.818，p < 0.001）；③以决策中断、中心化的熟悉度、自我建构、决策对象，以及两个三重交互项（决策中断、自我建构和决策对象的交互项，中心化的熟悉度、自我建构和决策对象的交互项）为自变量，折中选项的选择为因变量进行回归分析，决策中断、自我建构和决策对象的交互项对于因变量的影响不显著（Waldχ^2 = 3.716，p = 0.054 > 0.05），但是，中心化的熟悉度、自我建构和决策对象的交互项对因变量的影响显著（Waldχ^2 = 7.071，p < 0.001）。由此可见，自我建构和决策对象的交互项调节了熟悉度在决策中断和折中选择中的中介效应，即决策对象的再调节效应得到了验证。因此，假设10得到了支持。

另外，本书还通过 Bootstrap 方法检验有调节的中介变量的间接影响，自变量到因变量的间接效应和间接效应的标准差通过 bias-corrected bootstrap 方法进行估计，选择模型18，样本量设定为5000，95%的置信区间（Preacher，

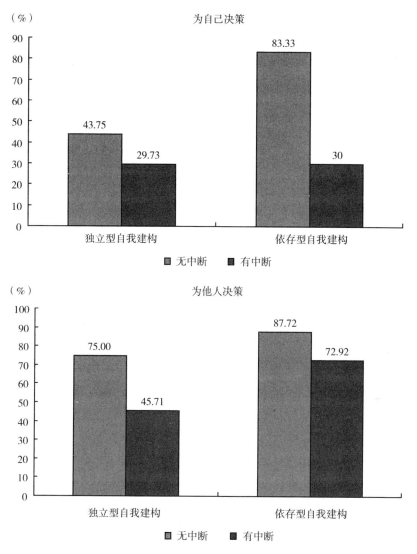

图 6-5　决策中断、自我建构和决策对象的三重交互效应

资料来源：本书整理。

Rucker and Hayes，2007）。条件间接效应的结果显示：对于独立型自我的被试者而言，当为他人决策时，熟悉度在中断对折中选择影响中的中介效应不显著（95% CI：LLCI = − 0. 3076，ULCI = 0. 481，包含 0），效应大小为 0. 0629；对于独立型自我的被试者而言，当为自己决策时，熟悉度在中断对折中选择影响中的中介效应不显著（95%CI：LLCI＝－0.5026，ULCI＝0.318，包含0），效应大小为－0.0575；对于依存型自我的被试者而言，当为他人决策时，熟悉度在中断对折中选择影响中的中介效应不显著（95%CI：LLCI＝－0.9422，ULCI＝0.0306，包含0），效应大小为－0.3733；对于依存型自我的被试者而言，当为自己决策时，熟悉度在中断对折中选择影响中的中介效应不显著（95%CI：LLCI＝－1.622，ULCI＝－0.4627，不包含0），效应大小为－0.932。综上所述，对于依存型自我的被试者为自己决策时，熟悉度在决策中断对折中效应负向影响中的中介效应才显著，在其他三种情境下，该中介效应不显著。

三、讨论

研究七通过对决策中断、决策对象的操纵，以及对熟悉度和自我建构的测量支持了假设10，即验证了决策对象的再调节作用，同时也再次验证了假设9。本实验选择公寓租赁决策作为主任务，是对折中效应决策情境的进一步丰富。数据处理的结果表明，决策中断、自我建构、决策对象对折中选择存在三重交互效应，当进行自我决策时，自我建构类型会调节决策中断对折中选择的负向影响，但是该调节效应在为他人做决策时不再显著。另外，熟悉程度在决策中断对折中效应负面影响的中介作用被自我建构调节，且该调节效应受到决策对象的再次调节，即自我建构和决策对象的交互项调节了熟悉度在决策中断和折中选择中的中介效应。具体来说，当消费者为自己做决策时，熟悉度在决策中断对折中效应负面影响的中介作用被自我建构调节；当消费者为他人做决策时，自我建构对熟悉度中介作用的调节效果不显著。

第七章　总结

本章包含四部分：第一部分对本书的主要结论进行总结；第二部分阐述本书的理论意义；第三部分论述本书的实践意义和启示；第四部分探讨本书的不足之处以及未来的研究方向。

第一节　主要研究结论

本书以行为决策中常见的折中效应为突破口，构建较为完整的决策中断对折中效应的影响模型，探究如何利用中断来影响消费者决策。研究紧紧围绕如下三个问题展开：决策中断如何影响最终的折中效应、该影响的内在机制如何、有哪些因素调节了上述内在影响。本书通过七个实验对上述问题给予了一一论证。

实验一探讨了决策中断如何影响最终的折中效应。实证结果表明，中断发生时间会对折中效应产生差异化的效果。当中断发生在阅读选项信息前时（vs. 无中断），决策中断将强化折中效应，促使消费者更多地选择中间选项；当中断发生在决策之前时（vs. 无中断），决策中断将削弱折中效应，促使消费者更多地选择极端选项。

实验二探讨了决策中断对折中效应影响的内在机制。研究发现，当中断发生在阅读选项信息前，决策中断（呈现与否）对折中效应的强化作用受到好奇的中介，即决策中断引发了消费者的好奇感，在好奇的作用下，更多的认知资源和注意力将被调用，决策的精细化程度会增加，最终增加折中产品的选择份额。当中断发生在最终决策前（阅读选项信息后），决策中断（呈现与否）对折中效应的削弱作用受到熟悉度的中介，因为当消费者执行完中断任务回到原决策任务时，中断前对于全部决策信息的了解将引发他们的熟悉感，提升他们承担决策风险的能力，最终增加极端产品的选择份额。

实验三、四探讨了好奇在决策中断和折中效应关系中的中介效应受到哪些因素的调节。研究三、四、五的结果表明：①认知需求在决策中断对折中效应影响中的调节作用被好奇所中介，好奇是被调节的中介变量。具体而言，当消费者的认知需求水平较低时，好奇的中介效应成立；当消费者的认知需求水平较高时，好奇的中介效应不存在。②好奇在决策中断对折中效应影响中的中介作用受到信息呈现方式的调节，当选择集中的产品信息以数字形式呈现时，好奇中介了决策中断对折中效应的影响；当选择集中的产品信息以图形形式呈现时，好奇在决策中断对折中效应影响中的中介效应不显著。

实验五、六、七探讨了熟悉度在决策中断和折中效应关系中的中介效应受到哪些因素的调节。研究五、六、七的结果表明：①熟悉度在决策中断对折中效应影响中的中介作用受到决策环境变化的调节，当决策环境不发生变化时，熟悉度中介了决策中断对折中效应的影响；当决策环境发生变化时，熟悉度在决策中断对折中效应影响中的中介效应不显著。②熟悉度在决策中断对折中效应影响的中介作用被自我建构调节，对于依存型自我建构者，熟悉度中介了决策中断对折中效应的影响；对于独立型自我建构者而言，熟悉度的中介效应不成立。③自我建构调节了熟悉度在决策中断和折中效应关系中的中介效应，且该调节效应受到决策对象的再次调节，当消费者为自己做决策时，熟悉度在决策中断对折中效应负面影响的中介作用被自我建构调节；当消费者为他人做决策时，自我建构对熟悉度中介作用的调节效果不显著。

第二节　理论意义

本书探讨决策中断对折中效应不同的影响机制以及各自存在的调节因素。从理论层面来看，主要在下面四个方面做出了贡献：

第一，国外关于消费者行为领域的中断研究目前才刚刚起步，决策过程中的中断现象，究竟会对决策行为本身或者消费者信息加工带来何种影响仍缺乏深入探讨。本书首次将决策中断和折中效应这两个看似不太相关的概念建立联系，并提出了不同的决策中断时机会对折中效应产生强化或者削弱的影响。研究结果对于现有的决策中断和折中效应的研究是一个适当的补充。为今后深入挖掘两者之间的关系（其他的解释机制和调节因素）提供了理论基础和研究借鉴。

第二，本书以行为决策中常见的折中效应为突破口，构建较为完整的决策中断对折中效应的影响模型，模型涵盖两个中介变量和数个调节变量，研究结果较为全面地揭示了中断对折中效应的影响。就中介变量和某些调节变量而言，放置到别的决策任务中同样具有一定的可适用性（当然，研究的结果并不一致）。这就为探讨其他决策情境下的中断研究提供了理论支持。例如，可以用"好奇"去解释决策中断对说服效果的影响；也可以用"熟悉度"去解释决策中断对风险决策或冲动购买的影响。

第三，本书结论为后续决策中断的研究提供了思路和新的视角。具体来说，之前关于决策中断的研究片面地聚焦于它所带来的负面效用；为了应对这种潜在的消极后果，研究者们更多地关注如何避免中断，使人们的注意力集中于主任务之上。其实，"中断"也是可以被引导和利用的，那么对于中断的研究也应该变"堵"为"疏"，更多地揭示其研究的积极意义。以本书研究为例，我们探讨不同情境下决策对折中效应的差异化影响（强化或者削弱），这一研究成果揭示了如何利用决策中断来影响消费者的心理、信息加工方式和决策行为。对于这一问题的研究思路在其他一些问题的研究领域也可以提供很好的借鉴，例如，针对产品脱销研究，脱销既可能引发品牌转移、忠诚度下降等负面效应，也可能带来促进相似品购买、增加消费者稀缺性感知等积极效果（李东进，张成虎和李研，2015）。

第四，研究结论对现有折中效应和情境效应的成果做出了补充。过去对于折中效应的研究大概涵盖如下几方面的内容：在不同情境下折中效应结果的稳定性验证、探讨消费者个人因素或者选项因素对于折中效应的单向影响。本书跳出当前文献对于折中效应研究的既有框架，以决策中断这一工作生活中常见的现象入手，研究从决策者的视角深入探讨了决策中断对折中效应差异性影响背后的内在信息机制，并从人格特质、选择集内选项特征、情境因素等多个维度提出了上述中介机制的调节作用，构建了完整的有调节的中介模型。另外，折中效应属于一种典型的情境效应，本书的结论可以为后续探讨中断与其他情境效应（例如吸引效应、知觉聚焦效应等）的影响提供支持。

第三节　实践意义和启示

本书以中断现象为切入点，关注了其对消费者决策情境下最常见的折中效应的影响。本书对营销实践有以下启示：

第一，需要更为理性地正视决策中断的影响。根据自己的直觉，人们习惯上认为中断是不好的，并存在大量的负面效用。他们认为中断会把目标任务上的注意力转移，进而降低对该任务的处理。此外，如果信息决策者的注意力被转移，那么他后续某个时间点继续处理该任务的能力就会下降。为了最大化信息的说服效果，营销实践者希望在信息传递过程中，能够尽可能让消费者保持"专注"，以此来提升信息接收者的态度和行为意图（Kupor and Tormala，2015）。但是根据本书的结论，在产品信息呈现之前的中断可以引发消费者好奇，增加他们信息加工的深度。由此可见，在恰当的时机执行中断，由此引发的好奇感可以应用于营销人员的推介、消费者说服、广告促销等实践领域。例如，在一些消费者感兴趣的，或者重要的信息呈现之前出现中断，可以增加我们对于该部分信息阅读的投入程度。在我们阅读新闻或者感兴趣的产品介绍时，弹出的短暂性广告，反而会增加信息对我们的说服效果。

第二，合理利用决策中断引导消费者决策行为。消费者的决策具有很强的情境性，他们往往在决策之前或者面对产品信息之前并未形成明确的偏好。消费者决策是一个信息处理的过程（Bettman，1979；Howard and Sheth，1969），而决策过程中的偏好是基于建构的，而不是简单的记忆提取（Bettman，Luce and Payne，1998）。折中效应就是基于这样的背景而产生的。日常生活中，真正专家化的消费者毕竟是极少的，折中效应则体现了消费者对于自己不确定偏好下的一个审慎、合理的决定。而本书的系列结果正是基于如何利用决策中断或者其他调节因素对折中效应产生影响，考虑到折中效应在购买决策中的常见性，我们认为本书的结论对于现实中折中效应的使用有着很好的指导意义。例如，为了增加折中选项的销售，在详细介绍产品的属性信息之前"主动地"营造决策中断事件（例如，为顾客端第一杯水，或者请顾客移步就座，或者观看产品的画册、品牌的广告等），类似短暂的中断都可能会增加消费者对于后续信息的好奇感。相反，如果商家想增加某一高端产品的销售，他们更希望降低折中效应的影响，那么决策前的中断则会有助于上述目标的达成。

第三，合理有效地应对"计划外"的中断对营销结果的影响。与商家在"恰当时机"触发决策中断相对，在更多的时候，购买情境下的中断并非商家刻意造成的，也可能源于消费者的主动中断，例如，消费者临时接打一个电话；甚至包括在商场中去完其他家柜台后再回来的情况。本书的结论也为如何有效应对消费者的主动中断提供了一些思考。举例来说，根据本书的结果，在最终购买决策前的中断可能会降低折中选项被选择的概率，如果商家想要增加消费者对于折中产品的购买，可以通过改变决策环境（变化产品的陈列位置、引入其他相似的产品、介绍更多的关于备选产品的信息等），从而降低他们的熟悉感，诱使其"重新"考虑这些备选方案。

第四节　不足与未来研究方向

本书的不足之处和未来研究方向总结概括为如下几个方面：

第一，本书的七个实验均采取实验室研究的方法，该研究方法的优点和缺点同样明显，该方法在带给我们相对"纯净的"数据的同时，也是以牺牲研究的外部效度为代价的。在后续的研究中，可以考虑采用现场实验的方法来探究决策中断对折中效应的影响，进一步验证真实决策中，消费者的内心历程是否符合本书理论推测。

第二，关于本书的框架和实验设计仍需要完善。在今后的研究中还可以继续挖掘是否还存在其他的中介机制可以解释决策中断对折中效应的影响，以及尝试寻找更多的调节因素；就本书而言，虽然验证的调节变量涵盖人格特质、情境因素和决策选项，但是对于具有"中断特质"的调节变量仍然探讨较少。当然这也存在客观的原因，因为本书的自变量是"有否存在中断"，因此在无中断情境下，探讨与中断有关的调节变量没有意义。

第三，后续的研究设计应该更加贴近实际。首先，后续研究仍需要进一步开拓多属性维度选择集内的折中效应；众所周知，某一产品不可能只有两个属性维度，就好比我们在手机购买决策中不可能只衡量它的"屏幕尺寸"和"摄像头像素"一样，当前关于折中效应的研究涉及的属性描述基本维持在2~3个。其次，在因变量的测量中，被试者被要求做出3选1、2选1的购买决策或者描述其购买意愿，但是在实际购买决策中，消费者可以选择放弃购买或者延迟购买（Dhar and Simonson，2003）；在后续研究中，应该给予决策对象更加接近于决策的选项。再次，实验的流程有时和现实的决策存在差异，例如，有时消费者是先见到信息，而后被激发购买意图，在这种情况下，本书中探讨的信息呈现前的中断时机似乎就不复存在。

第四，要继续拓展对于中断积极效应的研究。总体而言，现有研究较多关注中断所带来的负面影响（Baethge, Rigotti and Roe, 2015），即如何规避中断引发的不良后果；后续的研究应该积极挖掘中断的积极效应，利用甚至创造必要的中断为任务的处理服务。Nelson 和 Meyvis（2008）借鉴"适应"的相关理论，解释了随着观众"适应性"的增强，节目乐趣的程度可能随着播放的进展而降低；但是，进一步研究发现，商业广告恰恰能够打断这种适应过程，并且（至少部分）恢复观众对节目起初的兴趣。因此，从某种意义上说，插入商业广告可能通过打断他们的"适应过程"而使得节目的乐趣度更高。再则，适当时间节点、适当方式的中断也可以增加信息的说服效果（Kupor and Tormala, 2015）。那么，中断是否还存在其他的积极效应，它们的内在机制和边界条件如何有待深入挖掘。

第五，探讨中断对后续无关决策的影响。现在的研究已经开始探索中断对消费行为的影响，但是他们仅仅去检验中断对被中断任务的影响，而非对后续以及无关消费决策的影响。因为在很多时候即便完成了中断任务，我们可能也无法即刻回到被中断的任务中，此时我们被中断的心理状态将如何后续的行为？例如，在高潮时期发生了中断，将给消费者带来强烈的心理闭合需要（Kupor, Reich and Shiv, 2015），该"需要"能否促进他们在无关任务中快速决策，并降低产品搜索。如果存在上述关系，那么我们可以通过"恰当时机"的中断有效地影响消费者的行为和决策，这对于中断的研究是一个很好的补充。

第六，如何提升中断任务（决策）本身的表现。正如前面所说，现有研究关注于中断发生或者恢复后，人们在主任务（被中断任务）上的表现，但鲜有关注如何提升中断任务的表现。这一问题的产生，源于人们对于任务重要性的认知偏差，即人们习惯认为"主任务"相比"中断任务"更加重要。其实不然，现实中并没有如此明确的区分，甚至，在一些时候，中断任务则更为重要（如突发的紧急事件、领导临时布置的任务等）。因此，如何提升中断任务完成的质量、准确性和效率同样具有很好的现实意义。

参考文献

[1] 陈峻松，符国群，邬金涛. 诱导性信息对消费者选择的折中效应的影响 [J]. 管理学报，2011，8（3）：437-442.

[2] 丁瑛，徐菁，张影. 消费者如何应对选择困难——选择困难的不同归因方式对折中效应的影响 [J]. 营销科学学报，2012，8（3）：1-10.

[3] 冻素芳，黄希庭. 时间性前瞻记忆的影响因素及机制 [J]. 心理科学进展，2010，18（1）：10-18.

[4] 郭春彦，孙天义. 工作记忆中转换加工的内源性准备和外源性调节 [J]. 心理学报，2007，39（6）：985-993.

[5] 李东进，张成虎，李研. 脱销的利与弊：以感知稀缺性与心理抗拒感为中介的相似品购买意愿研究 [J]. 营销科学学报，2015，11（2）：34-50.

[6] 李东进，张成虎，马明龙. 脱销情境下消费者会购买相似品吗——自我建构视角的分析 [J]. 南开管理评论，2016，19（3）：98-109.

[7] 王磊，伍麟. 人机互动中的任务中断：新环境中的新问题 [J]. 心理科学，2012，35（1）：88-92.

[8] 王永跃，张芝，葛列众，王健. 任务中断对幼儿前瞻记忆的影响 [J]. 心理科学，2005，28（1）：135-136.

[9] 姚琦，乐国安. 动机理论的新发展：调节定向理论 [J]. 心理科学进展，2009，17（6）：1264-1273.

[10] 曾勤闵，许有真. 导入情绪因素之提示系统对使用者绩效的影响 [J]. 资讯管理学报，2010，17（2）：1-27.

[11] 郑毓煌，董春艳. 决策中断对消费者自我控制决策的影响 [J]. 营销科学学报，2011，7（1）：1-14.

[12] 郑毓煌，苏丹. 理性的非理性 [M]. 北京：中国商业出版社，2013.

[13] Aaker J L, Schmitt B. Culture dependent assimilation and differentiation of the self: preferences for consumption symbols in the United States and China [J]. Journal of Cross-Cultural Psychology, 2001, 32 (5): 561-576.

[14] Aarts H, Ruys K I, Veling H, et al. The art of anger [J]. Psychological Science, 2010, 21 (10): 1406-1410.

[15] Adamczyk P D, Bailey B P. If not now, when? The effects of interruption at different moments within task execution [C]. Proceedings of the SIGCHI Conference on Human Factors in Computing Systems, Vienna, Austria, 2004: 271-278.

[16] Adler R F, Benbunan-Fich R. Self-interruptions in discretionary multitasking [J]. Computers in Human Behavior, 2013, 29 (4): 1441-1449.

[17] Ajzen I. The theory of planned behavior [J]. Organizational Behavior and Human Decision Processes, 1991, 50 (2): 179-211.

[18] Alba J W, Hutchinsonw. Dimensions of consumer expertise [J]. Journal of Consumer Research, 1987, 13 (4): 411-453.

[19] Allport A, Wylie G. Task-switching, stimulus-response binding, and negative priming [M] // Monsell S, Driver J S. Attention and Performance XVIII: Control of Cognitive Processes. Cambridge, MA: MIT Press, 2000: 35-70.

[20] Allport D A, Styles E A, Hsieh S. Shifting intentional set: Exploring the dynamic control of tasks [J]. Attention & Performance, 1994, 15 (5): 421-452.

[21] Altmann E M, Trafton J. G Task interruption: resumption lag and the role of cues [C]. In Proceeding of the 26th Annual Conference of the Cognitive Science Society, 2004: 42-47.

［22］ Altmann E M, Trafton J G. Timecourse of recovery from task interruption: Data and a model ［J］. Psychonomic Bulletin and Review, 2007, 14 （6）: 1079-1084.

［23］ Altmann E M. The preparation effect in task switching: Carryover of SOA ［J］. Memory & Cognition, 2004, 32, 153-163.

［24］ Editors of the American Heritage Dictionarics. Heritage Dictionary of the English Languages: Fifth Edition ［M］. UK: Houghton Mifflin, 2012.

［25］ Anand P, Sternthal B. Strategies for designing persuasive messages: Deductions from the resource matching hypothesis ［M］ // Cafferata P, Tybout A M. Cognitive and affective responses to advertising. Lexington, MA: Lexington Books, 1989: 135-159.

［26］ Anderson J R, Douglass S. Tower of Hanoi: Evidence for the cost of goal retrieval ［J］. Journal of Experimental Psychology: Learning, Memory, and Cognition, 2001, 27 （6）: 1331-1346.

［27］ Anderson J R, Qin Y, Sohn M H, et al. An information processing model of the BOLD response in symbol manipulation tasks ［J］. Psychonomic Bulletin & Review, 2003, 10 （2）: 241-261.

［28］ Anderson J R, Lebiere C. Atomic Components of Thought ［M］. Mahwah, NJ: Erlbaum, 1998.

［29］ Atchley P, Chan M. Potential benefits and costs of concurrent task engagement to maintain vigilance: a driving simulator investigation ［J］. Human Factors: The Journal of the Human Factors and Ergonomics Society, 2011. 53 （1）: 3-12.

［30］ Baddeley A. Working memory ［J］. Science, 1992, 255 （5044）: 556-559.

［31］ Baethge A, Rigotti T, Roe R A. Just more of the same, or different? An integrative theoretical framework for the study of cumulative interruptions at work ［J］. European Journal of Work and Organizational Psychology, 2015, 24 （2）:

208-323.

[32] Baethge A, Rigotti T. Interruptions to workflow: Their relationship with irritation and satisfaction with performance, and the mediating roles of time pressure and mental demands [J]. Work and Stress, 2013, 27 (1): 43-63.

[33] Bailey B P, Konstan J A, Carlis J V. The effects of interruptions on task performance, annoyance, and anxiety in the user interface [C]. Proceedings of Interact, 2001: 593-601.

[34] Bainbridge L. Diagnostic skills in process operation [C]. Proceedings of the 1984 International Conference on Occupational Ergonomics, 1984, 2: 1-10.

[35] Bakos J Y. Reducing buyer search costs: Implications for electronic marketplaces [J]. Management Science, 1997, 43 (12): 1676-1692.

[36] Balas M C, Scott L D, Rogers A E. The prevalence and nature of errors and near errors reported by hospital staff nurses [J]. Applied Nursing Research, 2004, 17 (4): 224-230.

[37] Bandura A. Self-efficacy: Toward a unifying theory of behavioral change [J]. Psychological Review, 1977, 84 (2): 191-215.

[38] Baron R M, Kenny D A. The moderator-mediator variable distinction in social psychological research: conceptual, strategic, and statistical considerations [J]. Journal of Personality and Social Psychology, 1986, 51 (6): 1173-1182.

[39] Baron R S. Distraction-conflict theory: Progress and problems [J]. Advances in Experimental Social Psychology, 1986, 19: 1-40.

[40] Bascx. Workplace interruptions cost US economy $588 bn a year [M]. Basex. New York, 2006.

[41] Beike D R, Wirth-beaumont E T. Psychological closure as a memory phenomenon [J]. Memory, 2005, 13 (6): 574-593.

[42] Belch G, Belch M. Advertising and promotion: An integrated marketing communications perspective [M]. Columbus, OH: Mcgraw-Hill, 2011.

［43］ Bell D E. Regretin decision making under uncertainty ［J］. Operations Research, 1982, 30 (5): 961-981.

［44］ Bellotti V, Dalal B, Good N, et al. What a to-do: studies of task management towards the design of a personal task list manager ［C］. In Proceedings of the SIGCHI Conference on Human Factors in Computing Systems, 2004: 735-742.

［45］ Benbunan-Fich R, Truman G. Multitasking with laptops during meetings ［J］. Communications of the ACM, 2009, 52 (2): 139-141.

［46］ Berlyne D E. A theory of human curiosity ［J］. British Journal of Psychology, 1954, 45 (3): 180-191.

［47］ Berlyne D E. Conflict, arousal and curiosity ［M］. New York: Mcgraw-Hill, 1960.

［48］ Bettman J R, Johnson E J, Payne J W. A componential analysis of cognitive effort in choice ［J］. Organizational Behavior and Human Decision Processes, 1991, 45 (1): 111-139.

［49］ Bettman J R, Kakkar P. Effects of information presentation format on consumer information acquisition strategies ［J］. Journal of Consumer Research, 1977, 3 (4): 233-240.

［50］ Bettman J R, Luce M F, Payne J W. Constructive consumer choice processes ［J］. Journal of Consumer Research, 1998, 25 (3): 187-217.

［51］ Bettman J R, Sujan M. Effects of framing on evaluation of comparable and noncomparable alternatives by expert and novice consumers ［J］. Journal of Consumer Research, 1987, 14 (2): 141-154.

［52］ Bettman J R. An information processing theory of consumer choice ［M］. MA: Addison-Wesley, 1979.

［53］ Blanchard A L, Henle C A. Correlates of different forms of cyberloafing: The role of norms and external locus of control ［J］. Computers in Human Behavior, 2008, 24 (3): 1067-1084.

［54］ Boggs D H, Simon J R. Differential effect of noise on tasks of varying complexity ［J］. Journal of Applied Psychology, 1968, 52 (2): 148-153.

［55］ Bond C F, Titus L J. Social facilitation: A meta - analysis of 241 studies ［J］. Psychological Bulletin, 1983, 94 (2): 265-292.

［56］ Bornstein R F, D'agostino P R. Stimulus recognition and the mere exposure effect ［J］. Journal of Personality and Social Psychology, 1992, 63 (4): 545-552.

［57］ Bornstein R F, D'agostino P R. The attribution and discounting of perceptual fluency: preliminary tests of a perceptual fluency/attributional model of the mere exposure effect ［J］. Social Cognition, 1994, 12 (2): 103-128.

［58］ Borst J P, Taatgen N A, Van Rijn H. The problem state: A cognitive bottleneck in multitasking ［J］. Journal of Experimental Psychology: Learning, memory, and cognition, 2010, 36 (2): 363-382.

［59］ Brinkmann K, Gendolla G H. Does depression interfere with effort mobilization? Effects of dysphoria and task difficulty on cardiovascular response ［J］. Journal of Personality & Social Psychology, 2008, 94 (1): 146-157.

［60］ Brixey J J, Robinson D J, Johnson C W, et al. A concept analysis of the phenomenon interruption ［J］. Advances in Nursing Science, 2007, 30 (1): E26-E42.

［61］ Brucks M. The effects of product class knowledge on information search behavior ［J］. Journal of Consumer Research, 1985, 12 (1): 1-16.

［62］ Brumby D P, Cox A L, Back J, Gould S J J. Recovering from an interruption: Investigating speed-accuracy tradeoffs in task resumption strategy ［J］. Journal of Experimental Psychology: Applied, 2013, 19 (2): 95-107.

［63］ Byrnes J P, Miller D C, Schafer W D. Gender differences in risk taking: A meta-analysis ［J］. Psychological Bulletin, 1999, 125 (3): 367-383.

［64］ Cacioppo J T, Petty R E. The need for cognition ［J］. Journal of Personality and Social Psychology, 1982, 42 (1): 116-131.

［65］Cacioppo J T, Petty R E, Feinstein J A, et al. Dispositional differences in cognitive motivation: The life and times of individuals varying in need for cognition ［J］. Psychological Bulletin, 1996, 119 (2): 197-253.

［66］Cacioppo J T, Petty R E, Kao C F. The efficient assessment of need for cognition ［J］. Journal of Personality Assessment, 1984, 48 (3): 306-307.

［67］Cacioppo J T, Petty R E, Kao C F, et al. Central and peripheral routes to persuasion: An individual difference perspective ［J］. Journal of Personality and Social Psychology, 1986, 51 (5): 1032-1043.

［68］Cacioppo J T, Petty R E, Morris K J. Effects of need for cognition on message evaluation, recall, and persuasion ［J］. Journal of Personality & Social Psychology, 1983, 45 (4): 805-818.

［69］Cades D M, Boehm-davis D A, Trafton J G, Monk C A. Mitigating disruptive effects of interruptions through training: What needs to be practiced? ［J］. Journal of Experimental Psychology: Applied, 2011, 17 (2): 97-109.

［70］Cades D M. Understanding the effects of interruptions on the quality of task performance ［D］. Ph. D. dissertation, George Mason University, 2011.

［71］Carlyon R P, Plack C J, Fantini D A, et al. Cross-modal and non-sensory influences on auditory streaming ［J］. Perception, 2003, 32 (11): 1393-1402.

［72］Carrier L M, Cheever N A, Rosen L D, et al. Multitasking across generations: Multitasking choices and difficulty ratings in three generations of Americans ［J］. Computers in Human Behavior, 2009, 25 (2): 483-489.

［73］Carver C S, Sheier M F. On the self-regulation of behavior ［M］. Cambridge, England: Cambirdge University Press, 1998.

［74］Casey C J. Variation in accounting information load: the effect on loan officers' predictions of bankruptcy ［J］. Accounting Review, 1980, 55 (1): 36-49.

［75］Cavallo J V, Fitzsimons G M, Holmes J G. Taking chances in the face of threat: romantic risk regulation and approach motivation [J]. Personality and Social Psychology Bulletin, 2009, 35 (6): 737-751.

[76] Chaiken S. The heuristic model of persuasion [M] // Zanna M P, Olson J M, Herman C P. Social Influence: The Ontario Symposium. Hillsdale, NJ: Erlbaum, 1987: 3-39.

[77] Chernev A. Extremeness aversion and attribute – balance effects in choice [J]. Journal of Consumer Research, 2006, 31 (2): 249-263.

[78] Cherry K E, Lecompte D C. Age and individual differences influence prospective memory [J]. Psychology and Aging, 1999, 14 (1): 60-76.

[79] Childers T L, Houston M J. Conditions for a picture-superiority effect on consumer memory [J]. Journal of Consumer Research, 1984, 11 (2): 643-654.

[80] Chong J, Siino R. Interruptions on software teams: a comparison of paired and solo programmers [C]. In Proceedings of CSCW 2006: ACM Conference on Computer Supported Cooperative Work, 2006: 29-38.

[81] Chuang S C, Cheng Y H, Chang C J, et al. The impact of self-confidence on the compromise effect [J]. International Journal of Psychology, 2013, 48 (4): 660-675.

[82] Chuang S C, Yen H J R. The impact of a product's country-of-origin on compromise and attraction effects [J]. Marketing Letters, 2007, 18 (4): 279-291.

[83] Cohen A R, Stotland E, Wolfe D M. An experimental investigation of need for cognition [J]. Journal of Abnormal Psychology, 1955, 51 (2): 291-294.

[84] Collette F, Linder M V. Brain imaging of the central executive component of working memory [J]. Neuroscience & Biobehavioral Reviews, 2002, 26 (2): 105-125.

[85] Coraggio L. Deleterious effects of intermittent interruptions on the task

performance of knowledge workers: a laboratory investigation [D]. Ph. D. dissertation, The University of Arizona, 1990.

[86] Corragio L. Deleterious effects of intermittent interruptions on the task performance of knowledge workers: A laboratory investigation [D]. Ph. D. dissertation, University of Arizona, Tucson, 1990.

[87] Coulter K S, Coulter R A. Size does matter: the effects of magnitude representation congruency on price perceptions and purchase likelihood [J]. Journal of Consumer Psychology, 2005, 15 (1): 64-76.

[88] Coupey E, Irwin J R, Payne J W. Product category familiarity and preference construction [J]. Journal of Consumer Research, 1998, 24 (4): 459-468.

[89] Crovitz H F, Daniel W F. Measurements of everyday memory: Toward the prevention of forgetting [J]. Bulletin of the Psychonomic Society, 1984, 22 (5): 413-414.

[90] Crowe E, Higgins E T. Regulatory focus and strategic inclinations: promotion and prevention in decision making [J]. Organizational Behavior and Human Decision Processes, 1997, 69 (2): 117-132.

[91] Cullari S, Mikus R. Correlates of adolescent sexual behavior [J]. Psychological Reports, 1990, 66 (3): 1179-1184.

[92] Cutrell E B, Czerwinski M, Horvitz E. Effects of instant messaging interruptions on computing tasks [C]. In Extended abstracts of the CHI 2000 Conference on Human Factors in Computing Systems, 2000: 99-100.

[93] Cutrell E, Czerwinski M, Horvitz E. Notification, disruption, and memory: effects of messaging interruptions on memory and performance [C]. Proceedings Interact 2001 IFIP Conference on Human-Computer Interaction, 2001: 263-269.

[94] Czerwinski M, Cutrell E, Horvitz E. Instant messaging: effects of relevance and timing [C]. People and Computers XIV: Proceedings of HCI, 2000:

71-76.

[95] Czerwinski M, Horvitz E, Wilhite S. A diary study of task switching and interruptions [C]. Proceedings of the SIGCHI conference on Human factors in computing systems, 2004: 175-182.

[96] Dabbish L, Kraut R E. Controlling interruptions: awareness displays and social motivation for coordination [C]. In Proceedings of the ACM Conference on Computer Supported Cooperative Work. 2004: 182-191.

[97] Dabbish L, Kraut R. Coordinating communication: Awareness displays and interruption [C]. CHI'03 extended abstracts on Human factors in computing systems, 2003: 786-787.

[98] Dabbish L, Mark G, González V M. Why do I keep interrupting myself?: Environment, habit and self-interruption [C]. Proceedings of the SIGCHI Conference on Human Factors in Computing Systems, 2011: 3127-3130.

[99] Daft R L, Lengel R H. Organizational information requirements, media richness, and structural design [J]. Management Science, 1986, 32 (5): 554-571.

[100] Daniels J J, Regli S H, Frankd J L. Support for intelligent interruption and augmented context recovery [C]. Proceedings of the 2002 IEEE 7th Conference on IEEE, 2002: 15-21.

[101] Day H I. The measurement of specific curiosity [M] // DAY H I, BERLYNE D E, HUNT D E. Intrinsic motivation: A new direction in education. New York: Holt, Rinehart & Winston, 1971.

[102] Dctwdildr M C, Hess S M, Phdlps M P. Interruptions and working memory [D]. The Pennsylvania State University, 1994.

[103] Dhar R, Nowlis S M, Sherman S J. Trying hard or hardly trying: an analysis of context effects in choice [J]. Journal of Consumer Psychology, 2000, 9 (4): 189-200.

[104] Dhar R, Simonson I. The effect of forced choice on choice [J]. Jour-

nal of Marketing Research, 2003, 40 (2): 146-160.

[105] Dijksterhuis A, Van Olden Z. On the benefits of thinking uncon-sciously: unconscious thought can increase post-choice satisfaction [J]. Journal of Experimental Social Psychology, 2006, 42 (5): 627-631.

[106] Dijksterhuis A. Think different: the merits of unconscious thought in preference development and decision making [J]. Journal of Personality and Social Psychology, 2004, 87 (5): 586-598.

[107] Dodhia R M, Dismukes R K. Interruptions create prospective memory tasks [J]. Applied Cognitive Psychology, 2009, 23 (1): 73-89.

[108] Drolet A, Luce F M, Simonson I. When does choice reveal prefer-ence? Moderators of heuristic versus goal-based choice [J]. Journal of Consumer Research, 2009, 36 (1): 137-147.

[109] Edland A, Svenson O. Judgment and decision making under time pressure [M] // SVENSON O, MAULE A J. Time pressure and stress in human judgment and decision making. New York: Plenum, 1993: 27-40.

[110] Edwards M B, Gronlund S D. Task interruption and its effects on memory [J]. Memory, 1998, 6 (6): 665-687.

[111] Einstein G O, McDaniel M A, Williford C L, et al. Forgetting of in-tentions in demanding situations is rapid [J]. Journal of Experimental Psychology: Applied, 2003, 9 (3): 147-162.

[112] Einstein G O, McDaniel M A. Normal aging and prospective memory [J]. Journal of Experimental Psychology: Learning, Memory, and Cognition, 1990, 16 (4): 717-726.

[113] Einstein G O, McDaniel M A. Retrieval processes in prospective memory: Theoretical approaches and some new findings [M] // Brandimonte m, Einstein G O, Mcdanidl M A. Prospective memory: Theory and applications. Mah-wah, NJ: Erlbaum, 1996: 115-141.

[114] Einstein G O, Smith R E, Mcdaniel M A, et al. Aging and prospec-

tive memory: the influence of increased task demands at encoding and retrieval [J]. Psychology and Aging, 1997, 12 (3): 479-488.

[115] Ericsson K A, Kintsch W. Long-term working memory [J]. Psychological Review, 1995, 102 (2): 211-245.

[116] Eschenbrenner A J. Effects of intermittent noise on the performance of a complex psychomotor task [J]. Human Factors, 1971, 13 (1): 59-63.

[117] Evans G W, Johnson D. Stress ane open-office noise [J]. Journal of applied psychology, 2000, 85 (5): 779-783.

[118] Farquhar P H, Pratkanis A R. Decision structuring with phantom alternatives [J]. Management Science, 1993, 39 (10): 1214-1226.

[119] Festinger L. A Theory of cognitive dissonance [M]. Evanston, IL: Row Peterson, 1957.

[120] Flynn E A, Barker K N, Gibson J T, et al. Impact of interruptions and distractions on dispensing errors in an ambulatory care pharmacy [J]. American Journal of Health-System Pharmacy, 1999, 56 (13): 1319-1325.

[121] Fox C R, Ratner R K, Lieb D S. How subjective grouping of options influences choice and allocation: diversification bias and the phenomenon of partition dependence [J]. Journal of Experimental Psychology: General, 2005, 134 (4): 538-551.

[122] Franke J L, Daniels J J, Mcfarlane D C. Recovering context after interruption [C] Proceedings 24th Annual Meeting of the Cognitive Science Society. 2002: 310-315.

[123] Frieze I, Wcincr B. Cue utilization and attributional judgments for success and failure [J]. Journal of Personality, 1971, 39 (4): 591-605.

[124] Frijda N H. The place of appraisal in emotions [J]. Cognition and E-motions, 1993, 7 (3/4): 115-143.

[125] Geers A L, Weiland P E, Kosbab K, et al. Goal activation, expectations, and the placebo effect [J]. Journal of Personality and Social Psychology,

2005, 89 (2): 143-159.

[126] Gilbert D T. Speeding with ned: a personal view of the correspondence bias [M] // Darley J M, Cooper J. Attribution and social interaction: The Legacy of E. E. Jones. Washington, DC: APA Press, 1988.

[127] Gillie T, Broadbent D. What makes interruptions disruptive? A study of length, similarity, and complexity [J]. Psychological Research, 1989, 50 (4): 243-250.

[128] Glenberg A. Monotonic and nonmonotonic lag effects in paired - associate and recognition memory paradigms [J]. Journal of Verbal Learning and Verbal Behavior, 1976, 15 (1): 1-16.

[129] Gonzalez - Vallejo C, Lassiter G D, Bellezza F S, et al. 'Save angels perhaps': A critical examination of unconscious thought theory and the deliberation-without-attention effect [J]. Review of General Psychology, 2008, 12 (3): 282-296.

[130] Grebner S, Semmer N K, Lo Faso L, et al. Working conditions, well-being and job-related attitudes among call centre agents [J]. European Journal of Work and Organizational Psychology, 2003, 12 (4): 341-365.

[131] Green D. Instrument for the measurement of individual and societal attitudes toward drugs [J]. The International Journal of the Addictions, 1990, 25 (2): 141-157.

[132] Groff B D, Baron R S, Moore D L. Distraction, attentional conflict, and drive like behavior [J]. Journal of Experimental Social Psychology, 1983, 19 (4): 359-380.

[133] Ha Y W, Park S, Ahn H K. The influence of categorical attributes on choice context effects [J]. Journal of Consumer Research, 2009, 36 (3): 463-477.

[134] Hadjimarcou J, Hu M Y. Global product stereotypes and heuristic processing: The impact of ambient task complexity [J]. Psychology & Marketing,

1999, 16 (7): 583-612.

[135] Hall C S, Lindzey G. Theories of personality [M]. New York: John Wiley, 1978.

[136] Hamamura T, Meijer Z, Heine S J, et al. Approach-avoidance motivation and information processing: a cross-cultural analysis [J]. Personality and Social Psychology Bulletin, 2009, 35 (4): 454-462.

[137] Harkins S G, Petty R E. Effects of task difficulty and task uniqueness on social loafing [J]. Journal of Personality and Social Psychology, 1982, 43 (6): 1214-1229.

[138] Harman W S. Interruptions in the goal striving process [D]. Ph. D. dissertation, Seattle, WA: University of Washington, 2006.

[139] Hartley L R, Adams R G. The Effect of noise on the stroop test [J]. Journal of Experimental Psychology, 1974, 102 (1): 62-66.

[140] Hauser J R. Agendas and consumer choice [J]. Journal of Marketing Research, 1986, 23 (3): 199-212.

[141] Hawkins S A, Hoch S J. Low-involvement learning: Memory without evaluation [J]. Journal of Consumer Research, 1992, 19 (2): 212-225.

[142] Haynes B P. An evaluation of the impact of the office environment on productivity [J]. Facilities, 2008, 26 (5/6): 178-195.

[143] Hedgcock W, Rao A R, Chen H. Could Ralph Nader's entrance and exit have helped Al Gore? The impact of decoy dynamics on consumer choice [J]. Journal of Marketing Research, 2009, 46 (3): 330-343.

[144] Hedgcock W, Rao A. Trade-off aversion as an explanation for the attraction effect: a functional magnetic resonance imaging study [J]. Journal of Marketing Research, 2009, 46 (1): 1-13.

[145] Heine S J, Lehman D R, Markus H R, et al. Is there a universal need for positive self regard [J]. Psychological Review, 1999, 106 (4): 766-794.

［146］Henderson C, Beck J, Palmatier R. Review of the theoretical under-pinnings of loyalty programs ［J］. Journal of Consumer Psychology, 2011, 21 (3): 256-276.

［147］Hess S M, Detweiler M C. Training to reduce the disruptive effects of interruptions ［C］. In Human Factors and Ergonomics Society 38th Annual Meeting, 1994.

［148］Ho C Y, Nikolic M I, Waters M J, et al. Not now! Supporting inter-ruption management by indicating the modality and urgency of pending tasks ［J］. Human Factors, 2004, 46: 399-409.

［149］Hockey G R J. Effects of loud noise on attentional selectivity ［J］. Quarterly Journal of Experimental Psychology, 1970, 22 (1): 28-36.

［150］Hodgetts H M, Jones D M. Contextual cues aid recovery from inter-ruption: The role of associative activation ［J］. Journal of Experimental Psychology: Learning, Memory, and Cognition, 2006a, 32 (5): 1120-1132.

［151］Hodgetts H M, Jones D M. Interruption of the Tower of London task: Support for a goal-activation approach ［J］. Journal of Experimental Psychology: General, 2006b, 135 (1): 103-115.

［152］Hodgetts H M, Jones D M. Interruptions in the Tower of London task: Can preparation minimise disruption? ［C］ Proceedings of the Human Factors and Ergonomics Society Annual Meeting, 2003, 47: 1000-1004.

［153］Hogarth R M. Educating intuition ［M］. Chicago: University of Chicago Press, 2001.

［154］Houghton D C, Grewal R. Please, let's get an answer-any answer: Need for consumer cognitive closure ［J］. Psychology & Marketing, 2000, 17 (11): 911-934.

［155］Houston B K, Jones T M. Distraction and stroop color-word perform-ance ［J］. Journal of Experimental Psychology, 1967, 74 (1): 54-56.

［156］Howard J A, Sheth J N. The theory of buyer behavior ［M］. New

York: Wiley, 1969.

[157] Huber J, Payne J W, Puto C. Adding asymmetrically dominated alternatives: violations of regularity and the similarity hypothesis [J]. Journal of Consumer Research, 1982, 9 (1): 90-98.

[158] Huber J, Puto C. Market boundaries and product choice: Illustrating attraction and substitution effects [J]. Journal of Consumer Research, 1983, 10 (1): 31-44.

[159] Huber V L. Effects of task difficulty, goal setting, and strategy on performance of a heuristic task [J]. Journal of Applied Psychology, 1985, 70 (3): 492-504.

[160] Hudson J M, Christensen J, Kellogg W A, et al. "I'd be overwhelmed, but it's just one more thing to do": Availability and interruption in research management [C]. Proeeedings of the ACM Conference on Human Factors in Computing Systems, 2002: 97-104.

[161] Iqbal S T, Adamczyk P D, Zheng X S, et al. Towards an index of opportunity: understanding changes in mental workload during task execution [C]. Conference on Human Factors in Computing Systems, 2005: 311-320.

[162] Iqbal S T, Bailey B P. Investigating the effectiveness of mental workload as a predictor of opportune moments for interruption [C]. CHI '05 Extended Abstracts on Human Factors in Computing Systems, 2005: 1489-1492.

[163] Iqbal S T, Horvitz E. Disruption and recovery of computing tasks [C]. In Proceedings of the SIGCHI conference on human factors in computing systems, 2007: 677-686.

[164] Jackson T W, Dawson R J, Wilson D. The cost of email interruption [J]. Journal of Systems and Information Technology, 2001, 5 (1): 81-92.

[165] Jersild A T. Mental set and shift [J]. Archives of Psychology, 1927, 89: 5-82.

[166] Jett Q R, George J M. Work interrupted: A closer look at the role of

interruptions in organizational life [J]. Academy of Management Review, 2003, 28 (3): 494-507.

[167] Jhang J H, Lynch J J G. Pardon the interruption: Goal proximity, perceived spare time, and impatience [J]. Journal of Consumer Research, 2015, 41 (5): 1267-1283.

[168] Johnson M D. Consumer choice strategies for comparing noncomparable alternatives [J]. Journal of Consumer Research, 1984, 11 (3): 741-753.

[169] Kahneman D, Frederick S. Representativeness revisited: attribute substitution in intuitive judgment [M] // Gilovich T, Griffin D, Kahneman D. Heuristics and biases: The psychology of intuitive judgment. New York: Cambridge University Press, 2002: 49-81.

[170] Kahneman D, Knetsch J L, Thaler R H. Anomalies: The endowment effect, loss aversion, and status quo bias [J]. Journal of Economic Perspectives, 1991, 5 (1): 193-206.

[171] Kahneman D, Tversky A. Prospect theory: An analysis of decision under risk [J]. Econometrica, 1979, 47 (2): 263-291.

[172] Kahneman D. Attention and Effort [M], Englewood Cliffs, NJ: Prentice-Hall, 1973.

[173] Karr-Wisniewski P, Lu Y. When more is too much: Operationalizing technology overload and exploring its impact on knowledge worker productivity [J]. Computers in Human Behavior, 2010, 26 (5): 1061-1072.

[174] Kashdan T B, Roberts J E. Trait and state curiosity in the genesis of intimacy: differentiation from related constructs [J]. Journal of Social and Clinical Psychology, 2004, 23 (6): 792-816.

[175] Katidioti I, Borst J P, Taatgen N A. What happens when we switch tasks: Pupil dilation in multitasking [J]. Journal of Experimental Psychology: Applied, 2014, 20 (6): 380-396.

[176] Katidioti I, Borst J P, Vugt M K V, et al. Interrupt me: External in-

terruptions are less disruptive than self-interruptions [J]. Computers in Human Behavior, 2016, 63: 906-915.

[177] Katidioti I, Taatgen N A. Choice in multitasking: How delays in the primary task turn a rational into an irrational multitasker [J]. Human Factors, 2014, 56 (4): 728-736.

[178] Khan A, Sharma N K, Dixit S. Cognitive load and task condition in event-and time-based prospective memory: an experimental investigation [J]. The Journal of psychology, 2008, 142 (5): 517-532.

[179] Khan U, Zhu M, Kalra A. When trade-offs matter: The effect of choice construal on context effects [J]. Journal of Marketing Research, 2011, 48 (1): 62-71.

[180] Kieras D E, Meyer D E. An overview of the EPIC architecture for cognition and performance with application to human-computer interaction [J]. Human-Computer Interaction, 1997, 12: 391-438.

[181] Kim H, Markus H R. Deviance or Uniqueness, Harmony or Conformity? A Cultural Analysis [J]. Journal of Personality and Social Psychology, 1999, 77 (4): 785-800.

[182] Kim J. The influence of graphical versus numerical information representation modes on the compromise effect [J]. Marketing Letters, 2017: 1-13.

[183] Kirkcaldy B D, Martin T. Job stress and satisfaction among nurses: Individual differences [J]. Stress Medicine, 2000, 16 (16): 77-89.

[184] Kirmeyer S L. Coping with competing demands: Interruption and the type a pattern [J]. Journal of Applied Psychology, 1988, 73 (4): 621-629.

[185] Kivetz R, Urminsky O, Zheng Y. H. The goal-gradient hypothesis resurrected: purchase acceleration, illusionary goal progress, and customer retention [J]. Journal of Marketing Research, 2006, 43 (1): 39-58.

[186] Kleinmuntz D, Schkade D. Information displays and decision processes [J]. Psychological Science, 1993, 4 (4): 221-227.

[187] Kliegel M, Martin M, Mcdaniel M A, et al. Complex prospective memory and executive control of working memory: A process model. [J]. Psychologische Beiträge, 2002, 44 (2): 303-318.

[188] Kliegel M, Martin M, Mcdaniel M A, et al. Varying the importance of a prospective memory task: Differential effects across time-and event-based prospective memory [J]. MEMORY, 2001, 9 (1): 1-11.

[189] Kliegel M, Mcdaniel M A, Einstein G O. Plan formation, retention, and execution in prospective memory: A new approach and age-related effects [J]. Memory & cognition, 2000, 28 (6): 1041-1049.

[190] Klinger E. Consequences of commitment to and disengagement from incentives [J]. Psychological Review, 1975, 82 (1): 1-25.

[191] Knutson B, Wimmer G E, Kuhnen C M, et al. Nucleus accumbens activation mediates the influence of reward cues on financial risk taking [J]. Neuroreport, 2008, 19 (5): 509-513.

[192] Koehler D J. Explanation, imagination, and confidence in judgment [J]. Psychological Bulletin, 1991, 110 (3): 499-519.

[193] Kolko D J, Kazdin A E. Assessment of dimensions of childhood firesetting among patients and nonpatients: the Firesetting Risk Interview [J]. Journal of Abnormal Child Psychology, 1989, 17 (2): 157-176.

[194] Kruglanski A W, Webster D M. Motivated closing of the mind: "Seizing" and "freezing" [J]. Psychological Review, 1996, 103 (2): 263-283.

[195] Ku H H, Kuo C C, Fang W L. et al. The impact of retail out-of-stock options on preferences: the role of consumers' desire for assimilation versus differentiation [J]. Marketing Letters, 2014, 25 (1): 53-66.

[196] Kuhn M H, Mcpartland T S. An empirical investigation of self-attitudes [J]. American Sociological Review, 1954, 19 (1): 68-76.

[197] Kuhnen C M, Knutson B. The neural basis of financial risk taking [J]. Social Science Electronic Publishing, 2005, 47 (5): 763-770.

［198］Kupor D M, Liu W, Amir O. Risks, interrupted ［J］. Social Science Electronic Publishing, 2013.

［199］Kupor D M, Reich T, Shiv B. Can't finish what you started? The effect of climactic interruption on behavior ［J］. Journal of Consumer Psychology, 2015, 25 (1): 113-119.

［200］Kupor D M, Tormala Z L. Persuasion, interrupted: The effect of momentary interruptions on message processing and persuasion ［J］. Journal of Consumer Research, 2015, 42 (2): 300-315.

［201］Kvavilashvili L, Ellis J. Varieties of intention: some distinctions and classification ［M］ // BRANDIMONTE M A, EINSTEIN G O, McdaniEl M A. Prospective memory: Theory and applications. Mahwah, NJ: Lawrence Erlbaum, 1996: 23-51.

［202］Kvavilashvili L, Messer D J, Ebdon P. Prospective memory in children: The effects of age and task interruption ［J］. Developmental psychology, 2001, 37 (3): 418-430.

［203］Ladoucer R, Tourigny M, Mayrand M. Familiarity, group exposure, and risk-taking behavior in gambling ［J］. The Journal of Psychology, 1986, 120 (1): 45-49.

［204］Latorella K A. Effects of modality on interrupted flight deck performance: Implications for data link ［C］. Proceedings of the Human Factors and Ergonomics Society Annual Meeting, 1998, 42 (1): 87-91.

［205］Lee C F, Chuang S C, Chiu C K, et al. The influence of task difficulty on context effect-compromise and attraction effects ［J］. Current Psychology, 2016: 1-18.

［206］Lee, A Y, Aaker J L, Gardner W L. The pleasures and pains of distinct self-construals: the role of interdependence in regulatory focus ［J］. Journal of Personality and Social Psychology, 2000, 78 (6): 1122-1134.

［207］Leiva L, Böhmer M, Gehring S, et al. Back to the app: the costs of mobile application interruptions [C]. Proceedings of the 14th International Conference on Human－Computer Interaction with Mobile Devices and Services, 2012: 291-294.

[208] Levav J, Kivetz R, Cho C. Too much fit? How regulatory fit can turn us into Buridan's asses [J]. Advances in Consumer Research, 2008, 35: 2-3.

[209] Levy E C, Rafaeli S, Ariel Y. The effect of online interruptions on the quality of cognitive performance [J]. Telematics & Informatics, 2016, 33 (4): 1014-1021.

[210] Lewin K. A dynamic theory of personality [M]. New York: Mcgraw Hill, 1935.

[211] Lim V K G, Teo T S H. Prevalence, perceived seriousness, justification and regulation of cyberloafing in Singapore: An exploratory study [J]. Information & Management, 2005, 42 (8): 1081-1093.

[212] Litman J A, Jimerson T L. The measurement of curiosity as a feeling of deprivation [J]. Journal of Personality Assessment, 2004, 82 (2): 147-157.

[213] Litman J A, Spielberger C D. Measuring epistemic curiosity and its diversive, and specific components [J]. Journal of Personality Assessment, 2003, 80 (1): 75-86.

[214] Litman J. Curiosity and the pleasures of learning: Wanting and liking new information [J]. Cognition and Emotion, 2005, 19 (6): 793-814.

[215] Liu W. Focusing on desirability: the effect of decision interruption and suspension on preferences [J]. Journal of Consumer Research, 2008, 35 (4): 640-652.

[216] Liu Y K. Supporting working time interruption management through persuasive design [D]. Ph. D. dissertation, Indiana University, 2015.

[217] Loewenstein G F, WEBER E U, HSEE C K, et al. Risk as feelings [J]. Psychological Bulletin, 2001, 127 (2): 267-286.

[218] Loewenstein G. The psychology of curiosity: A review and reinterpreta-

tion [J]. Psychological bulletin, 1994, 116 (1): 75-98.

[219] Loomes G., Sugden G. Regret theory: An alternative theory of rational choice under uncertainty [J]. Economic Journal, 1982, 92 (368): 805-824.

[220] Lopes L L. Between hope and fear: The psychology of risk [M] // Berkowitz L. Advances in experimental social psychology San Diego, CA: Academic Press, 1987, 20: 255-295.

[221] Luce M F. Emotions in Consumer choice [D]. Doctoral dissertation, NC, Durham: Duke University, 1994.

[222] Luce R D. The Choice Axiom after Twenty Years [J]. Journal of Mathematical Psychology, 1977, 15 (2): 215-233.

[223] Ma Z F, Yang Z Y, Mourali M. Consumer adoption of new products: independent versus interdependent self-perspectives [J]. Journal of Marketing, 2014, 78 (2): 101-117.

[224] Mackie D M, Worth L T. The impact of distraction on the processing of category-based and attribute-based evaluations [J]. Basic and Applied Social Psychology, 1990, 11 (3): 255-271.

[225] Madndel N. Shifting selves and decision making: the effects of self-construal priming on consumer risk-taking [J]. Journal of Consumer Research, 2003, 30 (1): 30-40.

[226] March J G. Bounded rationality, ambiguity, and the engineering of choice [J]. Bell Journal of Economics, 1978, 9 (2): 587-608.

[227] Mark G, Gonzalez V, Harris J. No task left behind? Examining the nature of fragmented work [C]. Conference on Human Factors in Computing Systems, CHI'05, 2005: 113-120.

[228] Mark G, Gudith D, Klocke U. The cost of interrupted work: More speed and stress [C]. Sigchi Conference on Human Factors in Computing Systems. 2008: 107-110.

[229] Marks L J, Olson J C. Towards a cognitive structure conceptualization of product familiarity [M] // Monroe K B. Advances in Consumer Research. Ann Arbor, MI: Association for Consumer Research. 1981, 8: 145-150.

[230] Martin L L, Tesser A. Ruminative thoughts [M] // Wyer R S. Advances in Social Cognition. Hillsdale, NJ, England: Lawrence Erlbaum Associates, Inc, 1996, 9: 1-47.

[231] Mayseless O, Kruglanski A W. What makes you so sure? Effects of epistemic motivations on judgmental confidence [J]. Organizational Behavior and Human Decision Processes, 1987, 39 (2): 162-183.

[232] Mcbain W N. Noise, the 'arousal hypothesis', and monotonous work [J]. Journal of Applied Psychology, 1961, 43: 309-317.

[233] McFarlane D C. Comparison of four primary methods for coordinating the interruption of people in human-computer interaction [J]. Human-Computer Interaction, 2002, 17 (1): 63-139.

[234] Meiran N. Reconfiguration of processing mode prior to task performance [J]. Journal of Experimental Psychology: Learning Memory and Cognition, 1996, 22 (6): 1423-1442.

[235] Mills J E, Hu B, Beldona S, et al. Cyberslacking! A wired-workplace liability issue [J]. The Cornell Hotel and Restaurant Administration Quarterly, 2001, 42 (5): 34-47.

[236] Mishra S, Umesh U N, Stem D E. Antecedents of the attraction effect: an information processing perspective [J]. Journal of Marketing Research, 1993, 30 (3): 331-349.

[237] Miyata Y, Norman D A. The control of multiple activities [M] // Norman D A, Draper S W. User Centered System Design: New Perspectives on Human-Computer Interaction. Hillsdale, NJ: Lawrence Erlbaum Associates, 1986.

[238] Monk C A, Boehm-Davis D A, Mason G, et al. Recovering from interruptions: Implications for driver distraction research [J]. Human Factors: The

Journal of the Human Factors and Ergonomics Society, 2004, 46 (4): 650-663.

［239］Monk C A, Boehm-Davis D A, Trafton J G. Recovering from interruptions: Implications for driver distraction research ［J］. Human Factors, 2004, 46 (4): 650-663.

［240］Monk C A, Trafton J G, Boehm - Davis D A. The effect of interruption duration and demand on resuming suspended goals ［J］. Journal of Experimental Psychology: Applied, 2008, 14 (4): 299-313.

［241］Monsell S. Task switching ［J］. Trends in Cognitive Sciences, 2003, 7 (3): 134-140.

［242］Mourali M, Bockenholt U, Laroche M. Compromise and attraction effects under prevention and promotion motivations ［J］. Journal of Consumer Research, 2007, 34 (2): 234-247.

［243］Muller, Judd, Yzerbyt. When moderation is mediated and mediation is moderated ［J］. Journal of Personality and Social Psychology, 2005, 89 (6): 852-863.

［244］Nagata S F. Multitasking and Interruptions During Mobile Web Tasks ［C］. Human Factors & Ergonomics Society Annual Meeting Proceedings, 2003, 47: 1341-1345.

［245］Nelson E T. Learning to more effectively manage interruptions over repeated exposures: When, how, and why? ［D］. Ph. D. dissertation, Fairfax, VA: George Mason University, 2013.

［246］Nelson L D, Meyvis T, Galak J. Enhancing the Television-Viewing Experience through Commercial Interruptions ［J］. Journal of Consumer Research, 2009, 36 (2): 160-172.

［247］Nelson L D, Meyvis T. Interrupted consumption: Disrupting adaptation to hedonic experiences ［J］. Journal of Marketing Research, 2008, 45 (6): 654-664.

［248］Niculescu M, Payne C R, Luna-Nevarez C. Consumer response to interruption features and need for cognitive closure [J]. Journal of Consumer Behavior, 2014, 13 (1): 60-72.

[249] Norman D A, Bobrow D G. On data-limited and resource-limited processes [J]. Cognitive Psychology, 1975, 7 (1): 44-64.

[250] O'neill T A, Hambley L A, Bercovich A. Prediction of cyberslacking when employees are working away from the office [J]. Computers in Human Behavior, 2014, 34 (4): 291-298.

[251] O'malley J J, Poplawsky A. Noise induced arousal and breadth of attention [J]. Perceptual and Motor Skills, 1971, 33 (3): 887-890.

[252] O'reilly C A. Individuals and information overload in organizations: Is more necessarily better? [J]. Academy of Management Journal, 1980, 23 (4): 684-696.

[253] Oulasvirta A, Saariluoma P. Long-term working memory and interrupting messages in human-computer interaction [J]. Behaviour & Information Technology, 2004, 23 (1): 53-64.

[254] Oulasvirta A, Saariluoma P. Surviving task interruptions: Investigating the implications of long-term working memory theory [J]. International Journal of Human-Computer Studies, 2006, 64 (10): 941-961.

[255] Panepinto M P. Voluntary versus Forced Task Switching [C]. Human Factors & Ergonomics Society Annual Meeting Proceedings, 2010, 54 (4): 453-457.

[256] Park C W, Lessig V P. Familiarity and its impact on consumer decision biases and heuristics [J]. Journal of Consumer Research, 1981, 8 (2): 223-230.

[257] Park C W, Smith D C. Product-level choice: A top-down or bottom-up process? [J]. Journal of Consumer Research, 1989, 16 (3): 289-299.

[258] Payne J W, Bettman J R, Johnson E J. Adaptive strategy selection in decision making [J]. Journal of Experimental Psychology: Learning, Memory,

and Cognition, 1988, 14 (3): 534-552.

［259］Payne J W, Bettman J R, Johnson E J. Behavioral decision research: a constructive processing perspective ［J］. Annual Review of Psychology, 1992, 43 (1): 87-131.

［260］Payne J W, Bettman J R. Walking with the scarecrow: The information - processing approach to decision research ［M］// KoEhlEr D J, harvEy N. Blackwell Handbook of Judgment and Decision Making. Blackwell Publishing Ltd, 2008: 110-132.

［261］Pelham B W, Neter E. The effect of motivation on judgment depends on the difficulty of the judgment ［J］. Journal of Personality and Social Psychology, 1995, 68 (4): 581-594.

［262］Perlow L A. The time famine: Toward a sociology of work time ［J］. Administrative Science Quarterly, 1999, 44 (1): 57-81.

［263］Peterson R A. A meta - analysis of country - of - origin effects ［J］. Journal of International Business Studies, 1995, 26 (4): 883-900.

［264］Pettibone J, Wedell D. Examining models of nondominated decoy effects across judgment and choice ［J］. Organizational Behavior and Human Decision Processes, 2000, 63 (2): 300-328.

［265］Petty R E, Cacioppo J T, Heesacker M. Effects of rhetorical questions on persuasion: A cognitive response analysis ［J］. Journal of Personality and Social Psychology, 1981, 40 (3): 432-440.

［266］Petty R E, Cacioppo J T. The elaboration likelihood model of persuasion ［J］. Advances in Experimental Social Psychology, 1986, 19 (4): 123-205.

［267］Porter W G. Between the devil and the deep blue sea: Monitoring the electronic workplace ［J］. Defense Counsel Journal, 2003, 70: 65.

［268］Preacher K J, Rucker D D, Hayes A F. Addressing moderated mediation hypotheses: Theory, method, and prescription ［J］. Multivariate Behavioral Research, 2007, 42 (1): 185-227.

[269] Prelec D, Wernerfelt B, Zettelmeyer F. The role of inference in context effects: Inferring what you want from what is available [J]. Journal of Consumer Research, 1997, 24 (1): 118-125.

[270] Priester J R, Petty R E. Source attributions and persuasion: Perceived honesty as a determinant of message scrutiny [J]. Personality and Social Psychology Bulletin, 1995, 21 (6): 637-654.

[271] Ragu-Nathan T, Tarafdar M, Ragu-Nathan B S, et al. The consequences of technostress for end users in organizations: Conceptual development and empirical validation [J]. Information Systems Research, 2008, 19 (4): 417-433.

[272] Ratwani R M, Trafton J G, Myers C. Helpful or harmful? Examining the effects of interruptions on task performance [C]. In Proceedings of the Human Factors and Ergonomics Society 50th Annual Meeting, Santa. 2006: 372-375.

[273] Ratwani R M, Trafton J G. Spatial memory guides task resumption [J]. Visual Cognition, 2008, 16 (8): 1001-1010.

[274] Reinhard M A, Dickhauser O. Need for cognition, task difficulty, and the formation of performance expectancies [J]. Journal of Personality and Social Psychology, 2009, 96 (5): 1062-1076.

[275] Rice R. Computer-mediated communication and organizational innovation [J]. Journal of Communication, 1987, 37 (4): 65-94.

[276] Robbins T L, Denisi A S. A closer look at interpersonal affect as a distinct influence on cognitive processing in performance evaluations [J]. Journal of Applied Psychology, 1994, 79 (3): 341-353.

[277] Roe R A, Zijlstra F R H, Leonova A B. Interruption in mental information work. Effects on work activity and psychological well-being [M]. Tilburg: Tilburg University Press, 1996.

[278] Rogers R D, Monsell S. Costs of a predictable switch between simple cognitive tasks [J]. Journal of Experimental Psychology General, 1995, 124

（2）：207-231.

[279] Rosen L D, Carrier L M, Cheever N A. Facebook and texting made me do it: Media induced task-switching while studying [J]. Computers in Human Behavior, 2013, 29（3）：948-958.

[280] Ross I. An information processing theory of consumer choice by James R. Bettman [J]. Journal of Marketing, 1979, 43（3）：124-126.

[281] Rottenstreich Y, Hsee C K. Money, kisses, and electric shocks: On the affective psychology of risk [J]. Psychological Science, 2001, 12（3）：185-190.

[282] Rout U, Cooper C L, Rout J K. Job stress among British general practitioners: Predictors of job dissatisfaction and mental ill-health [J]. Stress Medicine, 1996, 12（3）, 155-166.

[283] Salvucci D D, Bogunovich P. Multitasking and monotasking: The effects of mental workload on deferred task interruptions [C]. In Proceedings of the SIGCHI conference on human factors in computing systems, 2010: 85-88.

[284] Salvucci D D, Taatgen N A. Threaded cognition: An integrated theory of concurrent multitasking [J]. Psychological Review, 2008, 115（1）：101-130.

[285] Salvucci D D, Taatgen N A, Borst J P. Toward a Unified Theory of the Multitasking Continuum: From Concurrent Performance to Task Switching, Interruption, and Resumption [C]. In Proceedings of the 27th international conference on Human factors in computing systems, 2009: 1819-1828.

[286] Salvucci D D, Taatgen N A. The multitasking mind [M]. New York: Oxford University Press, 2011.

[287] Sanders G S, Baron R S. The motivating effects of distraction on task performance [J]. Journal of Personality and Social Psychology, 1975, 32：956-963.

[288] Santell J P. Medication errors: experience of the United States Pharmacopeia (USP) [J]. Joint Commission Journal on Quality and Patient Safety,

2005, 31 (2): 114-119, 161.

[289] Savage L J. Foundations of Statistics [M]. New York: John Wiley, 1954.

[290] Schuh J. Effects of an early interruption and note taking on listening accuracy and decision making in the interview [J]. Bulletin of the Psychonomic Society, 1978, 12 (3): 242-244.

[291] Sheng S, Parker A M, Nakamoto K. Understanding the mechanism and determinants of compromise effect [J]. Psychology and Marketing, 2005, 22 (7): 591-609.

[292] Shinar D, Tractinsky N, Compton R. Effects of practice, age, and task demands, on interference from a phone task while driving [J]. Accident Analysis & Prevention, 2005, 37 (2): 315-326.

[293] Silvera D H, Karde F R, Harvey N, Cronley M L, Houghton D C. Contextual Influences on Omission Neglect in the Fault Tree Paradigm [J]. Journal of Consumer Psychology, 2005, 15 (2): 117-126.

[294] Simon H A. The functional equivalence of problem solving skills [J]. Cognitive Psychology, 1975, 7 (2): 268-288.

[295] Simonson I. Choice based on reasons: The case of attraction and compromise effect [J]. Journal of Consumer Research, 1989, 16 (2): 158-174.

[296] Simonson I, Tversky A. Choice in context: Tradeoff contrast and extremeness aversion [J]. Journal of Marketing Research, 1992, 29 (3): 281-295.

[297] Singelis T M. The measurement of independent and interdependent self-construals [J]. Personality and Social Psychology Bulletin. 1994, 20 (5): 580-591.

[298] Slovic P. The construction of preferences [J]. The American Psychologist, 1995, 50 (5): 364-371.

[299] Sohn M H, Carlson R A. Effects of repetition and foreknowledge in

task – set reconfiguration [J]. Journal of Experimental Psychology: Learning, Memory and Cognition, 2000, 26 (6): 1445-1460.

[300] Sohn M H, Ursu S, anderson J R, et al. The role of prefrontal cortex and posterior parietal cortex in task switching [J]. Proceedings of the National Academy of Sciences, 2000, 97 (24): 13448-13453.

[301] Sood S, RoTtenstreich Y, Brenner L. On decisions that lead to decisions: direct and derived evaluations of preference [J]. Journal of Consumer Research, 2004, 31 (1): 17-25.

[302] Speier C, Valacich J S, Vessey I. The effects of task interruption and information presentation on individual decision making [C]. In Proceedings of the Eighteenth International Conference on Information Systems, 1997: 21-36.

[303] Speier C, Valacich J S, Vessey I. The influence of task interruption on individual decision making: An information overload perspective [J]. Decision Sciences, 1999, 30 (2): 337-360.

[304] Speier C, Vessey I, Valacich J S. The effects of interruptions, task complexity, and information presentation on computer – supported decision – making performance [J]. Decision Sciences, 2003, 34 (4): 771-797.

[305] Speier C. The effect of task interruption and information presentation on individual decision making [D]. Ph. D. dissertation, Bloomington: Indiana University, 1996.

[306] Spira J B. The high cost of interruptions [J]. KM World, 2005, 14 (8): 1, 32.

[307] Steuer J S. Defining virtual reality: Dimensions determining telepresence [J]. Journal of Communication, 1992, 42 (4): 73-93.

[308] Sujan M. Consumer knowledge: Effects on evaluation strategies mediating consumer judgments [J]. Journal of Consumer Research, 1985, 12 (1): 31-46.

[309] Svenson O, Edland A, Slovic P. Choices and judgments of incom-

pletely described decision alternatives under time pressure [J]. Acta Psychologica, 1990, 75 (2): 153-169.

[310] Swann W B, Stephenson B, Pittman T S. Curiosity and control: On the determinants of the search for social knowledge [J]. Journal of Personality and Social Psychology, 1981, 40 (4): 635-642.

[311] Taatgen N A, Katidioti I, Borst J P, et al. A model of distraction using new architectural mechanisms to manage multiple goals [C]. In Proceedings ICCM 2015, 2015: 264-269.

[312] Terry W S. Everyday forgetting: Data from a diary study [J]. Psychological reports, 1988, 62 (1): 299-303.

[313] Tolli A P. Motivational and self-regulatory responses to interruptions [D]. Ph. D. dissertation, Ohio: University of Akron, 2009.

[314] Torelli C J. Individuality or conformity? The effect of independent and interdependent self-concepts on public judgments [J]. Journal of Consumer Psychology, 2006, 16 (3): 240-248.

[315] Touré-Tillery M, Fishbach A. The course of motivation [J]. Journal of Consumer Psychology, 2011, 21 (4): 414-483.

[316] Trafimow D, Triandis H, Goto S. Some tests of the distinction between the private self and the collective self [J]. Journal of Personality and Social Psychology, 1991, 60 (5): 649-655.

[317] Trafton J G, Altmann E M, Brock D P, et al. Preparing to resume an interrupted task: Effects of prospective goal encoding and retrospective rehearsal [J]. International Journal of Human Computer Studies, 2003, 58 (5): 583-603.

[318] Trafton J G, Monk C A. Task interruptions [J]. Reviews of Human Factors and Ergonomics, 2008, 3 (1): 111-126.

[319] Trevino L K, Daft R L, Lengel R H. Understanding managers' media choices: A symbolic interactionist perspective [M] // Fulk J, Steinfield C W. Organizations and Communication Technology. Newbury, CA: Sage, 1990:

71-94.

[320] Trumbo D, Noble M, SwinK J. Secondary task interference in the performance of tracking tasks [J]. Journal of Experimental Psychology, 1967, 73 (2): 232-240.

[321] Tversky A, Kahneman D. Loss aversion in riskless choice: a reference-dependent model [J]. Quarterly Journal of Economics, 1991, 106 (4): 1039-1061.

[322] Tversky A, Simonson I. Context-dependent preferences [J]. Management Science, 1993, 39 (10): 1179-1189.

[323] Tversky A. Elimination by aspects: A theory of choice [J]. Psychological Review, 1972, 79 (4): 281-299.

[324] Vanlehn K, Ball W. Goal reconstruction: How Teton blends situated action and planned action [M] // VANLEHN K. Architectures for Intelligence. Hillsdale, NJ: Erlbaum, 1991: 147-189.

[325] Verlegh P W J, Steenkamp J B E M. A review and meta-analysis of country-of-origin research [J]. Journal of Economic Psychology, 1999, 20 (5): 521-546.

[326] Vermeir I, Van Kenhove P, Hendrickx H. The influence of need for closure on consumer's choice behavior [J]. Journal of Economic Psychology, 2002, 23 (6): 703-727.

[327] Verplanken B, Hazenberg P T, Palenéwen G R. Need for cognition and external information search effort [J]. Journal of Research in Personality, 1992, 26 (2): 128-136.

[328] Vroom V H. Work and motivation [M]. New York: Wiley, 1964.

[329] Wagner D T, Barnes C M, Lim V K G, et al. Lost sleep and cyber-loafing: Evidence from the laboratory and a daylight saving time quasi experiment [J]. Journal of Applied Psychology, 2012, 97 (5): 1068-1076.

[330] Webster D, Kruglanski A. Individual differences in need for cognitive closure [J]. Journal of Personality and Social Psychology, 1994, 67 (6):

1049-1062.

[331] Werner N E. Toward a theoretical framework for predicting overall quality effects of interruptions on content production tasks [D]. Ph. D. dissertation, George Mason University, 2014.

[332] Wernerfelt B. A rational reconstruction of the compromise effect: using market data to infer utilities [J]. Journal of Consumer Research, 1995, 21 (4): 627-633.

[333] Westbrook R A, Oliver R L. The dimensionality of consumption emotion, patterns and consumer satisfaction [J]. Journal of Consumer Research, 1991, 18 (6): 84-91.

[334] White R W. Motivation reconsidered: The concept of competence [J]. Psychological Review, 1959, 66 (5): 297-333.

[335] Wiekens C D. Processing resources in attention [M] // Parasuraman R, Davies P R. Varieties of attention. Orlando: Academic Press, 1984: 63-102.

[336] Winkielman P, Cacioppo J T. Mind at ease puts a smile on the face: psychophysiological evidence that processing facilitation elicits positive affect [J]. Journal of Personality and Social Psychology, 2001, 81 (6): 989-1000.

[337] Woodhead M M. The effects of bursts of noise on an arithmetic task [J]. American Journal of Psychology, 1965, 77 (4): 627-633.

[338] Woodward T S, Ruff C C, Ngan E T C. Short and long-term changes in anterior cingulate activation during resolution of task-set competition [J]. Brain Research, 2006, 1068 (1): 161-169.

[339] Worchel S, Arnold S E. The effect of combined arousal states on attitude change [J]. Journal of Experimental Social Psychology, 1974, 10: 549-560.

[340] Wyer R S, Xu A J. The role of behavioral mind-sets in goal directed activity: Conceptual underpinnings and empirical evidence [J]. Journal of Consumer Psychology, 2010, 20 (2): 107-125.

[341] Xia L, Sudharshan D. Effects of interruptions on consumer online decision processes [J]. Journal of Consumer Psychology, 2002, 12 (3): 265-280.

[342] Yerkes R M, Dodson J D. The relation of strength of stimulus to rapidity of habit-formation [J]. Journal of Comparative Neurology of Psychology, 1980, 18 (5): 458-482.

[343] Yoon S, Simonson I. Choice set configuration as a determinant of preference attribution and strength [J]. Journal of Consumer Research, 2008, 35 (2): 324-336.

[344] Yun H, Kettinger W J, Lee C C. A new open door: the smartphone's impact on work-to-life conflict, stress, and resistance [J]. International Journal of Electronic Commerce, 2012, 16 (4): 121-152.

[345] Zacks R T, Hasher L. Directed ignoring: Inhibitory regulation of working memory [M] // Dagenbach D, Carr T H. Inhibitory processes in attention, memory and language. New York: Academic Press, 1994: 241-264.

[346] Zajonc R B. Mere exposure: A gateway to the subliminal [J]. Current Directions in Psychological Science, 2001, 10 (6): 224-228.

[347] Zeigarnik B. On finished and unfinished tasks [J]. A Source Book of Gestalt Psychology, 1938: 300-314.

[348] Zeigarnik B. Das behalten erledigter und unerledigter handlungen [J]. Psychologische Forschung, 1927, 9 (1): 1 - 85.

[349] Zhang Y L, Shrum L J. The influence of self-construal on impulsive consumption [J]. Journal of Consumer Research, 2009, 35 (5): 838-850.

[350] Zijlstra F R H, Roe R A, Leonora A B, et al. Temporal factors in mental work: Effects of interrupted activities [J]. Journal of Occupational and Organizational Psychology, 1999, 72 (2): 164-185.

[351] Zuercher J D. The effects of extraneous stimulation on vigilance [J]. Human Factors, 1965, 7 (2): 101-105.

附　录

实验一　3×3 组间实验设计

情境一：无中断任务–无折中选项的实验设计

本问卷将用于学术研究，你的答案对于本书非常重要。请仔细阅读问卷中的情景信息。答案没有对错之分，请根据你的真实想法作答。答题过程中请尽量保持周围没有干扰，填答过程不要中断。

请认真聆听一段 20 秒的音乐：

为被试者播放一首经过剪辑的 John Fahey 经典吉他曲 Orinda-Moraga。

下面是一则关于数码相机购买情境的描述，你需要根据情境，做出自己的购买决策。

想象一下，春天来了，校园里花坛中的各种花草，为校园增添了新的色彩；远处道路上随风摇曳的柳树，仿佛将要脱去那灰暗的外套，换上一身漂亮的春装，不停地梳理那满头柔软的长发；校园的建筑物在花草的映衬下显得更加壮美。

于是，你想要购买一台数码相机用于记录这美丽的风景，并将照片与远方的家人和朋友们分享。你来到市区的一家数码商城，经过筛选，有两部相机符合你的要求，价格也在你的预算之内。相机的具体信息如下表所示。

另外，售货员还告诉你：对于数码相机而言，像素越高，表示照片的分辨率也越高，图像的质量就越好，而变焦倍数越高，表示可以更"真实"地拍摄到更远的物体或景色，不会导致"可望而不可即"的情况。

产品	A	B
像素	1600 万像素	1800 万像素
数码变焦倍数	16 倍	12 倍

1. 对于上述两部相机，你更愿意选择哪一部？［单选题］

　　○ A

　　○ B

---

2. 通过阅读刚才购买（数码相机）任务中的全部材料，下列哪一项未在材料中提及？［单选题］

　　○ 数码相机

　　○ 春天

　　○ 校园

　　○ 像素

　　○ 数码变焦倍数

　　○ 花草

　　○ 柳树

　　○ 操场

请填写相关个人信息

3. 你的性别

　　○ 男

　　○ 女

4. 你的年龄：_____

情境二：获知决策信息前中断-无折中选项的实验设计

本问卷将用于学术研究，你的答案对于本书非常重要。请仔细阅读问卷中的情景信息。答案没有对错之分，请根据你的真实想法作答。答题过程中请尽量保持周围没有干扰，填答过程不要中断。

下面是一则关于数码相机购买情境的描述，你需要根据情境，做出自己的购买决策。

想象一下，春天来了，校园里花坛中的各种花草，为校园增添了新的色彩；远处道路上随风摇曳的柳树，仿佛将要脱去那灰暗的外套，换上一身漂亮的春装，不停地梳理那满头柔软的长发；校园的建筑物在花草的映衬下显得更加壮美。

于是，你想要购买一台数码相机用于记录这美丽的风景，并将照片与远方的家人和朋友们分享。你来到市区的一家数码商城，经过筛选，有两部相机符合你的要求，价格也在你的预算之内。相机的具体信息如下表所示。

任务提示：按照要求，你需要先认真聆听 20 秒的音乐，方可继续刚才的相机购买任务。

为被试者播放一首经过剪辑的 John Fahey 经典吉他曲 Orinda-Moraga。

请继续完成前面的数码相机购买决策：

另外，售货员还告诉你：对于数码相机而言，像素越高，表示照片的分辨率也越高，图像的质量就越好，而变焦倍数越高，表示可以更"真实"地拍摄到更远的物体或景色，不会导致"可望而不可即"的情况。

产品	A	B
像素	1600 万像素	1800 万像素
数码变焦倍数	16 倍	12 倍

1. 对于上述两部相机，你更愿意选择哪一部？［单选题］

  ○ A

  ○ B

---

2. 通过阅读刚才购买（数码相机）任务中的全部材料，下列哪一项未在材料中提及？［单选题］

  ○ 数码相机

  ○ 春天

  ○ 校园

  ○ 像素

  ○ 数码变焦倍数

  ○ 花草

  ○ 柳树

  ○ 操场

请填写相关个人信息

3. 你的性别

  ○ 男

  ○ 女

4. 你的年龄：_____

情境三：获知决策信息后中断-无折中选项的实验设计

本问卷将用于学术研究，你的答案对于本书非常重要。请仔细阅读问卷中的情景信息。答案没有对错之分，请根据你的真实想法作答。答题过程中请尽量保持周围没有干扰，填答过程不要中断。

下面是一则关于数码相机购买情境的描述，你需要根据情境，做出自己的购买决策。

想象一下，春天来了，校园里花坛中的各种花草，为校园增添了新的色彩；远处道路上随风摇曳的柳树，仿佛将要脱去那灰暗的外套，换上一身漂亮的春装，不停地梳理那满头柔软的长发；校园的建筑物在花草的映衬下显得更加壮美。

于是，你想要购买一台数码相机用于记录这美丽的风景，并将照片与远方的家人和朋友们分享。你来到市区的一家数码商城，经过筛选，有两部相机符合你的要求，价格也在你的预算之内。相机的具体信息如下表所示。

另外，售货员还告诉你：对于数码相机而言，像素越高，表示照片的分辨率也越高，图像的质量就越好，而变焦倍数越高，表示可以更"真实"地拍摄到更远的物体或景色，不会导致"可望而不可即"的情况。

产品	A	B
像素	1600 万像素	1800 万像素
数码变焦倍数	16 倍	12 倍

请考虑一下，你将如何做选择？

任务提示：按照要求，你需要先认真聆听 20 秒的音乐，方可继续刚才的相机购买任务。

为被试者播放一首经过剪辑的 John Fahey 经典吉他曲 Orinda-Moraga。

请继续完成前面的数码相机购买决策：

产品	A	B
像素	1600 万像素	1800 万像素
数码变焦倍数	16 倍	12 倍

1. 对于上述两部相机，你更愿意选择哪一部？［单选题］

　　○ A

　　○ B

----

2. 通过阅读刚才购买（数码相机）任务中的全部材料，下列哪一项未在材料中提及？［单选题］

　　○ 数码相机

　　○ 春天

　　○ 校园

　　○ 像素

　　○ 数码变焦倍数

　　○ 花草

　　○ 柳树

　　○ 操场

请填写相关个人信息

3. 你的性别

　　○ 男

　　○ 女

4. 你的年龄：＿＿＿＿＿＿＿＿＿＿＿＿＿

情境四：无中断任务–有折中选项（1600 万像素、16 倍变焦）的实验设计

本问卷将用于学术研究，你的答案对于本书非常重要。请仔细阅读问卷中的情景信息。答案没有对错之分，请根据你的真实想法作答。答题过程中请尽量保持周围没有干扰，填答过程不要中断。

请认真聆听一段 20 秒的音乐：

为被试者播放一首经过剪辑的 John Fahey 经典吉他曲 Orinda-Moraga。

下面是一则关于数码相机购买情境的描述，你需要根据情境，做出自己的购买决策。

想象一下，春天来了，校园里花坛中的各种花草，为校园增添了新的色彩；远处道路上随风摇曳的柳树，仿佛将要脱去那灰暗的外套，换上一身漂亮的春装，不停地梳理那满头柔软的长发；校园的建筑物在花草的映衬下显得更加壮美。

于是，你想要购买一台数码相机用于记录这美丽的风景，并将照片与远方的家人和朋友们分享。你来到市区的一家数码商城，经过筛选，有三部相机符合你的要求，价格也在你的预算之内。相机的具体信息如下表所示。

另外，售货员还告诉你：对于数码相机而言，像素越高，表示照片的分辨率也越高，图像的质量就越好，而变焦倍数越高，表示可以更"真实"地拍摄到更远的物体或景色，不会导致"可望而不可即"的情况。

产品	A	B	C
像素	1200 万像素	1600 万像素	1800 万像素
数码变焦倍数	20 倍	16 倍	12 倍

1. 对于上述三部相机，你更愿意选择哪一部？［单选题］

○ A

○ B

○ C

---

2. 通过阅读刚才购买（数码相机）任务中的全部材料，下列哪一项未在材料中提及？［单选题］

　　○ 数码相机

　　○ 春天

　　○ 校园

　　○ 像素

　　○ 数码变焦倍数

　　○ 花草

　　○ 柳树

　　○ 操场

请填写相关个人信息

3. 你的性别

　　○ 男

　　○ 女

4. 你的年龄：＿＿＿＿＿＿＿＿＿＿＿＿＿

情境五：获知决策信息前中断–有折中选项（1600 万像素、16 倍变焦）的实验设计

本问卷将用于学术研究，你的答案对于本书非常重要。请仔细阅读问卷中的情景信息。答案没有对错之分，请根据你的真实想法作答。答题过程中请尽量保持周围没有干扰，填答过程不要中断。

下面是一则关于数码相机购买情境的描述，你需要根据情境，做出自己的购买决策。

想象一下，春天来了，校园里花坛中的各种花草，为校园增添了新的色彩；远处道路上随风摇曳的柳树，仿佛将要脱去那灰暗的外套，换上一身漂亮的春装，不停地梳理那满头柔软的长发；校园的建筑物在花草的映衬下显得更加壮美。

于是，你想要购买一台数码相机用于记录这美丽的风景，并将照片与远方的家人和朋友们分享。你来到市区的一家数码商城，经过筛选，有三部相机符合你的要求，价格也在你的预算之内。相机的具体信息如下表所示。

- -

任务提示：按照要求，你需要先认真聆听 20 秒的音乐，方可继续刚才的相机购买任务。

为被试者播放一首经过剪辑的 John Fahey 经典吉他曲 Orinda-Moraga。

- -

请继续完成前面的数码相机购买决策：

另外，售货员还告诉你：对于数码相机而言，像素越高，表示照片的分辨率也越高，图像的质量就越好，而变焦倍数越高，表示可以更"真实"地拍摄到更远的物体或景色，不会导致"可望而不可即"的情况。

产品	A	B	C
像素	1200 万像素	1600 万像素	1800 万像素
数码变焦倍数	20 倍	16 倍	12 倍

1. 对于上述三部相机，你更愿意选择哪一部？［单选题］

　　○ A

　　○ B

　　○ C

- -

2. 通过阅读刚才购买（数码相机）任务中的全部材料，下列哪一项未在

材料中提及？[单选题]

　　○ 数码相机

　　○ 春天

　　○ 校园

　　○ 像素

　　○ 数码变焦倍数

　　○ 花草

　　○ 柳树

　　○ 操场

请填写相关个人信息

3. 你的性别

　　○ 男

　　○ 女

4. 你的年龄：＿＿＿＿＿＿＿＿＿＿＿＿＿＿＿

情境六：获知决策信息后中断-有折中选项（1600 万像素、16 倍变焦）的实验设计

本问卷将用于学术研究，你的答案对于本书非常重要。请仔细阅读问卷中的情景信息。答案没有对错之分，请根据你的真实想法作答。答题过程中请尽量保持周围没有干扰，填答过程不要中断。

下面是一则关于数码相机购买情境的描述，你需要根据情境，做出自己的购买决策。

想象一下，春天来了，校园里花坛中的各种花草，为校园增添了新的色彩；远处道路上随风摇曳的柳树，仿佛将要脱去那灰暗的外套，换上一身漂亮的春装，不停地梳理那满头柔软的长发；校园的建筑物在花草的映衬下显

得更加壮美。

于是，你想要购买一台数码相机用于记录这美丽的风景，并将照片与远方的家人和朋友们分享。你来到市区的一家数码商城，经过筛选，有三部相机符合你的要求，价格也在你的预算之内。相机的具体信息如下表所示。

另外，售货员还告诉你：对于数码相机而言，像素越高，表示照片的分辨率也越高，图像的质量就越好，而变焦倍数越高，表示可以更"真实"地拍摄到更远的物体或景色，不会导致"可望而不可即"的情况。

产品	A	B	C
像素	1200 万像素	1600 万像素	1800 万像素
数码变焦倍数	20 倍	16 倍	12 倍

请考虑一下，你将如何做选择？

任务提示：按照要求，你需要先认真聆听 20 秒的音乐，方可继续刚才的相机购买任务。

为被试者播放一首经过剪辑的 John Fahey 经典吉他曲 Orinda-Moraga。

请继续完成前面的数码相机购买决策：

产品	A	B	C
像素	1200 万像素	1600 万像素	1800 万像素
数码变焦倍数	20 倍	16 倍	12 倍

1. 对于上述三部相机，你更愿意选择哪一部？[单选题]

　　○ A

　　○ B

　　○ C

----

2. 通过阅读刚才购买（数码相机）任务中的全部材料，下列哪一项未在材料中提及？[单选题]

　　○ 数码相机

　　○ 春天

　　○ 校园

　　○ 像素

　　○ 数码变焦倍数

　　○ 花草

　　○ 柳树

　　○ 操场

请填写相关个人信息

3. 你的性别

　　○ 男

　　○ 女

4. 你的年龄：＿＿＿＿＿＿＿＿＿＿＿

情境七：无中断任务-有折中选项（1800万像素、12倍变焦）的实验设计

本问卷将用于学术研究，你的答案对于本书非常重要。请仔细阅读问卷中的情景信息。答案没有对错之分，请根据你的真实想法作答。答题过程中请尽量保持周围没有干扰，填答过程不要中断。

请认真聆听一段20秒的音乐：

为被试者播放一首经过剪辑的John Fahey经典吉他曲Orinda-Moraga。

下面是一则关于数码相机购买情境的描述，你需要根据情境，做出自己的购买决策。

想象一下，春天来了，校园里花坛中的各种花草，为校园增添了新的色彩；远处道路上随风摇曳的柳树，仿佛将要脱去那灰暗的外套，换上一身漂亮的春装，不停地梳理那满头柔软的长发；校园的建筑物在花草的映衬下显得更加壮美。

于是，你想要购买一台数码相机用于记录这美丽的风景，并将照片与远方的家人和朋友们分享。你来到市区的一家数码商城，经过筛选，有三部相机符合你的要求，价格也在你的预算之内。相机的具体信息如下表所示。

另外，售货员还告诉你：对于数码相机而言，像素越高，表示照片的分辨率也越高，图像的质量就越好，而变焦倍数越高，表示可以更"真实"地拍摄到更远的物体或景色，不会导致"可望而不可即"的情况。

产品	A	B	C
像素	1600 万像素	1800 万像素	2000 万像素
数码变焦倍数	16 倍	12 倍	8 倍

1. 对于上述三部相机，你更愿意选择哪一部？［单选题］

　　○ A

　　○ B

　　○ C

2. 通过阅读刚才购买（数码相机）任务中的全部材料，下列哪一项未在材料中提及？［单选题］

　　○ 数码相机

　　○ 春天

　　○ 校园

　　○ 像素

○ 数码变焦倍数

○ 花草

○ 柳树

○ 操场

请填写相关个人信息

3. 你的性别

○ 男

○ 女

4. 你的年龄：＿＿＿＿＿＿＿＿＿＿＿＿＿

情境八：获知决策信息前中断–有折中选项（1800万像素、12倍变焦）的实验设计

本问卷将用于学术研究，你的答案对于本书非常重要。请仔细阅读问卷中的情景信息。答案没有对错之分，请根据你的真实想法作答。答题过程中请尽量保持周围没有干扰，填答过程不要中断。

下面是一则关于数码相机购买情境的描述，你需要根据情境，做出自己的购买决策。

想象一下，春天来了，校园里花坛中的各种花草，为校园增添了新的色彩；远处道路上随风摇曳的柳树，仿佛将要脱去那灰暗的外套，换上一身漂亮的春装，不停地梳理那满头柔软的长发；校园的建筑物在花草的映衬下显得更加壮美。

于是，你想要购买一台数码相机用于记录这美丽的风景，并将照片与远方的家人和朋友们分享。你来到市区的一家数码商城，经过筛选，有三部相机符合你的要求，价格也在你的预算之内。相机的具体信息如下表所示。

任务提示：按照要求，你需要先认真聆听 20 秒的音乐，方可继续刚才的相机购买任务。

为被试者播放一首经过剪辑的 John Fahey 经典吉他曲 Orinda-Moraga。

请继续完成前面的数码相机购买决策：

另外，售货员还告诉你：对于数码相机而言，像素越高，表示照片的分辨率也越高，图像的质量就越好，而变焦倍数越高，表示可以更"真实"地拍摄到更远的物体或景色，不会导致"可望而不可即"的情况。

产品	A	B	C
像素	1600 万像素	1800 万像素	2000 万像素
数码变焦倍数	16 倍	12 倍	8 倍

1. 对于上述三部相机，你更愿意选择哪一部？［单选题］

　○ A

　○ B

　○ C

-----

2. 通过阅读刚才购买（数码相机）任务中的全部材料，下列哪一项未在材料中提及？［单选题］

　○ 数码相机

　○ 春天

　○ 校园

　○ 像素

　○ 数码变焦倍数

　○ 花草

　○ 柳树

　○ 操场

请填写相关个人信息

3. 你的性别

○ 男

○ 女

4. 你的年龄：＿＿＿＿＿＿＿＿＿＿＿＿＿＿

情境九：获知决策信息后中断-有折中选项（1800万像素、12倍变焦）的实验设计

本问卷将用于学术研究，你的答案对于本书非常重要。请仔细阅读问卷中的情景信息。答案没有对错之分，请根据你的真实想法作答。答题过程中请尽量保持周围没有干扰，填答过程不要中断。

下面是一则关于数码相机购买情境的描述，你需要根据情境，做出自己的购买决策。

想象一下，春天来了，校园里花坛中的各种花草，为校园增添了新的色彩；远处道路上随风摇曳的柳树，仿佛将要脱去那灰暗的外套，换上一身漂亮的春装，不停地梳理那满头柔软的长发；校园的建筑物在花草的映衬下显得更加壮美。

于是，你想要购买一台数码相机用于记录这美丽的风景，并将照片与远方的家人和朋友们分享。你来到市区的一家数码商城，经过筛选，有三部相机符合你的要求，价格也在你的预算之内。相机的具体信息如下表所示。

另外，售货员还告诉你：对于数码相机而言，像素越高，表示照片的分辨率也越高，图像的质量就越好，而变焦倍数越高，表示可以更"真实"地拍摄到更远的物体或景色，不会导致"可望而不可即"的情况。

产品	A	B	C
像素	1600 万像素	1800 万像素	2000 万像素
数码变焦倍数	16 倍	12 倍	8 倍

请考虑一下，你将如何做选择？

任务提示：按照要求，你需要先认真聆听 20 秒的音乐，方可继续刚才的相机购买任务。

为被试者播放一首经过剪辑的 John Fahey 经典吉他曲 Orinda-Moraga。

请继续完成前面的数码相机购买决策：

产品	A	B	C
像素	1600 万像素	1800 万像素	2000 万像素
数码变焦倍数	16 倍	12 倍	8 倍

1. 对于上述三部相机，你更愿意选择哪一部？［单选题］

○ A

○ B

○ C

----

2. 通过阅读刚才购买（数码相机）任务中的全部材料，下列哪一项未在材料中提及？［单选题］

○ 数码相机

○ 春天

○ 校园

○ 像素

○ 数码变焦倍数

○ 花草

○ 柳树

○ 操场

请填写相关个人信息

3. 你的性别

○ 男

○ 女

4. 你的年龄：_____

实验二　系列实验设计

情境一：无中断任务-有中介（好奇和熟悉度）的实验设计

本问卷将用于学术研究，你的答案对于本书非常重要。问卷答案没有对错之分，请根据你的真实想法作答。请仔细阅读问卷中的情景信息，答题过程中请尽量保持周围没有干扰，填答过程不要中断。问卷的审核分为自动和人工两部分，审核通过之后的填答者还将获得小礼品奖励。

请先完成如下"倒着数（count backward）"任务：

1. 请你在心里默默地从 175 倒数到 105，并写下中间所有可以被 7 整除的数字（7 的倍数）_____

接下来，请你参与一项新产品的市场调研。我们想要了解你如何在几款笔记本电脑中做出选择。

下面是三款笔记本的图片和功能介绍，这三款笔记本售价均为 5699 元，但在 CPU、内存、硬盘容量和电池这四个属性上有不同的表现。

以下是这三款电脑的详细属性信息。

笔记本A

产品性能

· CPU：Intel 酷睿i7 620M

· 4G内存，DRR3

· 160G硬盘，SATA

· 4芯锂池

售价：5699元

笔记本B

产品性能

· CPU：Intel 酷睿i5 560M

· 2G内存，DRR3

· 320G硬盘，SATA

· 6芯锂池

售价：5699元

笔记本C

产品性能

· CPU：Intel 酷睿i3 350M

· 1G内存，DRR3

· 500G硬盘，SATA

· 8芯锂池

售价：5699元

2. 在上述三款电脑中，你更愿意选择哪一款？

　○ 笔记本电脑 A

　○ 笔记本电脑 B

　○ 笔记本电脑 C

请你回忆一下刚才在阅读新款笔记本电脑的选择任务中，你的感受：

3. 那时，你对新产品选择任务具体内容的好奇程度如何？［单选题］

○1	○2	○3	○4	○5	○6	○7
非常 不好奇	不好奇	有些 不好奇	不确定	有些 好奇	好奇	非常 好奇

4. 在当时，你想要了解新产品选择任务剩下内容的程度如何？［单选题］

○1	○2	○3	○4	○5	○6	○7
非常 不想了解	不想 了解	一般 不想了解	不确定	一般 想了解	想了解	非常 想了解

5. 在当时，你希望知道选择任务剩下的内容的程度如何？［单选题］

○1　　　○2　　　○3　　　○4　　　○5　　　○6　　　○7

非常　　　　　　　一般　　　　　　　一般　　　　　　　非常
不希望　　不希望　不希望　　不确定　希望　　　希望　　希望

6. 在当时，你有多大程度想要知道每款电脑的详细信息？［单选题］

○1　　　○2　　　○3　　　○4　　　○5　　　○6　　　○7

非常　　　不想　　一般　　　　　　　一般　　　　　　　非常
不想知道　知道　不想知道　不确定　想知道　想知道　想知道

7. 本页中的新产品选择情境信息你之前是否全部见过？［单选题］

○是

○否

8. 你对上述选择情境的熟悉程度如何？［单选题］

○1　　　○2　　　○3　　　○4　　　○5　　　○6　　　○7

非常　　　　　　　一般　　　　　　　一般　　　　　　　非常
不熟悉　不熟悉　不熟悉　不确定　熟悉　　熟悉　　熟悉

9. 你对上述选择情境中产品信息的描述是否熟悉？［单选题］

○1　　　○2　　　○3　　　○4　　　○5　　　○6　　　○7

非常　　　　　　　一般　　　　　　　一般　　　　　　　非常
不熟悉　不熟悉　不熟悉　不确定　熟悉　　熟悉　　熟悉

请填写相关个人信息

10. 你的性别

○ 男

○ 女

11. 你的年龄：＿＿＿＿＿＿＿＿＿＿＿＿＿＿

情境二：获知决策信息前中断–有中介（好奇和熟悉度）的实验设计

本问卷将用于学术研究，你的答案对于本书非常重要。问卷答案没有对错之分，请根据你的真实想法作答。请仔细阅读问卷中的情景信息，答题过程中请尽量保持周围没有干扰，填答过程不要中断。问卷的审核分为自动和人工两部分，审核通过之后的填答者还将获得小礼品奖励。

首先，请你参与一项新产品的市场调研。我们想要了解你如何在几款笔记本电脑中做出选择。

下面是三款笔记本的图片和功能介绍，这三款笔记本售价均为 5699 元，但在 CPU、内存、硬盘容量和电池这四个属性上有不同的表现。

以下是这三款电脑的详细属性信息。

按照要求，你需要先完成"倒着数（count backward）"任务，待完成测验之后，你将重新回到之前的新产品选择调研。

1. 请你在心里默默地从 175 倒数到 105，并写下中间所有可以被 7 整除的数字（7 的倍数）＿＿＿＿＿＿＿＿＿＿＿＿

接下来，你将重新回到新产品的市场调研环节。我们想要了解你如何在几款笔记本电脑中做出选择：

下面是三款笔记本的图片和功能介绍，这三款笔记本售价均为 5699 元，但在 CPU、内存、硬盘容量和电池这四个属性上有不同的表现。

以下是这三款电脑的详细属性信息。

笔记本A

产品性能

· CPU：Intel 酷睿i7 620M

· 4G内存，DRR3

· 160G硬盘，SATA

· 4芯锂池

售价：5699元

笔记本B

产品性能

· CPU：Intel 酷睿i5 560M

· 2G内存，DRR3

· 320G硬盘，SATA

· 6芯锂池

售价：5699元

笔记本C

产品性能

· CPU：Intel 酷睿i3 350M

· 1G内存，DRR3

· 500G硬盘，SATA

· 8芯锂池

售价：5699元

2. 在上述三款电脑中，你更愿意选择哪一款？

○ 笔记本电脑 A

○ 笔记本电脑 B

○ 笔记本电脑 C

请你回忆一下刚才在阅读新款笔记本电脑的选择任务中，你的感受：

3. 那时，你对新产品选择任务具体内容的好奇程度如何？［单选题］

○1   ○2   ○3   ○4   ○5   ○6   ○7

非常   不好奇   有些   不确定   有些   好奇   非常

不好奇   不好奇   好奇   好奇

4. 在当时，你想要了解新产品选择任务剩下内容的程度如何？［单选题］

○1   ○2   ○3   ○4   ○5   ○6   ○7

非常   不想   一般   不确定   一般   想了解   非常

不想了解   了解   不想了解   想了解   想了解

5. 在当时，你希望知道选择任务剩下的内容的程度如何？［单选题］

○1　　　○2　　　○3　　　○4　　　○5　　　○6　　　○7

非常　　　　　　　　　一般　　　　　　　　　一般　　　　　　　　　非常
不希望　　不希望　　不希望　　不确定　　希望　　希望　　希望

6. 在当时，你有多大程度想要知道每款电脑的详细信息？［单选题］

○1　　　○2　　　○3　　　○4　　　○5　　　○6　　　○7

非常　　　不想　　　一般　　　　　　　　　一般　　　　　　　　　非常
不想知道　知道　　不想知道　不确定　　想知道　想知道　想知道

7. 本页中的新产品选择情境信息你之前是否全部见过？［单选题］

○是

○否

8. 你对上述选择情境的熟悉程度如何？［单选题］

○1　　　○2　　　○3　　　○4　　　○5　　　○6　　　○7

非常　　　　　　　　　一般　　　　　　　　　一般　　　　　　　　　非常
不熟悉　　不熟悉　　不熟悉　　不确定　　熟悉　　熟悉　　熟悉

9. 你对上述选择情境中产品信息的描述是否熟悉？［单选题］

○1　　　○2　　　○3　　　○4　　　○5　　　○6　　　○7

非常　　　　　　　　　一般　　　　　　　　　一般　　　　　　　　　非常
不熟悉　　不熟悉　　不熟悉　　不确定　　熟悉　　熟悉　　熟悉

- -

请填写相关个人信息

10. 你的性别

○ 男

○ 女

11. 你的年龄：＿＿＿＿＿＿＿＿＿＿＿＿＿

情境三：获知决策信息后中断--有中介（好奇和熟悉度）的实验设计

本问卷将用于学术研究，你的答案对于本书非常重要。问卷答案没有对错之分，请根据你的真实想法作答。请仔细阅读问卷中的情景信息，答题过程中请尽量保持周围没有干扰，填答过程不要中断。问卷的审核分为自动和人工两部分，审核通过之后的填答者还将获得小礼品奖励。

首先，请你参与一项新产品的市场调研。我们想要了解你如何在几款笔记本电脑中做出选择。

下面是三款笔记本的图片和功能介绍，这三款笔记本售价均为 5699 元，但在 CPU、内存、硬盘容量和电池这四个属性上有不同的表现。

以下是这三款电脑的详细属性信息。

笔记本A

产品性能
- CPU：Intel 酷睿i7 620M
- 4G内存，DRR3
- 160G硬盘，SATA
- 4芯锂池
售价：5699元

笔记本B

产品性能
- CPU：Intel 酷睿i5 560M
- 2G内存，DRR3
- 320G硬盘，SATA
- 6芯锂池
售价：5699元

笔记本C

产品性能
- CPU：Intel 酷睿i3 350M
- 1G内存，DRR3
- 500G硬盘，SATA
- 8芯锂池
售价：5699元

请考虑一下，你将如何做选择？

按照要求，你需要先完成"倒着数（count backward）"任务，待完成测验之后，你将重新回到之前的新产品选择调研。

1. 请你在心里默默地从 175 倒数到 105，并写下中间所有可以被 7 整除的数字（7 的倍数）_____

接下来，你将重新回到新产品的市场调研环节。我们想要了解你如何在几款笔记本电脑中做出选择：

下面是三款笔记本的图片和功能介绍，这三款笔记本售价均为 5699 元，但在 CPU、内存、硬盘容量和电池这四个属性上有不同的表现。

以下是这三款电脑的详细属性信息。

笔记本A

产品性能

· CPU：Intel 酷睿i7 620M
· 4G内存，DRR3
· 160G硬盘，SATA
· 4芯锂池
售价：5699元

笔记本B

产品性能

· CPU：Intel 酷睿i5 560M
· 2G内存，DRR3
· 320G硬盘，SATA
· 6芯锂池
售价：5699元

笔记本C

产品性能

· CPU：Intel 酷睿i3 350M
· 1G内存，DRR3
· 500G硬盘，SATA
· 8芯锂池
售价：5699元

2. 在上述三款电脑中，你更愿意选择哪一款？

　○ 笔记本电脑 A

　○ 笔记本电脑 B

　○ 笔记本电脑 C

请你回忆一下刚才在阅读新款笔记本电脑的选择任务中，你的感受：

3. 那时，你对新产品选择任务具体内容的好奇程度如何？［单选题］

○1　　○2　　○3　　○4　　○5　　○6　　○7

非常　　　　　　有些　　　　　　　　　　　　非常
不好奇　　不好奇　　不好奇　　不确定　　有些好奇　　好奇　　好奇

4. 在当时，你想要了解新产品选择任务剩下内容的程度如何？［单选题］

○1　　○2　　○3　　○4　　○5　　○6　　○7

非常　　不想　　一般　　　　　　一般　　　　　　非常
不想了解　了解　不想了解　不确定　想了解　想了解　想了解

5. 在当时，你希望知道选择任务剩下的内容的程度如何？［单选题］

○1　　○2　　○3　　○4　　○5　　○6　　○7

非常　　　　　　一般　　　　　　一般　　　　　　非常
不希望　　不希望　　不希望　　不确定　　希望　　希望　　希望

6. 在当时，你有多大程度想要知道每款电脑的详细信息？［单选题］

○1　　○2　　○3　　○4　　○5　　○6　　○7

非常　　不想　　一般　　　　　　一般　　　　　　非常
不想知道　知道　不想知道　不确定　想知道　想知道　想知道

7. 本页中的新产品选择情境信息你之前是否全部见过？［单选题］

○是
○否

8. 你对上述选择情境的熟悉程度如何？［单选题］

○1　　○2　　○3　　○4　　○5　　○6　　○7

非常　　　　　　一般　　　　　　一般　　　　　　非常
不熟悉　　不熟悉　　不熟悉　　不确定　　熟悉　　熟悉　　熟悉

9. 你对上述选择情境中产品信息的描述是否熟悉？［单选题］

○1　　　○2　　　○3　　　○4　　　○5　　　○6　　　○7

非常　　　　　　　一般　　　　　　　一般　　　　　　非常
不熟悉　　不熟悉　不熟悉　　不确定　　熟悉　　熟悉　　熟悉

请填写相关个人信息

10. 你的性别：

　　○ 男

　　○ 女

11. 你的年龄：＿＿＿＿＿＿＿＿＿＿＿＿＿

实验三　2×2 混合实验设计

情境一：无中断任务-认知需求的实验设计

本问卷将用于学术研究，你的答案对于本书非常重要。请仔细阅读问卷中的情景信息，答案没有对错之分，请根据你的真实想法作答。答题过程中请尽量保持周围没有干扰，填答过程不要中断。

单词拼写任务：

1. 请在下面方框中写出五个以英文字母 C 开头的单词（以逗号隔开）＿＿＿＿＿＿＿＿＿＿＿＿

购买任务：下面是一则关于手机购买情境的描述，你需要根据情境，做出自己的购买决策。

请想象一下：新学期，你打算购买一部新手机，于是你来到市区的一家电子数码城。经过反复筛选，有三款产品的功能、外形、颜色、手感等都符合你的要求，且价格也在你能承受的范围之内，一时之间你也有些难以取舍。但是经过仔细比较，这三款产品在下面三个属性中有明显差异，具体信息如下表所示。

手机品牌	摄像头像素	手机屏幕
魅族	800 万像素	5.5 英寸
小米	1200 万像素	4.7 英寸
OPPO	1600 万像素	4 英寸

2. 对于上述三部手机，你更愿意选择哪一部？［单选题］

○ 鬼族

○ 小米

○ OPPO

3. 之前手机购买情境中提及，"三款产品在下面三个属性中有明显差异"，下列哪一项属性不属于这三项属性？［单选题］

○ 价格

○ 品牌

○ 摄像头像素

○ 屏幕

请回忆：在刚才阅读手机购买情境过程中，以下描述多大程度上符合你当时的内心想法。

4. 刚才你在阅读上述购买情境的过程中，你想要了解手机选择任务剩下内容的程度如何？

○1　　　　○2　　　　○3　　　　○4　　　　○5　　　　○6　　　　○7

非常　　　　不想　　　　一般　　　　　　　　　一般　　　　　　　　　非常

不想了解　　了解　　　不想了解　　不确定　　想了解　　想了解　　想了解

5. 刚才你在阅读上述购买情境的过程中，你对购买任务具体内容的好奇程度如何？

○1　　　　○2　　　　○3　　　　○4　　　　○5　　　　○6　　　　○7

非常　　　　　　　　　有些　　　　　　　　　　　　　　　　　　　非常

不好奇　　不好奇　　不好奇　　不确定　　有些好奇　　好奇　　好奇

6. 刚才你在阅读上述购买情境的过程中，你希望知道选择任务剩下的内容的程度如何？

○1　　　　○2　　　　○3　　　　○4　　　　○5　　　　○6　　　　○7

非常　　　　　　　　　一般　　　　　　　　　一般　　　　　　　　　非常

不希望　　不希望　　不希望　　不确定　　希望　　希望　　希望

7. 刚才你在阅读上述购买情境的过程中，你有多大程度想要知道每部手机的详细信息？

○1　　　　○2　　　　○3　　　　○4　　　　○5　　　　○6　　　　○7

非常　　　　不想　　　　一般　　　　　　　　　一般　　　　　　　　　非常

不想知道　　知道　　不想知道　　不确定　　想知道　　想知道　　想知道

8. 以下共有 18 个关于描述个人特点的句子，请考虑每个句子在多大程度上符合你自己的实际情况。

个人特点描述	1完全不符合	2不符合	3有点不符合	4不确定	5有点符合	6符合	7完全符合
（1）相比简单的任务，我更喜欢复杂的任务							
（2）我喜欢负责处理一些需要做很多思考的事情							
（3）思考对我来说不是有趣的事							
（4）我宁愿做那些不用怎么动脑的事情，而不愿意做肯定会挑战我思考能力的事情							
（5）我尽量去预见并避免那些有可能使我不得不对某事做深入思考的情形							
（6）我会从长时间的仔细思考中获得满足感							
（7）我只会在迫不得已的情况下才努力思考某个问题							
（8）我愿意去想一些小事情的日常计划，而不喜欢做长远的规划							
（9）我喜欢干那些一旦学会了就不用再动脑子的事情							
（10）依靠思考使自己成为最优秀的，这种想法很吸引我							
（11）我真的很喜欢那些要想出新方法来解决问题的任务							
（12）学习思考的新方法并不能使我很兴奋							
（13）我喜欢我的生活充满了必须解决的难题							
（14）对抽象问题的思考很吸引我							
（15）我喜欢那种考验智力的、困难的而且重要的任务胜于那种有点重要但不需要进行很多思考的任务							
（16）在完成一项需要耗费很多脑力劳动的任务后，我觉得如释重负而不是感到满足							
（17）对我来说，只要工作完成了就足够了，我并不关心完成的方式或原因							
（18）我通常在事情完结以后还在思考，即使这些事情并不对我个人构成影响							

请填写相关个人信息

9. 你的性别：

　　○ 男

　　○ 女

10. 你的年龄：＿＿＿＿＿＿＿＿＿＿＿＿

情境二：决策信息前中断-认知需求的实验设计

本问卷将用于学术研究，你的答案对于本书非常重要。请仔细阅读问卷中的情景信息，答案没有对错之分，请根据你的真实想法作答。答题过程中请尽量保持周围没有干扰，填答过程不要中断。

购买任务：下面是一则关于手机购买情境的描述，你需要根据情境，做出自己的购买决策。

请想象一下：新学期，你打算购买一部新手机，于是你来到市区的一家电子数码城。经过反复筛选，有三款产品的功能、外形、颜色、手感等都符合你的要求，且价格也在你能承受的范围之内，一时之间你也有些难以取舍。但是经过仔细比较，这三款产品在下面三个属性中有明显差异，具体信息如下表所示。

提示：在呈现三款手机的详细属性之前，你需要完成下面这个单词拼写任务。待拼写任务完成后，你将再次回到手机购买情境中。

单词拼写任务：

1. 请在下面方框中写出五个以英文字母 C 开头的单词（以逗号隔开）＿＿＿＿＿＿＿＿＿＿＿＿

接下来，你将重新回到手机购买决策。你需要根据情境，做出最终的购买决策。

经过仔细比较，这三款产品在下面三个属性中有明显差异，具体信息如下表所示。

手机品牌	摄像头像素	手机屏幕
魅族	800 万像素	5.5 英寸
小米	1200 万像素	4.7 英寸
OPPO	1600 万像素	4 英寸

2. 对于上述三部手机，你更愿意选择哪一部？[单选题]

○ 魅族

○ 小米

○ OPPO

----

3. 之前手机购买情境中提及，"三款产品在下面三个属性中有明显差异"，下列哪一项属性不属于这三项属性？[单选题]

○ 价格

○ 品牌

○ 摄像头像素

○ 屏幕

请回忆：在刚才阅读手机购买情境过程中，以下描述多大程度上符合你当时的内心想法。

4. 刚才你在阅读上述购买情境的过程中，你想要了解手机选择任务剩下内容的程度如何？

○1	○2	○3	○4	○5	○6	○7
非常 不想了解	不想 了解	一般 不想了解	不确定	一般 想了解	想了解	非常 想了解

5. 刚才你在阅读上述购买情境的过程中，你对购买任务具体内容的好奇

程度如何?

○1	○2	○3	○4	○5	○6	○7
非常 不好奇	不好奇	有些 不好奇	不确定	有些 好奇	好奇	非常 好奇

6. 刚才你在阅读上述购买情境的过程中,你希望知道选择任务剩下的内容的程度如何?

○1	○2	○3	○4	○5	○6	○7
非常 不希望	不希望	一般 不希望	不确定	一般 希望	希望	非常 希望

7. 刚才你在阅读上述购买情境的过程中,你有多大程度想要知道每部手机的详细信息?

○1	○2	○3	○4	○5	○6	○7
非常 不想知道	不想 知道	一般 不想知道	不确定	一般 想知道	想知道	非常 想知道

8. 以下共有 18 个关于描述个人特点的句子,请考虑每个句子在多大程度上符合你自己的实际情况。

个人特点描述	1完全不符合	2不符合	3有点不符合	4不确定	5有点符合	6符合	7完全符合
(1) 相比简单的任务,我更喜欢复杂的任务							
(2) 我喜欢负责处理一些需要做很多思考的事情							
(3) 思考对我来说不是有趣的事							
(4) 我宁愿做那些不用怎么动脑的事情,而不愿意做肯定会挑战我思考能力的事情							

个人特点描述	1 完全不符合	2 不符合	3 有点不符合	4 不确定	5 有点符合	6 符合	7 完全符合
(5) 我尽量去预见并避免那些有可能使我不得不对某事做深入思考的情形							
(6) 我会从长时间的仔细思考中获得满足感							
(7) 我只会在迫不得已的情况下才努力思考某个问题							
(8) 我愿意去想一些小事情的日常计划，而不喜欢做长远的规划							
(9) 我喜欢干那些一旦学会了就不用再动脑子的事情							
(10) 依靠思考使自己成为最优秀的，这种想法很吸引我							
(11) 我真的很喜欢那些要想出新方法来解决问题的任务							
(12) 学习思考的新方法并不能使我很兴奋							
(13) 我喜欢我的生活充满了必须解决的难题							
(14) 对抽象问题的思考很吸引我							
(15) 我喜欢那种考验智力的、困难的而且重要的任务胜于那种有点重要但不需要进行很多思考的任务							
(16) 在完成一项需要耗费很多脑力劳动的任务后，我觉得如释重负而不是感到满足							
(17) 对我来说，只要工作完成了就足够了，我并不关心完成的方式或原因							
(18) 我通常在事情完结以后还在思考，即使这些事情并不对我个人构成影响							

请填写相关个人信息

9. 你的性别：

○ 男

○ 女

10. 你的年龄：_____

实验四　2×2 组间实验设计

情境一：无中断任务–数字表格形式呈现产品信息的实验设计

本问卷将用于学术研究，你的答案对于本书非常重要。请仔细阅读问卷中的情景信息，答案没有对错之分，请根据你的真实想法作答。答题过程中请尽量保持周围没有干扰，填答过程不要中断。

请认真观察图片，并完成下面"找不同"的任务：

1. 上面两幅图共有几处不同（请在横线中填写数字）_____

请阅读如下情境，完成"旅游目的地选择"任务。

请想象一下：你大学毕业后进入了一家喜欢的单位工作。正巧马上要到五一小长假，你计划用一周左右的时间外出旅游一趟，给自己放松一下，同时你也认为自己现在有这个经济实力。于是，你到旅行社去咨询相关的旅游线路，通过比较你发现，有三个旅游目的地符合你的要求，具体参照下表。

属性	旅游地 A	旅游地 B	旅游地 C
气候和海滩 （0=最差，10=最好）	8	5	2
酒店 （0=最差，5=最好）	1.5	3.0	4.5

2. 上述三个旅游地，你更愿意选择哪一个去度假？

　　○ 旅游地 A

　　○ 旅游地 B

　　○ 旅游地 C

----

3. 之前旅游地选择情境中，下面关于旅游地哪一项信息未在情境中提及？

　　○ 气候

　　○ 海滩

　　○ 人均消费

　　○ 酒店

请回忆：在刚才阅读手机购买情境过程中，以下描述多大程度上符合你当时的内心想法。

4. 刚才你在阅读上述购买情境的过程中，你想要了解手机选择任务剩下内容的程度如何？

○1　　　　○2　　　　○3　　　　○4　　　　○5　　　　○6　　　　○7

非常　　　　不想　　　　一般　　　　　　　　　　一般　　　　　　　　　　非常
不想了解　　了解　　　不想了解　　　不确定　　　想了解　　　想了解　　　想了解

5. 刚才你在阅读上述购买情境的过程中，你对购买任务具体内容的好奇程度如何？

○1　　　　○2　　　　○3　　　　○4　　　　○5　　　　○6　　　　○7

非常　　　　　　　　　　有些　　　　　　　　　　有些　　　　　　　　　　非常
不好奇　　　不好奇　　不好奇　　　不确定　　　好奇　　　　好奇　　　　好奇

6. 刚才你在阅读上述购买情境的过程中，你希望知道选择任务剩下的内容的程度如何？

○1　　　　○2　　　　○3　　　　○4　　　　○5　　　　○6　　　　○7

非常　　　　　　　　　　一般　　　　　　　　　　一般　　　　　　　　　　非常
不希望　　　不希望　　不希望　　　不确定　　　希望　　　　希望　　　　希望

7. 刚才你在阅读上述购买情境的过程中，你多大程度上想要知道每部手机的详细信息？

○1　　　　○2　　　　○3　　　　○4　　　　○5　　　　○6　　　　○7

非常　　　　不想　　　　一般　　　　　　　　　　一般　　　　　　　　　　非常
不想知道　　知道　　　不想知道　　　不确定　　　想知道　　　想知道　　　想知道

请填写相关个人信息

8. 你的性别：

　　○ 男

　　○ 女

9. 你的年龄：_____

情境二：无中断任务-图形形式呈现产品信息的实验设计

本问卷将用于学术研究，你的答案对于本书非常重要。请仔细阅读问卷中的情景信息，答案没有对错之分，请根据你的真实想法作答。答题过程中请尽量保持周围没有干扰，填答过程不要中断。

请认真观察图片，并完成下面"找不同"的任务：

1. 上面两幅图共有几处不同（请在横线中填写数字）

请阅读如下情境，完成"旅游目的地选择"任务。

请想象一下：你大学毕业后进入了一家喜欢的单位工作。正巧马上要到五一小长假，你计划用一周左右的时间外出旅游一趟，给自己放松一下，同时你也认为自己现在有这个经济实力。于是，你到旅行社去咨询相关的旅游线路，通过比较你发现，有三个旅游目的地符合你的要求，具体参照下图。

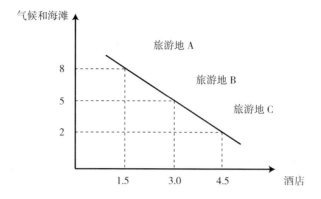

2. 上述三个旅游地，你更愿意选择哪一个去度假？

　　○ 旅游地 A

　　○ 旅游地 B

　　○ 旅游地 C

---

3. 之前旅游地选择情境中，下面关于旅游地哪一项信息未在情境中提及？

　　○ 气候

　　○ 海滩

　　○ 人均消费

　　○ 酒店

请回忆：在刚才阅读手机购买情境过程中，以下描述多大程度上符合你当时的内心想法。

4. 刚才你在阅读上述购买情境的过程中，你想要了解手机选择任务剩下内容的程度如何？

○1　　　　○2　　　　○3　　　　○4　　　　○5　　　　○6　　　　○7
非常　　　不想　　　一般　　　　　　　　一般　　　　　　　　非常
不想了解　了解　　不想了解　　不确定　　想了解　　想了解　　想了解

5. 刚才你在阅读上述购买情境的过程中，你对购买任务具体内容的好奇程度如何？

○1　　　○2　　　○3　　　○4　　　○5　　　○6　　　○7

非常　　　不好奇　　　有些　　　不确定　　　有些好奇　　　好奇　　　非常
不好奇　　　　　　不好奇　　　　　　　　　　　　　　　　好奇

6. 刚才你在阅读上述购买情境的过程中，你希望知道选择任务剩下的内容的程度如何？

○1　　　○2　　　○3　　　○4　　　○5　　　○6　　　○7

非常　　　不希望　　　一般　　　不确定　　　一般　　　希望　　　非常
不希望　　　　　　不希望　　　　　　希望　　　　　　希望

7. 刚才你在阅读上述购买情境的过程中，你多大程度上想要知道每部手机的详细信息？

○1　　　○2　　　○3　　　○4　　　○5　　　○6　　　○7

非常　　　不想　　　一般　　　不确定　　　一般　　　想知道　　　非常
不想知道　　　知道　　　不想知道　　　　　　想知道　　　　　　想知道

请填写相关个人信息

8. 你的性别：

　　○ 男

　　○ 女

9. 你的年龄：＿＿＿＿＿＿＿＿＿＿＿＿＿＿

情境三：决策信息前中断—数字表格形式呈现产品信息的实验设计

本问卷将用于学术研究，你的答案对于本书非常重要。请仔细阅读问卷中的情景信息，答案没有对错之分，请根据你的真实想法作答。答题过程中请尽量保持周围没有干扰，填答过程不要中断。

请阅读如下情境，完成"旅游目的地选择"任务。

请想象一下：你大学毕业后进入了一家喜欢的单位工作。正巧马上要到五一小长假，你计划用一周左右的时间外出旅游一趟，给自己放松一下，同时你也认为自己现在有这个经济实力。于是，你到旅行社去咨询相关的旅游线路，通过比较你发现，有三个旅游目的地符合你的要求，具体参照下表。

任务提示：按照要求，你需要先完成"找不同"任务之后，方可继续刚才的相机购买任务。

请认真观察图片，并完成下面"找不同"的任务：

1. 上面两幅图共有几处不同（请在横线中填写数字）_____

请继续完成前面的数码相机购买决策：

通过比较你发现，有三个旅游目的地符合你的要求，具体参照下表。

属性	旅游地 A	旅游地 B	旅游地 C
气候和海滩 （0＝最差，10＝最好）	8	5	2
酒店 （0＝最差，5＝最好）	1.5	3.0	4.5

2. 上述三个旅游地，你更愿意选择哪一个去度假？

○ 旅游地 A

○ 旅游地 B

○ 旅游地 C

---

3. 之前旅游地选择情境中，下面关于旅游地哪一项信息未在情境中提及？

○ 气候

○ 海滩

○ 人均消费

○ 酒店

请回忆：在刚才阅读手机购买情境过程中，以下描述多大程度上符合你当时的内心想法。

4. 刚才你在阅读上述购买情境的过程中，你想要了解手机选择任务剩下内容的程度如何？

○1　　　○2　　　　○3　　　　　○4　　　　○5　　　　　○6　　　　　○7

非常　　不想　　一般　　　不确定　　一般　　　想了解　　非常
不想了解　了解　　不想了解　　　　想了解　　　　　　　想了解

5. 刚才你在阅读上述购买情境的过程中，你对购买任务具体内容的好奇程度如何?

○1 ○2 ○3 ○4 ○5 ○6 ○7

非常 不好奇 有些 不确定 有些 好奇 非常
不好奇 不好奇 好奇 好奇

6. 刚才你在阅读上述购买情境的过程中,你希望知道选择任务剩下的内容的程度如何?

○1 ○2 ○3 ○4 ○5 ○6 ○7

非常 不希望 一般 不确定 一般 希望 非常
不希望 不希望 希望 希望

7. 刚才你在阅读上述购买情境的过程中,你多大程度上想要知道每部手机的详细信息?

○1 ○2 ○3 ○4 ○5 ○6 ○7

非常 不想 一般 不确定 一般 想知道 非常
不想知道 知道 不想知道 想知道 想知道

请填写相关个人信息

8. 你的性别:

○ 男

○ 女

9. 你的年龄: ＿＿＿＿＿＿＿＿＿＿＿＿

情境四:决策信息前中断−图形形式呈现产品信息的实验设计

本问卷将用于学术研究,你的答案对于本书非常重要。请仔细阅读问卷中的情景信息,答案没有对错之分,请根据你的真实想法作答。答题过程中请尽量保持周围没有干扰,填答过程不要中断。

请阅读如下情境,完成"旅游目的地选择"任务。

请想象一下:你大学毕业后进入了一家喜欢的单位工作。正巧马上要到五一小长假,你计划用一周左右的时间外出旅游一趟,给自己放松一下,同时你也认为自己现在有这个经济实力。于是,你到旅行社去咨询相关的旅游线路,通过比较你发现,有三个旅游目的地符合你的要求,具体参照下表。

任务提示:按照要求,你需要先完成"找不同"任务之后,方可继续刚才的相机购买任务。

请认真观察图片,并完成下面"找不同"的任务:

1. 上面两幅图共有几处不同(请在横线中填写数字)_____

请继续完成前面的数码相机购买决策:

通过比较你发现,有三个旅游目的地符合你的要求,具体参照下表。

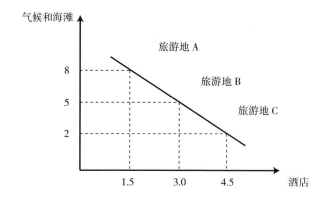

2. 上述三个旅游地，你更愿意选择哪一个去度假？

　　○ 旅游地 A

　　○ 旅游地 B

　　○ 旅游地 C

- -

3. 之前旅游地选择情境中，下面关于旅游地哪一项信息未在情境中提及？

　　○ 气候

　　○ 海滩

　　○ 人均消费

　　○ 酒店

- -

请回忆：在刚才阅读手机购买情境过程中，以下描述多大程度上符合你当时的内心想法。

4. 刚才你在阅读上述购买情境的过程中，你想要了解手机选择任务剩下内容的程度如何？

○1	○2	○3	○4	○5	○6	○7
非常	不想	一般	不确定	一般	想了解	非常
不想了解	了解	不想了解		想了解		想了解

5. 刚才你在阅读上述购买情境的过程中，你对购买任务具体内容的好奇程度如何？

○1　　　○2　　　○3　　　○4　　　○5　　　○6　　　○7

非常　　　　　　　有些　　　　　　　有些　　　　　　　非常
不好奇　　不好奇　不好奇　不确定　好奇　　好奇　　好奇

6. 刚才你在阅读上述购买情境的过程中，你希望知道选择任务剩下的内容的程度如何？

○1　　　○2　　　○3　　　○4　　　○5　　　○6　　　○7

非常　　　　　　　一般　　　　　　　一般　　　　　　　非常
不希望　　不希望　不希望　不确定　希望　　希望　　希望

7. 刚才你在阅读上述购买情境的过程中，你多大程度上想要知道每部手机的详细信息？

○1　　　○2　　　○3　　　○4　　　○5　　　○6　　　○7

非常　　　不想　　　一般　　　　　　　一般　　　　　　　非常
不想知道　知道　　不想知道　不确定　想知道　想知道　想知道

- -

请填写相关个人信息

8. 你的性别：

○ 男

○ 女

9. 你的年龄：_____

实验五　组间实验设计

情境一：无中断任务-决策环境 1 的实验设计

本问卷将用于学术研究，你的答案对于本书非常重要。请仔细阅读问卷中的情景信息，答案没有对错之分，请根据你的真实想法作答。答题过程中请尽量保持周围没有干扰，填答过程不要中断。

请先完成如下"倒着数（count backward）"任务：

1. 请你在心里默默地从 175 倒数到 105，并写下中间所有可以被 7 整除的数字（7 的倍数）_____

下面是一则关于数码相机购买情境的描述，你需要根据情境，做出自己的购买决策。

想象一下，你大学毕业后进入了一家喜欢的单位工作。正巧马上要到五一小长假，你计划出去旅游，放松一下。为了外出旅游，你打算购买一台数码相机用于记录美丽的风景，于是你来到离单位不远的一家百货大楼。经过筛选，有三部相机符合你的要求，具体信息如下表所示。三部相机在价格上差异不大，且分属国际主流品牌。

另外，售货员还告诉你：对于数码相机而言，像素越高，表示照片的分辨率也越高，图像的质量就越好；而变焦倍数越高，表示可以更真真实实地拍摄到更远的物体或景色，不会导致"可望而不可即"的情况。

数码相机品牌	佳能	尼康	索尼
像素	1600 万像素	1800 万像素	2000 万像素

续表

数码相机品牌	佳能	尼康	索尼
数码变焦倍数	16 倍	12 倍	8 倍
价格	1479 元	1489 元	1499 元

2. 在上述三部数码相机中，你更愿意选择哪一部？

　　○ 佳能

　　○ 尼康

　　○ 索尼

3. 之前数码相机购买情境中，下列哪一项属性未在材料中提及？

　　○ 价格

　　○ 品牌

　　○ 数码变焦倍数

　　○ 像素

　　○ 屏幕

4. 你对上述选择情境的熟悉程度如何？［单选题］

○1	○2	○3	○4	○5	○6	○7
非常 不熟悉	不熟悉	一般 不熟悉	不确定	一般 熟悉	熟悉	非常 熟悉

5. 你对上述选择情境中产品信息的描述是否熟悉？［单选题］

○1	○2	○3	○4	○5	○6	○7
非常 不熟悉	不熟悉	一般 不熟悉	不确定	一般 熟悉	熟悉	非常 熟悉

请填写相关个人信息

6. 你的性别：

　　○ 男

　　○ 女

7. 你的年龄：_____

情境二：无中断任务-决策环境 2 的实验设计

本问卷将用于学术研究，你的答案对于本书非常重要。请仔细阅读问卷中的情景信息，答案没有对错之分，请根据你的真实想法作答。答题过程中请尽量保持周围没有干扰，填答过程不要中断。

请先完成如下"倒着数（count backward）"任务：

1. 请你在心里默默地从 175 倒数到 105，并写下中间所有可以被 7 整除的数字（7 的倍数）_____

下面是一则关于数码相机购买情境的描述，你需要根据情境，做出自己的购买决策。

想象一下，你大学毕业后进入了一家喜欢的单位工作。正巧马上要到五一小长假，你计划出去旅游，放松一下。为了准备外出旅游，你打算购买一台数码相机用于记录美丽的风景，于是你来到离单位不远的一家百货大楼。经过筛选，有三部相机符合你的要求，具体信息如下表所示。三部相机在价格上差异不大，且分属国际主流品牌。

另外，售货员还告诉你：对于数码相机而言，像素越高，表示照片的分辨率也越高，图像的质量就越好；而变焦倍数越高，表示可以更"真实"地拍摄到更远的物体或景色，不会导致"可望而不可即"的情况。

数码相机品牌	像素	数码变焦倍数	价格
佳能	1600 万像素	16 倍	1479 元
尼康	1800 万像素	12 倍	1489 元
索尼	2000 万像素	8 倍	1499 元

2. 在上述三部数码相机中，你更愿意选择哪一部？

　　○ 佳能

　　○ 尼康

　　○ 索尼

3. 之前数码相机购买情境中，下列哪一项属性未在材料中提及？

　　○ 价格

　　○ 品牌

　　○ 数码变焦倍数

　　○ 像素

　　○ 屏幕

4. 你对上述选择情境的熟悉程度如何？［单选题］

○1　　　○2　　　○3　　　○4　　　○5　　　○6　　　○7

非常
不熟悉　　不熟悉　　一般
不熟悉　　不确定　　一般
熟悉　　熟悉　　非常
熟悉

5. 你对上述选择情境中产品信息的描述是否熟悉？［单选题］

○1　　　○2　　　○3　　　○4　　　○5　　　○6　　　○7

非常
不熟悉　　不熟悉　　一般
不熟悉　　不确定　　一般
熟悉　　熟悉　　非常
熟悉

请填写相关个人信息

6. 你的性别：

　　○ 男

　　○ 女

7. 你的年龄：＿＿＿＿＿＿＿＿＿＿

情境三：决策前中断-决策环境无变化的实验设计

本问卷将用于学术研究，你的答案对于本书非常重要。请仔细阅读问卷中的情景信息，答案没有对错之分，请根据你的真实想法作答。答题过程中请尽量保持周围没有干扰，填答过程不要中断。

想象一下，你大学毕业后进入了一家喜欢的单位工作。正巧马上要到五一小长假，你计划出去旅游，放松一下。为了外出旅游，你打算购买一台数码相机用于记录美丽的风景，于是你来到离单位不远的一家百货大楼。经过筛选，有三部相机符合你的要求，具体信息如下表所示。三部相机在价格上差异不大，且分属国际主流品牌。

另外，售货员还告诉你：对于数码相机而言，像素越高，表示照片的分辨率也越高，图像的质量就越好；而变焦倍数越高，表示可以更"真实"地拍摄到更远的物体或景色，不会导致"可望而不可即"的情况。

数码相机品牌	佳能	尼康	索尼
像素	1600 万像素	1800 万像素	2000 万像素
数码变焦倍数	16 倍	12 倍	8 倍
价格	1479 元	1489 元	1499 元

请考虑一下，你将如何做选择？

按照要求，你需要先完成"倒着数（count backward）"任务，待完成测

验之后，你将重新回到之前的数码相机购买决策。

请先完成如下"倒着数（count backward）"任务：

1. 请你在心里默默地从 175 倒数到 105，并写下中间所有可以被 7 整除的数字（7 的倍数）_____

- -

请继续完成前面的数码相机购买决策：

想象一下，你大学毕业后进入了一家喜欢的单位工作。正巧马上要到五一小长假，你计划出去旅游，放松一下。为了准备外出旅游，你打算购买一台数码相机用于记录美丽的风景，于是你来到离单位不远的一家百货大楼。经过筛选，有三部相机符合你的要求，具体信息如下表所示。三部相机在价格上差异不大，且分属国际主流品牌。

另外，售货员还告诉你：对于数码相机而言，像素越高，表示照片的分辨率也越高，图像的质量就越好；而变焦倍数越高，表示可以更"真实"地拍摄到更远的物体或景色，不会导致"可望而不可即"的情况。

数码相机品牌	佳能	尼康	索尼
像素	1600 万像素	1800 万像素	2000 万像素
数码变焦倍数	16 倍	12 倍	8 倍
价格	1479 元	1489 元	1499 元

2. 在上述三部数码相机中，你更愿意选择哪一部？

   ○ 佳能

   ○ 尼康

   ○ 索尼

- -

3. 之前数码相机购买情境中，下列哪一项属性未在材料中提及？

   ○ 价格

   ○ 品牌

○ 数码变焦倍数

○ 像素

○ 屏幕

---

4. 你对上述选择情境的熟悉程度如何？［单选题］

○1   ○2   ○3   ○4   ○5   ○6   ○7

非常   一般   一般   非常
不熟悉   不熟悉   不熟悉   不确定   熟悉   熟悉   熟悉

5. 你对上述选择情境中产品信息的描述是否熟悉？［单选题］

○1   ○2   ○3   ○4   ○5   ○6   ○7

非常   一般   一般   非常
不熟悉   不熟悉   不熟悉   不确定   熟悉   熟悉   熟悉

请填写相关个人信息

6. 你的性别：

○ 男

○ 女

7. 你的年龄：_____

情境四：决策前中断–决策环境有变化的实验设计

本问卷将用于学术研究，你的答案对于本书非常重要。请仔细阅读问卷中的情景信息，答案没有对错之分，请根据你的真实想法作答。答题过程中请尽量保持周围没有干扰，填答过程不要中断。

想象一下，你大学毕业后进入了一家喜欢的单位工作。正巧马上要到五一小长假，你计划出去旅游，放松一下。为了外出旅游，你打算购买一台数

码相机用于记录美丽的风景，于是你来到离单位不远的一家百货大楼。经过筛选，有三部相机符合你的要求，具体信息如下表所示。三部相机在价格上差异不大，且分属国际主流品牌。

另外，售货员还告诉你：对于数码相机而言，像素越高，表示照片的分辨率也越高，图像的质量就越好；而变焦倍数越高，表示可以更"真实"地拍摄到更远的物体或景色，不会导致"可望而不可即"的情况。

数码相机品牌	佳能	尼康	索尼
像素	1600 万像素	1800 万像素	2000 万像素
数码变焦倍数	16 倍	12 倍	8 倍
价格	1479 元	1489 元	1499 元

请考虑一下，你将如何做选择？

按照要求，你需要先完成"倒着数（count backward）"任务，待完成测验之后，你将重新回到之前的数码相机购买决策。

请先完成如下"倒着数（count backward）"任务：

1. 请你在心里默默地从 175 倒数到 105，并写下中间所有可以被 7 整除的数字（7 的倍数）＿＿＿＿＿＿＿＿＿

请继续完成前面的数码相机购买决策：

下面是一则关于数码相机购买情境的描述，你需要根据情境，做出自己的购买决策。

想象一下，你大学毕业后进入了一家喜欢的单位工作。正巧马上要到五一小长假，你计划出去旅游，放松一下。为了准备外出旅游，你打算购买一台数码相机用于记录美丽的风景，于是你来到离单位不远的一家百货大楼。经过筛选，有三部相机符合你的要求，具体信息如下表所示。三部相机在价格上差异不大，且分属国际主流品牌。

另外，售货员还告诉你：对于数码相机而言，像素越高，表示照片的分辨率也越高，图像的质量就越好；而变焦倍数越高，表示可以更"真实"地拍摄到更远的物体或景色，不会导致"可望而不可即"的情况。

数码相机品牌	像素	数码变焦倍数	价格
佳能	1600 万像素	16 倍	1479 元
尼康	1800 万像素	12 倍	1489 元
索尼	2000 万像素	8 倍	1499 元

2. 在上述三部数码相机中，你更愿意选择哪一部？

○ 佳能

○ 尼康

○ 索尼

---

3. 之前数码相机购买情境中，下列哪一项属性未在材料中提及？

○ 价格

○ 品牌

○ 数码变焦倍数

○ 像素

○ 屏幕

---

4. 你对上述选择情境的熟悉程度如何？［单选题］

○1	○2	○3	○4	○5	○6	○7
非常 不熟悉	不熟悉	一般 不熟悉	不确定	一般 熟悉	熟悉	非常 熟悉

5. 你对上述选择情境中产品信息的描述是否熟悉？［单选题］

○1	○2	○3	○4	○5	○6	○7
非常 不熟悉	不熟悉	一般 不熟悉	不确定	一般 熟悉	熟悉	非常 熟悉

请填写相关个人信息

6. 你的性别：

　　○ 男

　　○ 女

7. 你的年龄：＿＿＿＿＿＿＿＿＿

实验六　2×2 组间实验设计

情境一：无中断任务–独立型自我建构的实验设计

本问卷将用于学术研究，你的答案对于本书非常重要。请仔细阅读问卷中的情景信息，答案没有对错之分，请根据你的真实想法作答。答题过程中请尽量保持周围没有干扰，填答过程不要中断。

请认真观察图片，并完成下面"找不同"的任务：

1. 下面的两幅图共有几处不同（请在横线中填写数字）＿＿＿＿＿＿

　　阅读一则关于网球运动员比赛的材料，用笔圈出下文中所有的人称代词"我""我的"，并完成最后的造句填空。

　　我正在参加一个网球比赛，并且已经进入决赛。现在是下午 4 点 26 分，头顶的烈日烤着我，我一次次地整理着拍子上的网球线，我不停地拍打着网球。这时候，我感觉自己成为世界的中心，我在心里默默告诉自己："这是我的战斗，这是我的机会。如果我赢得这最后一场比赛，我将获得冠军头衔和巨大的奖杯。"

　　2. 在上述材料阅读过程中，你共圈出了几个人称代词? _____

3. 请完成造句任务，用"我是×××"造十个句子：

（1）我是＿＿＿＿＿＿＿＿＿＿＿＿；（2）我是＿＿＿＿＿＿＿＿＿＿＿＿；

（3）我是＿＿＿＿＿＿＿＿＿＿＿＿；（4）我是＿＿＿＿＿＿＿＿＿＿＿＿；

（5）我是＿＿＿＿＿＿＿＿＿＿＿＿；（6）我是＿＿＿＿＿＿＿＿＿＿＿＿；

（7）我是＿＿＿＿＿＿＿＿＿＿＿＿；（8）我是＿＿＿＿＿＿＿＿＿＿＿＿；

（9）我是＿＿＿＿＿＿＿＿＿＿＿＿；（10）我是＿＿＿＿＿＿＿＿＿＿＿＿；

阅读下面材料，并完成"电饼铛购买决策"：

寒假回家，你打算购买一个电饼铛，你可以用它煎牛排、烤肉串、烙大饼、爆炒美食。于是你来到离家不远的一个家电商场。目前有三款产品可供你选择，具体属性信息如下表所示。下表中，烹饪的美味程度、使用的方便性、烹饪的速度这三个属性指标采用1至10分进行评价，分值越高代表产品在该属性上的表现越好。

品牌	A	B	C
烹饪的美味程度	10	10	10
使用的方便性	8	7	6
烹饪的速度	6	7	8
价格	169元	169元	169元

4. 请将"10分"根据自己的偏好分配给三个电饼铛产品（每个产品分配的分数在0到10之间，只可以是整数，且三个数之和为10）：

品牌A：＿＿＿＿＿＿＿＿＿＿＿＿

品牌B：＿＿＿＿＿＿＿＿＿＿＿＿

品牌C：＿＿＿＿＿＿＿＿＿＿＿＿

5. 在之前电饼铛选择情境中，下列哪几项属性未在材料中提及？

○ 品牌

○ 价格

○ 烹饪的美味程度

○ 使用的方便性

○ 烹饪的速度

○ 保修期

6. 你对上述选择情境的熟悉程度如何？［单选题］

○1　　　　○2　　　　○3　　　　○4　　　　○5　　　　○6　　　　○7

非常　　　　　　　　一般　　　　　　　　　一般　　　　　　　　非常
不熟悉　　　不熟悉　　不熟悉　　不确定　　熟悉　　　熟悉　　　熟悉

7. 你对上述选择情境中产品信息的描述是否熟悉？［单选题］

○1　　　　○2　　　　○3　　　　○4　　　　○5　　　　○6　　　　○7

非常　　　　　　　　一般　　　　　　　　　一般　　　　　　　　非常
不熟悉　　　不熟悉　　不熟悉　　不确定　　熟悉　　　熟悉　　　熟悉

请填写相关个人信息

8. 你的性别：

○ 男

○ 女

9. 你的年龄：＿＿＿＿＿＿＿＿＿＿＿

情境二：无中断任务–依存型自我建构的实验设计

本问卷将用于学术研究，你的答案对于本书非常重要。请仔细阅读问卷中的情景信息，答案没有对错之分，请根据你的真实想法作答。答题过程中请尽量保持周围没有干扰，填答过程不要中断。

请认真观察图片，并完成下面"找不同"的任务：

1. 上面的两幅图共有几处不同（请在横线中填写数字）_____

阅读一则关于网球运动员比赛的材料，用笔圈出下文中所有的人称代词"我们""我们的"，并完成最后的造句填空。

我们的团队正在参加一个网球比赛，我将代表我们的团队参加决赛。现在是下午4点26分，头顶的烈日烤着我们，我一次次地数着拍子上的网球线，拍打着网球。这时候，团队的教练和队友注视着我，我在心里默默告诉自己："这是我们的战斗，这是我们的机会。如果我们赢得这最后一场比赛，我们团队将获得冠军头衔和巨大的奖杯。"

2. 在上述材料阅读过程中，你共圈出了几个人称代词？_____

3. 请完成造句任务，用"我是×××"造十个句子：

（1）我是_____；（2）我是_____；

（3）我是_____；（4）我是_____；

（5）我是_____；（6）我是_____；

（7）我是_____；（8）我是_____；

（9）我是_____；（10）我是_____。

阅读下面材料，并完成"电饼铛购买决策"：

寒假回家，你打算购买一个电饼铛，你可以用它煎牛排、烤肉串、烙大饼、爆炒美食。于是你来到离家不远的一个家电商场。目前有三款产品可供你选择，具体属性信息如下表所示。下表中，烹饪的美味程度、使用的方便性、烹饪的速度这三个属性指标采用 1 至 10 分进行评价，分值越高代表着产品在该属性上的表现越好。

品牌	A	B	C
烹饪的美味程度	10	10	10
使用的方便性	8	7	6
烹饪的速度	6	7	8
价格	169 元	169 元	169 元

4. 请将"10 分"根据自己的偏好分配给三个电饼铛产品（每个产品分配的分数在 0 到 10 之间，只可以是整数，且三个数之和为 10）：

品牌 A：_____

品牌 B：_____

品牌 C：_____

5. 在之前电饼铛选择情境中，下列哪几项属性未在材料中提及？

○ 品牌

○ 价格

○ 烹饪的美味程度

○ 使用的方便性

○ 烹饪的速度

○ 保修期

6. 你对上述选择情境的熟悉程度如何？［单选题］

○1   ○2   ○3   ○4   ○5   ○6   ○7

非常   不熟悉   一般   不确定   一般   熟悉   非常
不熟悉   不熟悉   熟悉   熟悉

7. 你对上述选择情境中产品信息的描述是否熟悉？［单选题］

○1   ○2   ○3   ○4   ○5   ○6   ○7

非常   不熟悉   一般   不确定   一般   熟悉   非常
不熟悉   不熟悉   熟悉   熟悉

请填写相关个人信息

8. 你的性别：

○ 男

○ 女

9. 你的年龄：＿＿＿＿＿＿＿＿

情境三：决策前中断–独立型自我建构的实验设计

本问卷将用于学术研究，你的答案对于本书非常重要。请仔细阅读问卷中的情景信息，答案没有对错之分，请根据你的真实想法作答。答题过程中请尽量保持周围没有干扰，填答过程不要中断。

　　阅读一则关于网球运动员比赛的材料，用笔圈出下文中所有的人称代词"我"S"我的"，并完成最后的造句填空。

　　我正在参加一个网球比赛，并且已经进入决赛。现在是下午4点26分，头顶的烈日烤着我，我一次次地整理着拍子上的网球线，我不停地拍打着网球。这时候，我感觉自己成为世界的中心，我在心里默默告诉自己："这是我的战斗，这是我的机会。如果我赢得这最后一场比赛，我将获得冠军头衔和巨大的奖杯。"

1. 在上述材料阅读过程中，你共圈出了几个人称代词？ _____

2. 请完成造句任务，用"我是×××"造十个句子：

（1）我是_____：（2）我是_____：

（3）我是_____：（4）我是_____：

（5）我是_____：（6）我是_____：

（7）我是_____：（8）我是_____：

（9）我是_____：（10）我是_____。

　　阅读下面材料，并完成"电饼铛购买决策"：
　　寒假回家，你打算购买一个电饼铛，你可以用它煎牛排、烤肉串、烙大饼、爆炒美食。于是你来到离家不远的一个家电商场。目前有三款产品可供你选择，具体属性信息如下表所示。下表中，烹饪的美味程度、使用的方便性、烹饪的速度这三个属性指标采用 1 至 10 分进行评价，分值越高代表产品在该属性上的表现越好。

品牌	A	B	C
烹饪的美味程度	10	10	10
使用的方便性	8	7	6
烹饪的速度	6	7	8
价格	169 元	169 元	169 元

请考虑一下，你将如何做选择?

按照要求，你需要先完成"找不同"任务，方可重新回到原来的电饼铛购买决策。

请认真观察图片，并完成下面"找不同"的任务;

3. 上面的两幅图共有几处不同（请在横线中填写数字）_____

现在重新回到"电饼铛购买决策":

下表中,烹饪的美味程度、使用的方便性、烹饪的速度这三个属性指标采用 1 至 10 分进行评价,分值越高代表着产品在该属性上的表现越好。

品牌	A	B	C
烹饪的美味程度	10	10	10
使用的方便性	8	7	6
烹饪的速度	6	7	8
价格	169 元	169 元	169 元

4. 请将"10 分"根据自己的偏好分配给三个电饼铛产品(每个产品分配的分数在 0 到 10 之间,只可以是整数,且三个数之和为 10):

品牌 A:_____

品牌 B:_____

品牌 C:_____

----

5. 在之前电饼铛选择情境中,下列哪几项属性未在材料中提及?

○ 品牌

○ 价格

○ 烹饪的美味程度

○ 使用的方便性

○ 烹饪的速度

○ 保修期

----

6. 你对上述选择情境的熟悉程度如何? [单选题]

○1　　　○2　　　○3　　　○4　　　○5　　　○6　　　○7

非常　　　不熟悉　　一般　　　不确定　　一般　　　熟悉　　　非常
不熟悉　　　　　　不熟悉　　　　　　熟悉　　　　　　熟悉

7. 你对上述选择情境中产品信息的描述是否熟悉？［单选题］

○1　　○2　　○3　　○4　　○5　　○6　　○7

非常
不熟悉　　不熟悉　　一般
不熟悉　　不确定　　一般
熟悉　　熟悉　　非常
熟悉

请填写相关个人信息

8. 你的性别：

　　○ 男

　　○ 女

9. 你的年龄：＿＿＿＿＿＿＿＿＿＿

情境四：决策前中断-依存型自我建构的实验设计

本问卷将用于学术研究，你的答案对于本书非常重要。请仔细阅读问卷中的情景信息，答案没有对错之分，请根据你的真实想法作答。答题过程中请尽量保持周围没有干扰，填答过程不要中断。

阅读一则关于网球运动员比赛的材料，用笔圈出下文中所有的人称代词"我们""我们的"，并完成最后的造句填空。

我们的团队正在参加一个网球比赛，我将代表我们的团队参加决赛。现在是下午4点26分，头顶的烈日烤着我们，我一次次数着拍子上的网球线，拍打着网球。这时候，团队的教练和队友注视着我，我在心里默默告诉自己："这是我们的战斗，这是我们的机会。如果我们赢得这最后一场比赛，我们团队将获得冠军头衔和巨大的奖杯。"

1. 在上述材料阅读过程中，你共圈出了几个人称代词？＿＿＿＿＿＿＿＿

2. 请完成造句任务，用"我是×××"造十个句子：

（1）我是_____；（2）我是_____；

（3）我是_____；（4）我是_____；

（5）我是_____；（6）我是_____；

（7）我是_____；（8）我是_____；

（9）我是_____；（10）我是_____。

阅读下面材料，并完成"电饼铛购买决策"：

寒假回家，你打算购买一个电饼铛，你可以用它煎牛排、烤肉串、烙大饼、爆炒美食。于是你来到离家不远的一个家电商场。目前有三款产品可供你选择，具体属性信息如下表所示。下表中，烹饪的美味程度、使用的方便性、烹饪的速度这三个属性指标采用1至10分进行评价，分值越高代表产品在该属性上的表现越好。

品牌	A	B	C
烹饪的美味程度	10	10	10
使用的方便性	8	7	6
烹饪的速度	6	7	8
价格	169元	169元	169元

请考虑一下，你将如何做选择？

按照要求，你需要先完成"找不同"任务，方可重新回到原来的电饼铛购买决策。

请认真观察图片，并完成下面"找不同"的任务；

3. 上面的两幅图共有几处不同（请在横线中填写数字）_____

现在重新回到"电饼铛购买决策"：

下表中，烹饪的美味程度、使用的方便性、烹饪的速度这三个属性指标采用 1 至 10 分进行评价，分值越高代表着产品在该属性上的表现越好。

品牌	A	B	C
烹饪的美味程度	10	10	10
使用的方便性	8	7	6
烹饪的速度	6	7	8
价格	169 元	169 元	169 元

4. 请将"10分"根据自己的偏好分配给三个电饼铛产品（每个产品分

配的分数在 0 到 10 之间，只可以是整数，且三个数之和为 10）：

品牌 A：_____

品牌 B：_____

品牌 C：_____

---

5. 在之前电饼铛选择情境中，下列哪几项属性未在材料中提及？

○ 品牌

○ 价格

○ 烹饪的美味程度

○ 使用的方便性

○ 烹饪的速度

○ 保修期

---

6. 你对上述选择情境的熟悉程度如何？［单选题］

○1	○2	○3	○4	○5	○6	○7
非常 不熟悉	不熟悉	一般 不熟悉	不确定	一般 熟悉	熟悉	非常 熟悉

7. 你对上述选择情境中产品信息的描述是否熟悉？［单选题］

○1	○2	○3	○4	○5	○6	○7
非常 不熟悉	不熟悉	一般 不熟悉	不确定	一般 熟悉	熟悉	非常 熟悉

请填写相关个人信息

8. 你的性别：

○ 男

○ 女

9. 你的年龄：＿＿＿＿＿＿＿＿＿＿

实验七　2×2×2 混合实验设计

情境一：无中断任务–为自己决策的实验设计

本问卷将用于学术研究，你的答案对于本书非常重要。请仔细阅读问卷中的情景信息，答案没有对错之分，请根据你的真实想法作答。答题过程中请尽量保持周围没有干扰，填答过程不要中断。

单词拼写任务：

1. 请在下面方框中写出五个以英文字母 S 开头的单词（以逗号隔开）＿＿＿＿＿＿＿＿＿＿

请完成"房屋租赁选择"：

想象一下，你大学毕业后进入了一家喜欢的单位工作，但是公司并不提供食宿。于是你打算在公司周边不算太远的地方租住一套房子，你花了周末两天的时间看了很多套房源，同时去附近的房屋中介也看了看，最后把范围缩小到了如下三套公寓上。三套公寓的租金基本相同，其他相关属性信息如下表所示。因为考虑到自己居住、做饭和方便上班，房屋面积和离单位的距离都是你需要考虑的因素。

公寓	房屋面积（m²）	步行至公司的时间（分钟）
公寓 A	40	8
公寓 B	55	12
公寓 C	70	18

2. 在上述三套公寓中，你更愿意选择租住哪一套？

　　○ 公寓 A

　　○ 公寓 B

　　○ 公寓 C

3. 在之前公寓租住选择情境中，下列哪几项属性未在材料中提及？

　　○ 装修情况

　　○ 住房面积

　　○ 步行到公司的时间

　　○ 具体的租金费用

4. 你对上述选择情境的熟悉程度如何？［单选题］

○1　　　　○2　　　　○3　　　　○4　　　　○5　　　　○6　　　　○7

非常　　　　　　　　　一般　　　　　　　　　一般　　　　　　　　非常

不熟悉　　不熟悉　　不熟悉　　不确定　　熟悉　　熟悉　　熟悉

5. 你对上述选择情境中产品信息的描述是否熟悉？［单选题］

○1　　　　○2　　　　○3　　　　○4　　　　○5　　　　○6　　　　○7

非常　　　　　　　　　一般　　　　　　　　　一般　　　　　　　　非常

不熟悉　　不熟悉　　不熟悉　　不确定　　熟悉　　熟悉　　熟悉

6. 以下态度（情境）的描述，多大程度上与你相符（1——"非常不同意"；7——"非常同意"）：

Q1：同伴的开心对我来说很重要	1	2	3	4	5	6	7
Q2：拥有独立于他人的个性对我来说十分重要	1	2	3	4	5	6	7
Q3：我会为同伴取得的成功而感到骄傲	1	2	3	4	5	6	7

Q4：维持团队内部和谐是十分重要的	1	2	3	4	5	6	7
Q5：我很享受在很多方面与众不同的感觉	1	2	3	4	5	6	7
Q6：我是一个独特的个体	1	2	3	4	5	6	7
Q7：我喜欢和周围的人分享一些小事	1	2	3	4	5	6	7
Q8：在和别人合作时我会感到很愉快	1	2	3	4	5	6	7
Q9：我的幸福很大程度上取决于周围人的幸福	1	2	3	4	5	6	7
Q10：我宁愿直接说"不"，也不愿意被他人误解	1	2	3	4	5	6	7
Q11：一个人应该不依赖他人而生活	1	2	3	4	5	6	7
Q12：我很喜欢在与他人竞争的环境下学习或工作	1	2	3	4	5	6	7
Q13：如果我的家人反对我非常喜爱的活动，我会选择放弃	1	2	3	4	5	6	7
Q14：我会做让家庭愉快的事，即使是不喜欢的事	1	2	3	4	5	6	7
Q15：我常常为了集体利益而牺牲个人利益	1	2	3	4	5	6	7
Q16：即使与团队成员产生较大分歧，我也尽量避免正面冲突	1	2	3	4	5	6	7
Q17：学习或工作上比别人优秀对我来说比较重要	1	2	3	4	5	6	7
Q18：胜利意味着一切	1	2	3	4	5	6	7
Q19：竞争就是自然法则	1	2	3	4	5	6	7
Q20：我会因为别人做得比我好而感到心烦	1	2	3	4	5	6	7
Q21：如果我的团队需要我，即使相处不太愉快，我还是会留下来	1	2	3	4	5	6	7
Q22：我经常感觉到，与我个人成就相比，和同伴的关系更为重要	1	2	3	4	5	6	7
Q23：没有竞争就不会有美好的社会	1	2	3	4	5	6	7
Q24：在和人们谈论事情时，我倾向于单刀直入	1	2	3	4	5	6	7
Q25：尊重团队所做出的决定对我来说很重要	1	2	3	4	5	6	7
Q26：拥有丰富的想象力对我来说很重要	1	2	3	4	5	6	7

请填写相关个人信息

7. 你的性别：

　　○ 男

　　○ 女

8. 你的年龄：＿＿＿＿＿＿＿＿＿

情境二：无中断任务–为他人决策的实验设计

本问卷将用于学术研究，你的答案对于本书非常重要。请仔细阅读问卷中的情景信息，答案没有对错之分，请根据你的真实想法作答。答题过程中请尽量保持周围没有干扰，填答过程不要中断。

单词拼写任务：

1. 请在下面方框中写出五个以英文字母 S 开头的单词（以逗号隔开）_____

请完成"房屋租赁选择"：

想象一下，你大学毕业后进入了一家喜欢的单位工作，但是公司并不提供食宿。于是你和另外一个同事都打算在公司周边不算太远的地方租住一套房子，但是你的同事因为工作比较忙，没有时间看房子，同事请你顺便帮他/她寻找合适的房源。于是，你花了周末两天的时间看了很多套房源，同时去附近的房屋中介也看了看，最后把范围缩小到了如下三套公寓上。三套公寓的租金基本相同，其他相关属性信息如下表所示。因为你的同事考虑到自己居住、做饭和上班方便，房屋面积和离单位的距离都是他需要考虑的因素。

公寓	房屋面积（m²）	步行至公司的时间（分钟）
公寓 A	40	8
公寓 B	55	12
公寓 C	70	18

2. 在上述三套公寓中，如果你同事让你帮他/她做选择，你会替他/她挑选哪一套？

　　○ 公寓 A

　　○ 公寓 B

○ 公寓 C

---

3. 在之前公寓租住选择情境中，下列哪几项属性未在材料中提及？
   ○ 装修情况
   ○ 住房面积
   ○ 步行到公司的时间
   ○ 具体的租金费用

---

4. 你对上述选择情境的熟悉程度如何？［单选题］

○1 　　○2 　　○3 　　○4 　　○5 　　○6 　　○7

非常 　　　　　　一般 　　　　　　一般 　　　　　　非常
不熟悉 　不熟悉 　不熟悉 　不确定 　熟悉 　熟悉 　熟悉

5. 你对上述选择情境中产品信息的描述是否熟悉？［单选题］

○1 　　○2 　　○3 　　○4 　　○5 　　○6 　　○7

非常 　　　　　　一般 　　　　　　一般 　　　　　　非常
不熟悉 　不熟悉 　不熟悉 　不确定 　熟悉 　熟悉 　熟悉

---

6. 以下态度（情境）的描述，多大程度上与你相符（1——"非常不同意"；7——"非常同意"）：

Q1：同伴的开心对我来说很重要	1	2	3	4	5	6	7
Q2：拥有独立于他人的个性对我来说十分重要	1	2	3	4	5	6	7
Q3：我会为同伴取得的成功而感到骄傲	1	2	3	4	5	6	7
Q4：维持团队内部和谐是十分重要的	1	2	3	4	5	6	7
Q5：我很享受在很多方面与众不同的感觉	1	2	3	4	5	6	7
Q6：我是一个独特的个体	1	2	3	4	5	6	7
Q7：我喜欢和周围的人分享一些小事	1	2	3	4	5	6	7

Q8：在和别人合作时我会感到很愉快	1	2	3	4	5	6	7
Q9：我的幸福很大程度上取决于周围人的幸福	1	2	3	4	5	6	7
Q10：我宁愿直接说"不"，也不愿意被他人误解	1	2	3	4	5	6	7
Q11：一个人应该不依赖他人而生活	1	2	3	4	5	6	7
Q12：我很喜欢在与他人竞争的环境下学习或工作	1	2	3	4	5	6	7
Q13：如果我的家人反对我非常喜爱的活动，我会选择放弃	1	2	3	4	5	6	7
Q14：我会做让家庭愉快的事，即使是不喜欢的事	1	2	3	4	5	6	7
Q15：我常常为了集体利益而牺牲个人利益	1	2	3	4	5	6	7
Q16：即使与团队成员产生较大分歧，我也尽量避免正面冲突	1	2	3	4	5	6	7
Q17：学习或工作上比别人优秀对我来说比较重要	1	2	3	4	5	6	7
Q18：胜利意味着一切	1	2	3	4	5	6	7
Q19：竞争就是自然法则	1	2	3	4	5	6	7
Q20：我会因为别人做得比我好而感到心烦	1	2	3	4	5	6	7
Q21：如果我的团队需要我，即使相处不太愉快，我还是会留下来	1	2	3	4	5	6	7
Q22：我经常感觉到，与我个人成就相比，和同伴的关系更为重要	1	2	3	4	5	6	7
Q23：没有竞争就不会有美好的社会	1	2	3	4	5	6	7
Q24：在和人们谈论事情时，我倾向于单刀直入	1	2	3	4	5	6	7
Q25：尊重团队所做出的决定对我来说很重要	1	2	3	4	5	6	7
Q26：拥有丰富的想象力对我来说很重要	1	2	3	4	5	6	7

请填写相关个人信息

7. 你的性别：

　　○ 男

　　○ 女

8. 你的年龄：＿＿＿＿＿＿＿＿＿

情境三：决策前中断-为自己决策的实验设计

本问卷将用于学术研究，你的答案对于本书非常重要。请仔细阅读问卷中的情景信息，答案没有对错之分，请根据你的真实想法作答。答题过程中请尽量保持周围没有干扰，填答过程不要中断。

请完成"房屋租赁选择":

想象一下,你大学毕业后进入了一家喜欢的单位工作,但是公司并不提供食宿。于是你打算在公司周边不算太远的地方租住一套房子,你花了周末两天的时间看了很多套房源,同时去附近的房屋中介也看了看,最后把范围缩小到了如下三套公寓上。三套公寓的租金基本相同,其他相关属性信息如下表所示。因为考虑到自己居住、做饭和方便上班,房屋面积和离单位的距离都是你需要考虑的因素。

公寓	房屋面积（m^2）	步行至公司的时间（分钟）
公寓 A	40	8
公寓 B	55	12
公寓 C	70	18

请考虑一下,你将如何做选择?

按照要求,你需要先完成"单词拼写"任务,方可重新回到原来的租房决策。

单词拼写任务:

1. 请在下面方框中写出五个以英文字母 S 开头的单词（以逗号隔开）_____

现在重新回到"房屋租赁选择":

三套公寓的租金基本相同,其他相关属性信息如下表所示。因为考虑到自己居住、做饭和方便上班,房屋面积和离单位的距离都是你需要考虑的因素。

公寓	住房平米数（m²）	步行至公司的时间（分钟）
公寓 A	40	8
公寓 B	55	12
公寓 C	70	18

2. 在上述三套公寓中，你更愿意选择租住哪一套？

   ○ 公寓 A

   ○ 公寓 B

   ○ 公寓 C

----

3. 在之前公寓租住选择情境中，下列哪几项属性未在材料中提及？

   ○ 装修情况

   ○ 住房面积

   ○ 步行到公司的时间

   ○ 具体的租金费用

----

4. 你对上述选择情境的熟悉程度如何？［单选题］

○1　　　○2　　　○3　　　○4　　　○5　　　○6　　　○7

非常　　　　　　一般　　　　　　　　一般　　　　　　非常
不熟悉　　不熟悉　不熟悉　不确定　熟悉　　熟悉　　熟悉

5. 你对上述选择情境中产品信息的描述是否熟悉？［单选题］

○1　　　○2　　　○3　　　○4　　　○5　　　○6　　　○7

非常　　　　　　一般　　　　　　　　一般　　　　　　非常
不熟悉　　不熟悉　不熟悉　不确定　熟悉　　熟悉　　熟悉

----

6. 以下态度（情境）的描述，多大程度上与你相符（1——"非常不同意"；7——"非常同意"）：

Q1：同伴的开心对我来说很重要	1	2	3	4	5	6	7
Q2：拥有独立于他人的个性对我来说十分重要	1	2	3	4	5	6	7
Q3：我会为同伴取得的成功而感到骄傲	1	2	3	4	5	6	7
Q4：维持团队内部和谐是十分重要的	1	2	3	4	5	6	7
Q5：我很享受在很多方面与众不同的感觉	1	2	3	4	5	6	7
Q6：我是一个独特的个体	1	2	3	4	5	6	7
Q7：我喜欢和周围的人分享一些小事	1	2	3	4	5	6	7
Q8：在和别人合作时我会感到很愉快	1	2	3	4	5	6	7
Q9：我的幸福很大程度上取决于周围人的幸福	1	2	3	4	5	6	7
Q10：我宁愿直接说"不"，也不愿意被他人误解	1	2	3	4	5	6	7
Q11：一个人应该不依赖他人而生活	1	2	3	4	5	6	7
Q12：我很喜欢在与他人竞争的环境下学习或工作	1	2	3	4	5	6	7
Q13：如果我的家人反对我非常喜爱的活动，我会选择放弃	1	2	3	4	5	6	7
Q14：我会做让家庭愉快的事，即使是不喜欢的事	1	2	3	4	5	6	7
Q15：我常常为了集体利益而牺牲个人利益	1	2	3	4	5	6	7
Q16：即使与团队成员产生较大分歧，我也尽量避免正面冲突	1	2	3	4	5	6	7
Q17：学习或工作上比别人优秀对我来说比较重要	1	2	3	4	5	6	7
Q18：胜利意味着一切	1	2	3	4	5	6	7
Q19：竞争就是自然法则	1	2	3	4	5	6	7
Q20：我会因为别人做得比我好而感到心烦	1	2	3	4	5	6	7
Q21：如果我的团队需要我，即使相处不太愉快，我还是会留下来	1	2	3	4	5	6	7
Q22：我经常感觉到，与我个人成就相比，和同伴的关系更为重要	1	2	3	4	5	6	7
Q23：没有竞争就不会有美好的社会	1	2	3	4	5	6	7
Q24：在和人们谈论事情时，我倾向于单刀直入	1	2	3	4	5	6	7
Q25：尊重团队所做出的决定对我来说很重要	1	2	3	4	5	6	7
Q26：拥有丰富的想象力对我来说很重要	1	2	3	4	5	6	7

请填写相关个人信息

7. 你的性别：

○ 男

○ 女

8. 你的年龄：_____

情境四：决策前中断–为他人决策的实验设计

本问卷将用于学术研究，你的答案对于本书非常重要。请仔细阅读问卷中的情景信息，答案没有对错之分，请根据你的真实想法作答。答题过程中请尽量保持周围没有干扰，填答过程不要中断。

- -

请完成"房屋租赁选择"：

想象一下，你大学毕业后进入了一家喜欢的单位工作，但是公司并不提供食宿。于是你和另外一个同事都打算在公司周边不算太远的地方租住一套房子，但是你的同事因为工作比较忙，没有时间看房子，同事请你顺便帮他/她寻找合适的房源。于是，你花了周末两天的时间看了很多套房源，同时去附近的房屋中介也看了看，最后你把范围缩小到了如下三套公寓上。三套公寓的租金基本相同，其他相关属性信息如下表所示。因为你的同事考虑到自己居住、做饭和方便上班，房屋面积和离单位的距离都是他需要考虑的因素。

公寓	房屋面积（m²）	步行至公司的时间（分钟）
公寓 A	40	8
公寓 B	55	12
公寓 C	70	18

请考虑一下，你将替他/她如何做选择？

- -

按照要求，你需要先完成"单词拼写"任务，方可重新回到原来的租房决策。

单词拼写任务：

1. 请在下面方框中写出五个以英文字母 S 开头的单词（以逗号隔开）_____

现在重新回到"房屋租赁选择"：

三套公寓的租金基本相同，其他相关属性信息如下表所示。因为你的同事考虑到自己居住、做饭和方便上班，房屋面积和离单位的距离都是他需要考虑的因素。

公寓	房屋面积（m²）	步行至公司的时间（分钟）
公寓 A	40	8
公寓 B	55	12
公寓 C	70	18

2. 在上述三套公寓中，如果你同事让你帮他/她做选择，你会替他/她挑选哪一套？

- ○ 公寓 A
- ○ 公寓 B
- ○ 公寓 C

3. 在之前公寓租住选择情境中，下列哪几项属性未在材料中提及？

- ○ 装修情况
- ○ 住房平米数
- ○ 步行到公司的时间
- ○ 具体的租金费用

4. 你对上述选择情境的熟悉程度如何？[单选题]

○1	○2	○3	○4	○5	○6	○7
非常不熟悉	不熟悉	一般不熟悉	不确定	一般熟悉	熟悉	非常熟悉

5. 你对上述选择情境中产品信息的描述是否熟悉？［单选题］

○1　　　○2　　　○3　　　○4　　　○5　　　○6　　　○7

非常
不熟悉　　不熟悉　　一般
不熟悉　　不确定　　一般
熟悉　　熟悉　　非常
熟悉

6. 以下态度（情境）的描述，多大程度上与你相符（1——"非常不同意"；7——"非常同意"）：

Q1：同伴的开心对我来说很重要	1	2	3	4	5	6	7
Q2：拥有独立于他人的个性对我来说十分重要	1	2	3	4	5	6	7
Q3：我会为同伴取得的成功而感到骄傲	1	2	3	4	5	6	7
Q4：维持团队内部和谐是十分重要的	1	2	3	4	5	6	7
Q5：我很享受在很多方面与众不同的感觉	1	2	3	4	5	6	7
Q6：我是一个独特的个体	1	2	3	4	5	6	7
Q7：我喜欢和周围的人分享一些小事	1	2	3	4	5	6	7
Q8：在和别人合作时我会感到很愉快	1	2	3	4	5	6	7
Q9：我的幸福很大程度上取决于周围人的幸福	1	2	3	4	5	6	7
Q10：我宁愿直接说"不"，也不愿意被他人误解	1	2	3	4	5	6	7
Q11：一个人应该不依赖他人而生活	1	2	3	4	5	6	7
Q12：我很喜欢在与他人竞争的环境下学习或工作	1	2	3	4	5	6	7
Q13：如果我的家人反对我非常喜爱的活动，我会选择放弃	1	2	3	4	5	6	7
Q14：我会做让家庭愉快的事，即使是不喜欢的事	1	2	3	4	5	6	7
Q15：我常常为了集体利益而牺牲个人利益	1	2	3	4	5	6	7
Q16：即使与团队成员产生较大分歧，我也尽量避免正面冲突	1	2	3	4	5	6	7
Q17：学习或工作上比别人优秀对我来说比较重要	1	2	3	4	5	6	7
Q18：胜利意味着一切	1	2	3	4	5	6	7
Q19：竞争就是自然法则	1	2	3	4	5	6	7
Q20：我会因为别人做得比我好而感到心烦	1	2	3	4	5	6	7
Q21：如果我的团队需要我，即使相处不太愉快，我还是会留下来	1	2	3	4	5	6	7
Q22：我经常感觉到，与我个人成就相比，和同伴的关系更为重要	1	2	3	4	5	6	7

Q23：没有竞争就不会有美好的社会	1	2	3	4	5	6	7
Q24：在和人们谈论事情时，我倾向于单刀直入	1	2	3	4	5	6	7
Q25：尊重团队所做出的决定对我来说很重要	1	2	3	4	5	6	7
Q26：拥有丰富的想象力对我来说很重要	1	2	3	4	5	6	7

请填写相关个人信息

7. 你的性别：

　　○ 男

　　○ 女

8. 你的年龄：_____